谨以此书献给我的恩师李龙先生

The Legalism:
Chinese Tradition Rule of Law

本书系国防科技大学科研计划项目"马克思主义法学中国化与法家传统相结合研究"（项目编号：JS22–8）阶段性成果

中国法治的法家传统

刘玄龙　著

WUHAN UNIVERSITY PRESS
武汉大学出版社

图书在版编目(CIP)数据

中国法治的法家传统/刘玄龙著. —武汉：武汉大学出版社,2024.4
(2024.12 重印)
ISBN 978-7-307-24360-6

Ⅰ.中⋯　Ⅱ.刘⋯　Ⅲ.社会主义法治—研究—中国　Ⅳ.D920.0

中国国家版本馆 CIP 数据核字(2024)第 075522 号

责任编辑:胡　荣　　　责任校对:李孟潇　　　版式设计:韩闻锦

出版发行:**武汉大学出版社**　　(430072　武昌　珞珈山)
　　　　　　(电子邮箱:cbs22@ whu.edu.cn　网址:www.wdp.com.cn)
印刷:武汉邮科印务有限公司
开本:720×1000　1/16　　印张:17.5　　字数:267 千字　　插页:2
版次:2024 年 4 月第 1 版　　2024 年 12 月第 2 次印刷
ISBN 978-7-307-24360-6　　　定价:68.00 元

目　　录

第一章 绪 论

第一节 问题的提出

一、选题缘起

法治问题是法理学探讨的永恒话题，中国本土法治则是我们研究的重点。对于中国法治问题，尚有若干概念未厘清，以致对此问题的探究往往点到即止。通过研究生阶段的理论学习，笔者潜意识里便有着探究中国法治，为何不集中于在法家传统文化中寻找灵感和智慧的困惑。带着这种困惑和研究兴趣，笔者开启了对有关文献的阅读。其中的一些文献具有一定的代表性，让人印象深刻，引发了笔者对本书选题的一些思考。

约西·拉贾撰写的《威权式法治：新加坡的立法、话语与正当性》属于世界法治理论前沿丛书。作者通过一系列案例研究，对其母国新加坡的法治状况进行了全面、翔实和独到的描述，为我们展现了一个东方国家的法治模式，充分体现了新加坡法治模式的特点①。该书明确说明了新加坡这种东方国家法治模式的特殊性，引起了学界研究的兴趣，为笔者对中国法治问题的探究提供

---

① ［新加坡］约西·拉贾. 威权式法治：新加坡的立法、话语与正当性［M］. 陈林林，译. 杭州：浙江大学出版社，2019：2.

了方向。这让笔者不由得思考：新加坡可能只是典型案例，包括中国在内的所有国家，是否都应当立足于本国场景和本国国情去重新思考法治模式、理论及其实践的问题？

立足于本土找寻法治资源、思考法治问题不是一个新问题，在 20 世纪末便由朱苏力教授开启讨论。他在《法治及其本土资源》一书中提出了著名的"苏力之问"，即中国在过去一百多年来大多借鉴西方，那么中国对世界文化到底贡献了什么？① 为了回答这个问题，朱苏力首先肯定了中华优秀传统文化是一座精神富矿，对世界文化作出了巨大贡献。同时，朱苏力认为我们对待中国传统文化这座"富矿"的方式存在一些问题："如果一切值得弘扬的中国文化中的因素，仅仅因为它们完全符合或大约符合外国的某种理论或实践，那么我们为什么不直接从外国照搬过来，有什么理由要从中国文化之中寻求那些所谓的'萌芽'呢？这些做法的背后仍然是缺乏自信。"② 接着，朱苏力对"苏力之问"自问自答，主张真正的贡献只能产生于一种对中国的共同和现实的真切关注和自信。从这种理解出发，朱苏力继而将视角放到了中国法学问题上。他认为与其他学科相比，中国法学更缺少学术传统，特别是研究中国实际的传统。中华人民共和国成立后，中国法治取得了很大的进步，但存在着学科分类不明等问题，还常常习惯于用 18—19 世纪西方启蒙思想家的理论来思考问题。

"苏力之问"虽于 20 世纪末提出，但至今仍是个历久弥新的问题："苏力的意义，在于他的问题以及分析问题的方法。结论往往并不重要，思考的方法才是王道。"③ 自"苏力之问"提出后，引发了学界对本土法治问题的思考，提供了从中国本土文化去思考中国法治问题的某些视角。但遗憾的是，《法治及其本土资源》一书只是作者的一些随笔文章，这些文章在面对法治困惑且解决一些法治问题的同时，又抛出了另一个问题，即在卷帙浩繁的中华法治文化宝库中，挖掘哪些法治本土资源，如何挖掘出可资利用的法治本土资源。因

---

① 苏力. 法治及其本土资源 [M]. 北京：中国政法大学出版社，1996：序言Ⅵ.
② 苏力. 法治及其本土资源 [M]. 北京：中国政法大学出版社，1996：序言Ⅶ.
③ 廖奕. 城市中国的法理乡愁——重读《法治及其本土资源》[J]. 法律和社会科学，2017，16（2）：271.

此，虽然这种"本土法治说"很早就被提出，却因没有系统论证而悄然终止。

近年来，对以上"苏力之问"余问的进一步回答，来自中国政法大学的喻中教授。喻中以"法家三期说"为主要阵地，在 2016 年连续发表了《法家三期论》（《法学评论》）、《法家的类型学考察》（《东方法学》）以及《法家模式评析》（《政法论丛》）三篇文章，提出了法家需要分三期进行考察的观点。《法家三期论》立足于对法家理论的思考，率先开展对法家发展史的断代研究。《法家三期论》一文，根据思想背景、政治背景的不同，将法家发展史分为三个历史时期，揭示了法家思想的发展脉络，表明了法家作为一个学派随着历史发展而不断发展的规律。自提出"法家三期论"后，韩伟、钱锦宇、吕力等学者相继撰文，成为该理论的拥趸。喻中指出：需要对法家类型进行历时性考察①。

这种历时性考察，旨在通过对法家学派的分期，明晰法家学派历史发展的源脉，从而剖析法家学派与中国法治之间的关系。可以说，"法家三期论"对法家的分期思考，是破解"苏力之问"的关键所在。所谓真切的自信，必定来源于对中国本土法治文化长期的、真切的关注。而这种关切，与其从儒家，毋宁从本土法家理论的流变中寻找答案。因此，我们需要以新的思维重新认识法家，从而真正实现以古人之规矩、开今人生面的目的。但笔者也发现了"法家三期论"存在的一些问题。如将大一统时期的法家归类到法家第一期，即与治国思路和地位截然不同的先秦法家放在同一期，这种划分方法是否合理有待推敲。又如"法家三期论"认为近代以来，也就是法家第二期得益于马克思主义的传入，故将这个阶段的法家称为新法家。然而，马克思主义传入中国的历程，与马克思主义中国化的历史大致相同，与五四运动爆发以及中国共产党诞生的历史进程密切相关，与近代西学东渐的过程有较长时间间隔。承此逻辑，我们需要重新梳理法家学派在各个历史时期发展的演进过程。

2019 年 5 月，《中国法理学发展史》一书在北京召开新书发布会，引起了法学界的广泛关注。该书对中国法理学发展的整个历史进行了全面梳理，系统

---

① 喻中. 法家三期论 [M]. 北京：法律出版社，2017：41.

论述了中国古代法理学的理论贡献、科学阐释了近代中国法理学的历史转型过程、认真总结了中华人民共和国成立以来中国法理学现代化取得的巨大成就。笔者有幸参与了《中国法理学发展史》后期编纂成书的整个过程，对李龙教授撰写此书的意旨和思想较为了解。该书的题目经历了从中国法理学思想史，到中国法理学简史，再到中国法理学发展史的转变。这体现了李龙教授坚持马克思主义基本立场——坚持用发展的观点去理解中国法理学的发展问题。特别是对法治的探究，该书对中国古代法治一词并未使用引号，与以往谈及中国古代法治，便使用"法治"或者"法制"这种措辞的著作颇为不同。书中论及的"法海沉浮齐桓公"这则故事，反映了齐国因推行法治而兴、因废弃法治而亡的道理。这也提醒笔者，要摆脱西方普世性法治概念的影响和束缚，用一种更科学的方法论来审视法家学派及其理论，从而全面建构一种属于本土的法治概念。

阅读文献引发的是对于如何解释中国法治及本土法治资源的理论思考。而关注时政，带来的则是对于中国法治建设的现实观察。当前，世界百年未有之大变局加速演变，体现出诸多的不确定性。特别是 2020 年，新冠疫情使得这种不确定性加剧。部分西方国家的法律制度，在应对疫情防控时捉襟见肘、漏洞百出，让我们怀疑西方国家所建构的法治模式是否具有普世性。放眼东方，在中国共产党的坚强领导下，我们书写了中国抗疫的非凡答卷，为世界性的新冠肺炎防控事业做出了杰出贡献。中国的疫情防控工作，充分展示了中国特色社会主义制度的显著优势，向世界昭示了中国特色社会主义道路的光明前途。尤其是在笔者撰写本书期间，几则新闻给笔者带来了坚持本土法治研究的想法和信心。

2020 年 6 月，国务院新闻办公室发布了《抗击新冠疫情的中国行动》①白皮书（以下简称《白皮书》）。《白皮书》是对中国人民抗疫的艰辛历程进行的真实记录，将中国在抗疫中取得的成果进行了展示，毫无保留地将中国主

---

① 中华人民共和国国务院新闻办公室. 抗击新冠疫情的中国行动［N］. 人民日报，2020-06-08（10）.

张和中国经验分享给国际社会。在抗击疫情的过程中，中国特色社会主义制度彰显了巨大优势，向世界各国展现了"中国之治"的重要经验。在以习近平同志为核心的党中央坚强领导下，建立中央统一指挥、统一协调、统一调度，各地方各方面各负其责、协调配合，集中统一、上下协同、运行高效的指挥体系，为打赢疫情防控的人民战争、总体战、阻击战提供了有力保证。① 其中，法治在我国的新冠疫情防控中起着非常重要的作用。相比而言，某些西方发达资本主义国家在抗击疫情时甩锅和推责，引发了一些民族矛盾、暴力执法等问题，贻误了疫情防控的最佳战机。西方法治模式曾被奉为圭臬，西方启蒙思想家们提出的天赋人权、法律面前人人平等、自由平等博爱等理念被世界其他国家所效仿。但西方国家在本次疫情防控中暴露的一些体制问题，不得不让人对西方法治模式是否如标榜的那么完美提出某些质疑。

2020 年 11 月，中央全面依法治国工作会议在北京胜利召开。这次会议的一个重要成果，就是首次提出了习近平法治思想。笔者学习后有三点体会：一是习近平法治思想，是马克思主义中国化的最新成果，是 21 世纪的马克思主义法治思想。这涉及全面依法治国重大战略的指导思想的问题。新时代推进全面依法治国，即以习近平法治思想为根本遵循。二是习近平法治思想深刻回答了法治与国家治理、法律制度与国家制度的关系问题，强调在法治轨道上推进国家治理体系和治理能力现代化，科学指明了推进国家治理现代化的正确路径。② 在"十一个坚持"的论述中，国内法治和涉外法治是最新的提法，笔者的理解是两者同为法治，但显然不是一个概念。国内法治更强调本土国情，而涉外法治强调的是相互借鉴，与西方法治开展对话。三是习近平法治思想还赋予了中华法治文明新的内涵，具有历史的穿透力。这就要求我们必须深入挖掘和传承中华优秀传统法律文化中的精华，充分利用好这些珍贵的本土法治资源，继而推动中华法治文明焕发出新的生命力。概言之，习近平法治思想的提

---

① 中华人民共和国国务院新闻办公室 . 抗击新冠疫情的中国行动 ［N］. 人民日报，2020-06-08（10）.

② 王晨 . 用习近平法治思想引领法治中国建设 ［J］. 中国法学，2021（1）：15.

出，为我们坚持本土法治文化自信以及新时代全面推进依法治国指明了方向。

2021年1月，中共中央印发《法治中国建设规划（2020—2025年）》（以下简称《规划》），并发出通知要求各地区各部门结合实际认真贯彻落实。① "制定法治中国建设规划，为全面依法治国、建设法治中国提出了明确的任务书、时间表、路线图，具有重大现实意义和深远历史意义。"② 《规划》的印发，体现了全面贯彻习近平法治思想，坚持中国特色社会主义法治道路的精神，对新时代如何更好发挥法治的固根本、稳预期、利长远等重要作用，推进国家治理体系和治理能力现代化，适应人民群众在民主、法治、公平、正义、安全、环境等方面的新要求新期待……为全面建设社会主义现代化国家、实现中华民族伟大复兴的中国梦提供有力法治保障。③ 因此，我国法治实践不仅有了习近平法治思想的科学指导，还有了具体路线图，中国法治建设前途光明。

通过对上述文献的阅读，以及对近期国内外热点新闻的关注，笔者深切感受到了中国法治的巨大魅力。但是，这种意识并没有取得广泛认同。让笔者甚是担忧的是，从对法治的需求来看，我们持有的态度往往是：以美国为代表的西方发达国家有的，我们需要不断向他们看齐，甚至被要求做得更好；西方发达国家没有的，我们中国本土有的，部分人却对这种有不加辨别地进行若干抨击。笔者认为，这不仅是一种态度上的反映，更是典型的文化不自信的表现。我们的求学过程存在若干急功近利的因素，我们把视线放得太远，以至于严重忽视近在眼前的精神财富。事实上，我国历史上从来不缺乏大师，如孔子、管子、庄子、墨子等。尤其是中国古代的法家学派，很早就提出了法治思想，强调运用法律手段来促进国家改革和富强目标的实现。因此，正是通过广泛阅读

---

① 新华网. 中共中央印发《法治中国建设规划（2020—2025年）》[EB/OL].［2021-01-10］. http：//www.xinhuanet.com/2021-01-10/c_1126966552.htm.
② 张文显. 制定法治中国建设规划的方法论原则［J］. 法制与社会发展，2019，25（3）：2.
③ 新华网. 中共中央印发《法治中国建设规划（2020—2025年）》[EB/OL].［2021-01-10］. http：//www.xinhuanet.com/2021-01-10/c_1126966552.htm.

和观察，才有了对于以上问题的思考，并为笔者进行下一步的研究工作奠定了基础。

二、研究问题

2022年10月，习近平总书记在党的二十大报告中指出："全面依法治国是国家治理的一场深刻革命，关系党执政兴国，关系人民幸福安康，关系党和国家长治久安。必须更好发挥法治固根本、稳预期、利长远的保障作用，在法治轨道上全面建设社会主义现代化国家。"① 站在新的历史起点上，党和国家再次发起了坚持全面依法治国、推进法治中国建设的冲锋号和动员令。

但目前存在理论与实践脱节的问题，对中华优秀传统法律文化认识不够充分、不够自信，甚至悲观的现状与中国法治实践的成功不相匹配。习近平总书记指出："中华优秀传统文化是中华民族的精神命脉……也是我们在世界文化激荡中站稳脚跟的坚实根基。增强文化自觉和文化自信，是坚定道路自信、理论自信、制度自信的题中应有之义。"② 事实上，在整个人类历史进程中，中国优秀传统文化绝大部分时间处于世界领先地位，在世界舞台上展现风姿。只是在近代以来（即公元18世纪到20世纪初），随着西方列强的侵入，为实现救亡图存，中国才开始向西方"德先生"和"赛先生"学习，逐渐开启了西学东渐的过程。这种理论上的不自信尤其体现在中国法治理论问题上。我们在涉及如何利用中华优秀传统法律文化这个问题的讨论时，往往各执一词，从而导致了理论探究的困难。这些困难，是因为我们没有厘清以下三大问题：

一是没有充分认识中国法治的指导思想问题。马克思主义基本原理是科学的世界观和方法论，是中国特色社会主义法治的指导思想，是我们对中国法治问题进行研究的基本立场。新时代孕育新思想，新思想指导新实践。党的十八

---

① 习近平. 高举中国特色社会主义伟大旗帜　为全面建设社会主义现代化国家而团结奋斗——在中国共产党第二十次全国代表大会上的报告 [M]. 北京：人民出版社，2022：40.

② 习近平. 坚定文化自信 建设社会主义文化强国 [J]. 求是，2019 (12)：1.

大以来，习近平总书记在领导全面依法治国的伟大实践中，提出一系列法治新理念新思想新战略，创新发展了中国特色社会主义法治理论，创立了习近平法治思想，这是马克思主义法治理论中国化的新发展新飞跃。① 因此，新时代全面推进依法治国的事业，必须毫不动摇地以马克思主义和习近平法治思想为指导。

二是没有完全理清中国法治的理论渊源问题。中华优秀传统法律文化博大精深，但丰富的法律文化也造成了选择困难的问题。中国传统社会主要有两大传统，即儒家传统和法家传统。从整体上看，儒家传统占据主要地位。儒家传统对中国传统社会的影响非常大，在很多领域甚至起到了决定性作用，至今中国人的社会生活仍受到了儒家传统不同程度的影响；但在论及中国法治问题时，法家足以与儒家分庭抗礼甚至实现超越。因此，探讨中国法治的理论渊源，离不开对法家传统的科学研究。但是，学界对于法家传统的定位并不清晰，没有辩证看待和深入理解法家传统理论，呈现出对法家传统不同的声音。我们在涉及中国法治理论渊源问题时，往往习惯用儒家传统去回应，这显然是不合适的，犯了主次颠倒的错误。当然，对于中华优秀传统法律文化的传承和挖掘工作，一个正确的理解前提是：必须牢固坚持马克思主义基本原理的指导，要经得起这一科学世界观和方法论的不断检验，并经得起实践的不断检验。

三是没有彻底明确中国法治新的实践如何借鉴旧的法家传统的问题。法家传统是一个陈旧的体系，对其进行怎样的应用又是一个问题。我们当前有三种值得商榷的做法：其一，用，但是不知如何使用，导致用得五花八门。其二，既然不知道如何使用，那么干脆否定它的价值而不用。其三，投其所好地用，在表面列出一些经典的理论，但在实践中根本没有用到。这些做法，都是没有处理好旧理论和新实践如何结合的问题的表现。

鉴于上述问题的存在，本书拟从马克思主义基本原理出发，以当前中国法

---

① 王晨. 习近平法治思想是马克思主义法治理论中国化的新发展新飞跃 [J]. 中国法学，2021（2）：5.

治的实践情况为本书的研究取径，立足于探寻创造性转化后的法家传统与中国法治的契合方式，继而为法家传统在中国法治问题上的具体应用提供若干思路。针对这一问题，本书尝试从以下四个具体方面进行循序渐进的研究：

第一，法治和传统是什么？中国法治和法家传统又是什么？通过对与上述词汇相关的概念的辨析，以及全面梳理其产生和历史演进的过程，正确界定其语词含义，避免因部分核心概念的错误使用引起的理论混淆。

第二，剖析中国法治与法家传统的逻辑关系问题，阐释法家传统对中国法治三大基础的建构问题，明确法家传统对于中国法治的重要作用。

第三，分析对法家传统进行创造性转化的必要性、合理性和必然性，实现对法家传统的检视与超越，为法家传统的成立进行理论证成。

第四，指出转化后的法家传统与中国法治的契合方式，并就法治中国未来的发展进行部分展望、提出若干建议。

三、研究意义

中国法治的法家传统，是一个偏正结构的命题，显然需要由法理学和法律史两个学科相互配合、交叉论证："法理学与法史学的功能虽有不同，但它们都是法学的基础学科，两者经纬交织构成法律科学大厦的基础和骨骼。显然，要夯实法律学科发展的基础，离不开对法史与法理的重视。"[1] 新时代，中国法治实践稳步推进，取得了举世瞩目的成绩，但仍旧面临理论不自信的问题。法家理论是最贴近法治需求的理论，但因多种原因被忽视，使得中国法治实践缺少法家传统理论的支撑。因此，只有彻底搞清楚法家传统与中国法治问题的关系，并在厘清关系的前提下，推动本土法治资源直接服务于法治中国建设，才能为法律的发展与变革提供更科学之理论。因此，本书的研究具有强化理论证成和解决现实问题的双重价值，具体而言其理论和实践意义如下：

---

[1] 张中秋等. 法与理：中国传统法理及其当代价值研究［M］. 北京：中国政法大学出版社，2018：1.

（一）理论意义：深化中国法治和法家传统的正当性论证

本书以马克思主义基本原理为方法论指导，充分应用马克思主义基本理论去理解中国法治的法家传统这一命题。从概念的基本界定，到研究对象的内在逻辑，再到旧理论的法理证成，最后到如何具体应用转化后法家传统，做到了充分论证、环环相扣，有利于为中国法治和法家传统的独立性和正当性提供理论支撑。

首先，通过对与法治和法家传统有关的概念进行全面梳理和基本界定，进一步厘清了一些理论上的误区和盲区。本书对与中国法治相关的法治、法制、其他治理模式等概念，对与法家传统有关的法家、传统、新法家、适域等概念进行了界定。通过对以上问题的梳理和界定，有利于实现对所研究的概念正本清源之目的，为中国法治和法家传统的正当性提供了理论基础。本书提出了法家内部必须进行分类，内部经历了合流，法家传统和儒家传统具有不同的"适域"，法家传统在法治"适域"上的探讨，有利于实现对法家的全新认识。

其次，通过对中国法治和法家传统的内在联系进行法理证成，将法家传统与中国法治模式的选择问题紧密结合，能够摆脱西方语境下设定的法治概念，有利于对法治这个概念进行中国词源意义上的解读。同时，通过分析法家传统对中国法治理论基础的建构方式，论证了法家传统与中国法治同频共振的关系，为法家传统的创造性转化创造了前提。本书将马克思主义基本观点与法家"法与时转则治"的观点相联系，找到了作为指导思想的马克思主义和作为理论渊源的法家传统之间的某些契合点。

再次，对法家传统的创造性转化，为中国法治的法家传统这一创新命题进行了理论证成。本书提出"法家发展论"的观点，创造性地指出要将法家置于更广阔的时间维度去理解，还提出要对法家理论进行超越，即将"礼"中本就是法的因素纳入广义"法"的范围。这就大大扩展了对法家以及法家传统的认识范围，为解决探讨中国法治时的一些瓶颈问题提供了可行思路和方案，为法家传统下的中国法治之讨论打下了更坚实的基础。

最后，对转化后的法家传统与中国法治的契合问题进行了若干思考。特别是基于习近平法治思想提出的涉外法治概念，提出要用发展的眼光，思考未来法治的前沿问题，有利于为中国法治的发展提供更多的理论支撑。

（二）实践意义：促进法家传统视阈下的中国法治实践

本书深入中国法治"现场"切实考察中国法治的"真相"，力图拉近中国法治理论与实践二者之间的距离，从而充分彰显中国法治的重大优势。本书从法家传统出发去探求当下的中国法治问题，为中国法治实践找到了一条可资借鉴的理论渊源选择。

第一，本书提出了法家传统视阈下的新的人权理论，为我国法治事业植入丰盈的权利内核，明确了秩序下的理性人权新思路。法治中国实践还要注意多开展文化交流，让世界听到人权实践中更多的中国声音。力求打开全面依法治国中人权理论的一扇新窗，为中国人权实践话语增添一份绵薄之力。

第二，本书提出要科学解码我国国家制度的显著优势，在中国共产党的领导下，充分认识三对辩证关系，发挥民主集中制等制度的重要作用，在法治轨道上推进国家治理体系和治理能力现代化，从而进一步构建法治主导下的多元治理体系。通过上述制度的论证，为实践中如何理解坚持党的领导、如何看待法治的作用，以及如何实现多元共治提供了若干方案。

第三，本书提出，法治要正视过去、要立足当下，也要面向未来。法治中国建设行稳致远，需要凝心聚力，不断铸牢中华民族共同体意识。还要将平等、公平、正义等理念贯穿到法治的全过程，从而实现良法善治。为应对国际社会的复杂局势以及新科学技术对法治的冲击，还要关注未来法治的动态，并努力做好涉外法治工作。

第二节　研究综述

一、国外研究综述

对于法治问题和法家思想的研究，本书发现国外在该领域已累积了不少研究成果，以下是国外涉及本书研究尤为集中的几个方面：

有关法治概念的研究。西方学者一般认为，法治是一个"本质上有争议的概念"。这种观念是由 W. B. Gallie 在 1956 年发表的《本质上有争议的概念》（"Essentially Contested Concepts"）一文中提出。在他看来，所谓在本质上有争议的概念是指那些不可避免地牵涉没完没了争执其适当且完全纯粹的用法的概念。这些概念尽管不可能通过任何一种讨论予以决定，但仍然通过各种完全动听的争论和根据而得到保留。① Michael E. Burke 在《法治的益处和挑战》中也指出：法治是一个笼统的概念，没有一个精确的概念。② Julian Sempill 在 2021 年发表的《法治与人治：历史、遗产与模糊》一文中指出：追求标准化的法治概念反而导致法治概念的模糊。③ 与此观点类似，有学者在《传统文化与西化：在中国走向法治的道路上》一文中指出：法治很难说有一个具体的概念。④ 但也有学者尝试对法治这一概念进行界定。如 Joseph Raz 认为："自古对法治和人治之间的对比是神秘的……这是一个需要像谜一样去理解的答案。接着，他说可以找到这个谜的答案，而且这个答案最终可以被解读为一个有意义的政治理想。"⑤ 又如约翰·W. 海德指出：法治社会的法律规则应当是公开颁布、相当明确、后果可期、保持稳定、相互一致。法治适用于社会的任何一个领域（包括政府，以防止政府决策者专断行事）；法治的内容广泛，覆盖社会和人民所面临的实际问题，体现了真实有效的特点，即规则被社会成员广泛

---

① W. B. Gallie. Essentially Contested Concepts [J]. Proceedings of the Aristotelian Society New Series, 1956 (56): 171-172.

② Michael E. Burke. Benefits and Challenges of the Rule of Law [J]. Corporate Counsel's Guide to Doing Business in China, 2020, 40 (2): 70-71.

③ Julian Sempill. The Rule of Law and the Rule of Men: History, Legacy, Obscurity [J]. Hague Journal on the Rule of Law, 2021 (12): 511.

④ Haiting Zhang. Traditional Culture v. Westernization: On the Road Toward the Rule of Law in China [J]. Temple International and Comparative Law Journal, 2011 (25): 356.

⑤ Joseph Raz. The Authority of Law [M]. New York: Oxford University Press, 1979: 212-214.

遵守——由社会大多数人民自愿遵守，并在必要时通过官方强制实施。①

对于中国法治的研究，Pat K. Chew 的《法治：中国的怀疑主义与人民的统治》指出：西方的法治不是唯一的法治模式。② 但是胡果·马泰认为应把法治等同于西方的自由民主。并且，在这方面，不仅仅是马泰一人，在许多西方学者看来，法治就意味着自由民主型的法治。③ 有一部分学者对中国法治持怀疑态度，认为法律似乎不透明、不可预测、不公平。法律机构效率低下，普通人无法进入，容易受到腐败和政治干预。④ 但是，有学者注意到法治与政治、经济、文化之间的强相关联系。法治与政治关系密切，以自由主义法治为例，尽管自称政治中立，但自由模式本身在实践中是高度意识形态化的。它片面描述了现代福利国家形式的社会治理响应民主需求所面临的挑战。它的垄断倾向将一种特定版本的法治、自由意识形态与任何可能的版本混为一谈，将一系列关键的学术和政治问题排除在辩论议程之外。⑤ 皮文睿指出：中国正在走向某种形式的法治，但不是马泰作为研究基准的自由民主型法治……中国法治的某些特点确实不符合自由民主型法治的特征：这些特点包括等级社会，对家庭的强调，性别角色的不同，不同的权利观或者至少是个人利益与集体利益之间的不同权衡，以及论证相应结果的不同理由和逻辑……但这些特点与法治本身并不冲突，只不过不符合某一特定类型的法治。⑥ 把法治等同于自由民主法治的

---

① John W. Head. Feeling the Stone When Crossing the River: The Ruler of Law in China [J]. Santa Clara Journal of International Law, 2010, 7 (2): 36.

② Pat K. Chew. The Rule of Law: China's Skepticism and the Rule of People [J]. Ohio State Journal on Dispute Resolution, 2005, 20 (1): 46.

③ Randall Peerenboom. The X-files: Past and Present Portrayals of China's Alien "Legal System" [J]. Washington University Global Studies Law Review, 2003, 2 (1): 56-57.

④ Matthew C. Stephenson. A Trojan Horse Behind Chinese Walls? Problems and Prospects of U. S. SPONSORED "Rule of Law" Reform Projects in the People's Republic of China [J]. Pacific Basin Law Journal, 2000, 18 (1): 64.

⑤ Michael Slater. The Liberal Rule-of-law as a Critical Yardstick for China? Explaining Some Contradictions [J]. Global Journal of Comparative Law, 2016, 5 (1): 43.

⑥ Randall Peerenboom. The X-files: Past and Present Portrayals of China's Alien "Legal System" [J]. Washington University Global Studies Law Review, 2003, 2 (1): 55-56.

倾向导致一些亚洲学者把西方政府和诸如世界银行与国际货币基金组织之类的国际组织在亚洲国家推进法治的做法描绘成文化、政治、经济和法律霸权。但是，Gianluigi Palombella 指出："作为一种规范性的理想法治和民主、人权等没有什么区别，但是不能混为一谈。"① 也有学者指出：法治是民主制度的核心。② 此外，有学者认为中国法治有本土的理论先例，中国可以在此基础上建立自己的法治品牌。这一过程也可能影响西方社会对法治的讨论。③

对于传统和法治，国外学者从传统文化这一进路出发，探析传统对现代国家法治建设的影响。Chaihark Hahm 认为，文化并不仅包含至高无上的价值观或信仰体系，而且包括用来阐述人们的观点并表达他们对构成他们日常生活的他人和事件的判断的词汇和习语。④ 这些词汇和习语影响着人们对法治的看法。Joseph Raz 指出：从狭义的法治角度来看，法治由若干原则组成，如法无明文者不罚，新的法律应公开颁布，合理明确，具有前瞻性，司法决定应符合法律，由独立和公正的法院进行公平和公开的听证后发布，并应向公众说明理由……理解和实施这些原则的具体方式及其实际效果因国家而异，因为它们的道德依据和政治意义各不相同。并且正是因为法治在细节上有所不同，并在各种政治和文化环境中蓬勃发展，所以法治在不同的国家可能有不同的含义和道德依据。⑤ Van Hong Nghia 通过在越南的实证研究，指出传统越南的法律文化形成与儒教和佛教的传入有关，它们仍然影响着现代越南的法律和政治意识形态以及个人权利得到尊重和保护的方式。越南传统文化对现代越南产生了显著

---

① Gianluigi Palombella. The Abuse of the Rule of Law [J]. Hague Journal on the Rule of Law, 2020, 12 (2)：396.

② Catherine Barnard, Sarah Fraser Butlin. The Rule of Law and Access to the Courts for EU Migrants [J]. Journal of Common Market Studies, 2020, 58 (6)：1622.

③ Eric W. Orts. The Rule of Law in China [J]. Vanderbilt Journal of Transnational Law, 2001, 34 (1)：115.

④ Chaihark Hahm. Law, Culture and the Politics of Confucianism [J]. Columbia Journal of Asian Law, 2003, 16 (2)：257.

⑤ Joseph Raz. The Politics of the Rule of Law [J]. Indian Journal of Constitutional Law, 2008, 2 (1)：1.

的影响，东亚也是如此。①

对于法家学派，James A. Dorn 高度赞许了法家的法治思想："像哈耶克一样，伟大的法家学者韩非子（公元前 3 世纪）认为'没有方向的秩序'需要坚定的信念来指导个人行为。他接受道家的自发秩序概念，但强调鉴于人的本性，自由是必要的，可以通过限制国家权力和确保法律面前的平等来确保自由带来社会效益。因此，他明白没有真正的法治，中国不可能创造一个真正和谐的社会。并且，韩非子试图将道家思想与自由的法家思想结合起来，并将法律视为增强而不是抑制自由的工具。"② 另外，有学者在《传统文化与西化：在中国走向法治的道路上》一文中指出：对于中国法治的研究离不开对中国传统文化的研究。但是他指出古代中国实质上是一个正在向法治过渡的人治社会。③ 而 Eric C. Ip 在《中国古典法家法学中的法律思想》中指出：作为东方哲学中最杰出的法学流派之一，中国古典法家学说对塑造东亚法律体系具有很大的潜在力量。法家对社会理论、人类学和程序价值的贡献是显著的。④ Henrique Schneider 认为国家秩序和效率是法家思想的主要内容，但是正义是法家构建的国家系统的内在需要和必然结果。⑤

此外，Elshad Assadullayev 在《中国的官僚传统》中指出：从中国历史看，秦朝灭亡以后，法家思想并未断绝。儒法结合一直是中国的国家治理模式。⑥ 也有学者指出：当秦朝被推翻后，儒家思想就会成为汉朝的官方学说。但它是

---

① Van Hong Nghia. Reinterpreting East-Asian Culture and Human Rights：The Case of Traditional Vietnamese Legal Culture［J］. International Studies Journal，2013，9（4）：134.

② James A. Dorn. China's Future Development：Challenges and Opportunities［J］. Cato Journal，2019，39（1）：180.

③ Haiting Zhang. Traditional Culture v. Westernization：On the Road Toward the Rule of Law in China［J］. Temple International and Comparative Law Journal，2011（25）：355.

④ Eric C. Ip. The Idea of Law in Classical Chinese Legalist Jurisprudence［J］. Global Jurist，2009，9（4）：121.

⑤ Henrique Schneider. Han Fei and Justice［J］. Cambridge Journal of China Studies，2014，9（4）：20.

⑥ Elshad Assadullayev. Bureaucratic Tradition of China：Confucianism and Legalism［J］. Journal of Civilization Studies，2018，3（6）：145.

一种被剥夺了许多特征的儒家思想，并与法家的政府理念相混合。在儒家思想等受人尊敬的意识形态的掩护下，许多法家改革将继续存在于汉朝的政治体系中。① 有学者指出："中国政治的最新趋势要求以新的视角看待一种古老的政治哲学——法家学说，这种哲学从未远离中国政治思想和实践的中心。"②

二、国内研究综述

本书的研究对象是"中国法治的新法家传统"。"中国法治"是本书的研究取径，"新法家传统"则是本书的研究落脚点。因此，本书的研究综述主要围绕"法治"和"法家"两个关键词来进行。利用中国知网平台，分别通过主题和全文进行文献检索，发现国内在这两个领域已累积了不少研究成果（包括学术期刊、学位论文、会议报告、报纸等），故绘制出了近十年来法治、法家研究文献数量变化总的趋势图，如图1-1所示。

根据图1-1所示，我们不难发现：近年来对法治的研究，虽然文献数据有些波动，但始终是学术界研究的重点，每年研究文献均达到1.5万篇以上。究其原因，在于法治不仅是国内法学学科研究的重点，也是政治学、哲学、马克思主义理论等学科所共同关注的命题。同时，两个阶段性峰值的出现（2015年为2.06万篇，2022年为2.39万篇），与两个标志性会议有关。第一个峰值在于，2014年召开了党的十八届四中全会，对全面推进依法治国进行重要战略部署。第二个峰值在于，随着中央全面依法治国工作会议上习近平法治思想的提出，以及随后2022年党的二十大召开，全面推进依法治国有了更明确的科学指引。

相比于法治问题，对于法家的研究文献少很多，且呈现出非常平稳的状态，每年发表文献数百篇，最多的年份也是十八届四中全会召开后的2015年，

---

① Daniel Rodriguez Carreiro. The Dao Against the Tyrant: The Limitation of Power in the Political Thought of Ancient China [J]. Libertarian Papersm, 2013 (5): 148.

② China's New Legalism [J]. The National Interest, 2016 (143): 19.

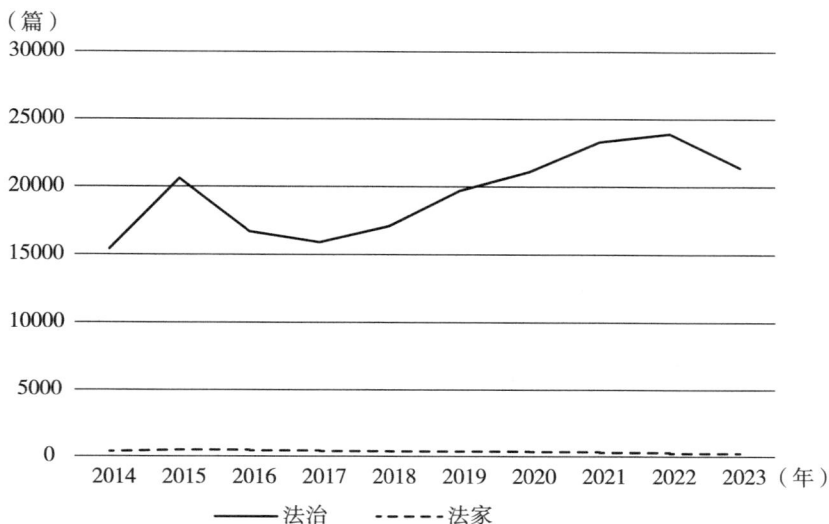

图 1-1　2014—2023 年法治、法家研究文献数量变化趋势

共发表了文献 473 篇。但可以大胆预测，随着"两个结合"命题的提出，对作为马克思主义中国化时代化优秀代表的中国法治与法家传统这样的中华优秀传统文化的研究毫无疑问会成为热点。聚焦本书研究对象，通过以上文献检索可以将国内研究分为以下几个部分：

第一，关于法治概念的研究。对重要概念的思考要做到回归常识。刘作翔撰写的《回归常识：对法理学若干重要概念和命题的反思》一文中指出：我们探讨问题如果没有界定好一些基础概念，有可能会在错误使用的情况下导致整篇文章结论的不同。① 国内学者对法治概念的研究通常从两条路径出发。一条是用形式-实质的框架来分析法治的具体内涵。在这一方面，开风气之先的当属王人博和程燎原在 1989 年出版的《法治论》一书，它从实体价值和形式

──────────

① 刘作翔. 回归常识：对法理学若干重要概念和命题的反思 [J]. 比较法研究，2020（2）：108.

价值两个方面探讨了法治的含义，这种两分法为后来的学者们所依循①。用形式-实质的框架来分析法治的文献较多，主要包括：《应当研究法治的真问题》（周永坤，2013）、《反对形式法治》（沈宏彬，2017）、《法治概念的历史性诠释与整体性建构——兼评"分离的法治概念"》（周永坤，2020）、《实质法治：中国法治发展之进路》（付子堂，2015）、《实质法治：法治的必然选择》（李桂林，2018）、《我国形式法治论诸版本区辩与批判性反思》（王琳，2019）、《二元法治观的价值困境及方法论应对》（冯雷，2020）、《形式法治论》（吕康宁，2014）、《形式法治与实质法治的冲突与整合》（康薇，2017）等。这些研究肯定了西方法治模式的优势，在于形式与实质的兼具，两者的分离则意味着法治的死亡②。在此基础上，从形式和实质的二元对立关系展开对法治概念的具体内涵的探讨。

此外，部分学者认为法治概念的生成不必囿于一种进路。主要文献包括：《中国法治的自主型进路》（顾培东，2010）、《中国法治发展：一般性与特殊性之兼容》（杨建军，2017）、《世界法治模式不会定于一尊》（顾培东，2018）等。这些学者将法治概念的构建与每个国家的具体实践相联系，否认法治仅仅是学者在书房中坐而论道就可以提炼的概念。从人类社会法治发展历程来考察，世界上也并不存在一个通用的、终极的法治版本，各国的法治更多地呈现出多元化和"地方性"属性。③

有些研究尝试从法治与相关概念的辨析中明晰法治的内涵。相关文献有：《从"法制"到"法治"二十年改一字——建国以来法学界重大事件研究》（李步云、黎青，1999）、《中国特色社会主义法治体系的理论基础、指导思想和基本构成》（李龙，2015）、《德治与法治相容关系的理论证成》（舒国滢、

---

① 雷磊.探寻法治的中国之道——中国法治理论研究的历史轨迹［J］.法制与社会发展，2020（6）：9.

② 周永坤.法治概念的历史性诠释与整体性建构——兼评"分离的法治概念"［J］.甘肃社会科学，2020（6）：101.

③ 杨建军.中国法治发展：一般性与特殊性之兼容［J］.比较法研究，2017（4）：159.

王重尧，2018）、《从古典法治走向现代法治——段秋关新作读后》（武树臣，2019）、《中国传统价值观的人治德治礼治法治考论》（江畅，2019）、《重析"法制"与"法治"　构建中国的"制度法学"》（邱水平，2019）等。这部分研究主要将法制、人治、德治等与法治相关或者容易被混淆的词语进行了辨析，指出法治与法制是两个不同层面的词语，法制作为单一词，仅仅被等同于法律。① 人治和德治等是与法治不同的、并列的国家治理模式。

第二，关于传统的研究。传统是个热词，但因传统一词过于抽象而没能被学界广泛使用。目前，围绕传统概念的研究，主要文献有《清末民初"传统"的出现：概念史视角的考察》（章可，2020）、《传统：重复那不可重复之物——试析"传统"的几个教条》（李河，2017）、《区域法治发展与文化传统》（公丕祥，2014）等。这部分研究主要指出：传统不是一个封闭体系，而是向未来敞开的。任何传统在时间中的持存，同时是与假定的源头渐行渐远的自身疏异化过程，因此"原封不动的流传"无异于"圆的方"一样的悖论。② 徐复观认为，高次元的传统是由一些学界领袖或者政治精英，经过反复权衡后创造出来的。这种传统建立在对低次元传统的基础之上，需要在不断反省和自觉践行中获得理解。③ 公丕祥教授认为，传统"作为一种与现代性相沟通的生活样式或模本得到确证，成为富有时代活力的并且有拘束力或规范指导性的价值系统"④。

第三，关于多元治理领域的研究。法治不是万能的，法治下的多元治理不仅不会影响法治的地位，反而能够更好地发挥法治的作用。相关文献有《新中国 70 年进程中的乡村治理与自治》（公丕祥，2019）、《面向美好生活的纠纷解决——一种"法律与情感"研究框架》（廖奕，2019）。前文提出自治、法

---

① 邱水平．重析"法制"与"法治"　构建中国的"制度法学"［J］．北京大学学报（哲学社会科学版），2019，56（3）：8.

② 李河．传统：重复那不可重复之物——试析"传统"的几个教条［J］．求是学刊，2017，44（5）：26.

③ 李维武编．徐复观文集（第 1 卷）［M］．武汉：湖北人民出版社，2002：15.

④ 公丕祥．区域法治发展与文化传统［J］．法律科学（西北政法大学学报），2014，32（5）：12.

治和德治的内在贯通融合，展示了新时代中国乡村治理革命的崭新的运动方向。① 后文提出中国法治中的构建，需要特别注意情理因素的问题，情感对于纠纷解决的作用和功能被低估忽略。将"人情社会"作为"法治社会"的对立面，把情感因素当成法律正义的天敌对待，无视纠纷过程中的情感逻辑，势必日渐嵌入唯理主义法学的窠臼。② 以此为基础，发展多元化的社会治理模式成为学者们关注的热点。相关文献有《新时代中国社会治理的理论、制度和实践创新》（张文显，2020）、《民主、自治与法治："周期率"问题再思考——关于国家与社会治理的一场学术对话》（刘作翔、王勇，2020）、《新时代自治、法治、德治相结合的乡村治理模式：生成逻辑与优化路径》（唐皇凤、汪燕，2020）、《精准扶贫背景下国家权力与村民自治的"共栖"》（章文光、刘丽莉，2020）、《行政嵌入自治：乡村治理的"苏南模式"》（陈柏峰，2020）、《构建乡村基层自治与乡村振兴战略相结合的社会治理新格局》（严飞，2020）、《新时代"枫桥经验"的理论命题》（张文显，2020）、《作为先进典型的"枫桥经验"及其当代价值》（何柏生，2018）等。这部分研究主要指出：乡村是我国最基本的治理单元，乡村治理成效事关乡村社会的发展、繁荣和稳定。创新乡村治理模式对破解乡村治理困境、推进乡村振兴战略、实现乡村治理现代化具有重要意义。自治、法治、德治相结合的乡村治理模式由于具备主体多元化、内容丰富化、方式多样化、行动协调化的特点而能够使乡村治理呈现整体效能和叠加效应。③ 并且要将新时代"枫桥经验"的标识性创新成果——自治、法治、德治相结合的"三治结合"的乡村治理经验扩大到城市社区。④

---

① 公丕祥. 新中国 70 年进程中的乡村治理与自治 [J]. 社会科学战线，2019（5）：23.

② 廖奕. 面向美好生活的纠纷解决——一种"法律与情感"研究框架 [J]. 法学，2019（6）：122.

③ 唐皇凤，汪燕. 新时代自治、法治、德治相结合的乡村治理模式：生成逻辑与优化路径 [J]. 河南社会科学，2020，28（6）：70.

④ 参见张文显. 新时代中国社会治理的理论、制度和实践创新 [J]. 法商研究，2020，37（2）：14.

　　除此之外，如何理解乡规民约的性质，引起了学界的广泛兴趣。相关文献有《村规民约在乡村治理中的作用——从法律行政法规部门规章等中央规范性文件角度的考察》（高其才，2017）、《反躬、再塑与实现：新型乡规民约与乡村伦理重构》（苗国强，2019）、《乡规民约的法文化构筑》（韩伟，2019）、《以乡规民约助力农村社会协同共治》（武靖著，2019）等。这部分研究主要指出：我国的法律、行政法规、部门规章等中央规范性文件对村规民约、乡规民约进行了具体的规范。乡规民约是非规范性文件，其性质是基层自治组织制定的群众自治性规定，但受到法律、行政法规和部门规章的保护。关于法律、行政法规、部门规章等有关乡规民约、村规民约的规定，内容规定得比较原则化。从乡村实际情况出发，在对尊重村民自治进行规范方面，法律、行政法规、部门规章等需要进一步加强。这些文章分别从不同角度论证了乡规民约对于整个乡土中国的重要作用，呼吁社会各界对这些问题予以关注。

　　第四，关于法家的研究。这部分研究主要分为两个部分：一是对法家学派进行界定的研究。主要著作有《中国政治思想史》（萧公权，2005）、《中国哲学史新编》（冯友兰，2007）、《法家三期论》（喻中，2017）；期刊论文有《法家学派的渊源与属性考论》（张伯晋，2010）、《论法家的名称、缘起和师承》（武树臣，2016）、《论先秦诸子的分派问题》（徐刚，2015）、《法家三期论》（喻中，2016）、《法家的类型学考察》（喻中，2017）、《先秦有法家吗？——兼论"法家"的概念及儒法关系》（周炽成，2017）、《法家"法治"思想再考察》（武树臣，2017）、《先秦法家进化论及其近现代影响》（魏治勋，2017）等。这部分研究主要对法家的形成以及法家在不同时空下的分类进行了梳理，指出法家学派的基本特征是不别亲疏，不疏贵贱，一断于法。① 先秦法家有三晋法家和齐法家②等基础分类。如果把法家置于整个中国历史长河中进行审视，可以将其分为先秦法家、新法家及当代法家三期③。

---

①　司马迁. 史记 [M]. 韩兆琦，译注. 北京：中华书局，2010：7644.
②　冯友兰. 中国哲学史新编 [M]. 北京：人民出版社，2007：170-171.
③　喻中. 法家三期论 [J]. 法学评论，2016，34（3）：175.

二是对法家学派学术思想的研究。此类研究成果非常丰富，主要著作有《管子新探》（胡家聪，2003）、《管子研究》（张固也，2006）、《法家思想与法家精神》（武树臣、李力，2007）、《秦法家思想之发展研究》（朱心怡，2009）、《中国现代法治及其历史根基》（段秋关，2018）等；主要论文有《一个最低限度的法治概念——对中国法家思想的现代阐释》（王人博，2003）、《析国家主义派的"新法家主义"与"生物史观"》（孙承希，2003）、《论"新法家"陈启天的"新法治观"》（程燎原，2009）、《"洋货"观照下的"故物"——中国近代论评法家"法治"思想的路向与歧见》（程燎原，2011）、《先秦"法治"概念再释》（程燎原，2011）、《先秦法家思想比较研究——以〈管子〉、〈商君书〉、〈韩非子〉为中心》（杨玲，2005）、《〈管子〉法思想研究》（李家祥，2011）等。这些研究，分别从齐法家、秦法家等角度对法家思想进行探析，重新审视了近代以来学界热衷于采用西方法治视角的做法，继而指出既不能动辄在"故物"中去发现、证实"洋货"，也不能动辄用"洋货"来诠证、论评"故物"。①

第五，关于法家传统的界定与探究。主要论文有《对古代法家思想传统的现代反思》（陈弘毅，2003）、《略论法家的智性传统——兼与余英时先生商榷》（周炽成，2004）、《法家传统的现代适域》（王耀海，2016）、《中国传统社会的法家传统及其价值》（钱大军，2018）等。这些研究指出：法家传统在中国历史上具有重要地位，自秦代开始，法家思想实际上一直受到统治者的青睐，统治者治理国家所运用的有效制度，就是以法家思想为基础所建构起来的。② 法家传统已经深刻作用于中国的国家治理领域。

第六，关于法家传统与中国法治的关系。主要论文有《中国国家治理的现代性建构与法家思想的创造性转换》（钱锦宇，2015）、《法家思想的批判性继承与中国现代民族精神的塑造》（钱锦宇，2015）、《法家第三期：全面推进依

---

① 程燎原."洋货"观照下的"故物"——中国近代论评法家"法治"思想的路向与歧见 [J]. 现代法学，2011，33（3）：13.

② 钱大军. 中国传统社会的法家传统及其价值 [J]. 河南大学学报（社会科学版），2018，58（6）：42.

法治国的思想史解释》（喻中，2015）、《中国传统治理模式及其现代转化》（武树臣、武建敏，2020）、《法家精神的现代续造》（吴小龙，2021）等。这部分研究指出，国家治理现代化的建构，离不开传统思想文化，尤其是法家思想文化的支撑。① 法家思想构成的法家传统具有应用于现代中国的现实可能。

　　此外，法家传统是一个新概念，因此，关于法家传统与马克思主义基本理论之间关系的文献并不多。但是，近年来关于马克思主义与中华优秀传统文化关系的研究却有所增加，而且体现出研究层次较高的特点。主要论文有《"法家学"的新篇章：近代中国马克思主义史学家的法家研究》（程燎原，2017）、《构建中华思想史当代中国马克思主义学派——关于研究编撰中华思想通史的若干问题》（王伟光，2019）、《体现马克思主义唯物史观的中华法文化》（张晋藩，2020）等。这些研究指出：中华法文化体现了马克思主义唯物史观，②而中华法文化自然包括法家文化。并且要从马克思主义视角审视中国传统法家文化，一以贯之地把历史唯物主义的立场、观点和方法贯穿到中华思想史研究的全过程。③ 这些研究表明，用马克思主义对法家传统实现创造性转化和创新性发展具有一定的合理性。

第三节　研究思路与方法

一、研究思路

　　首先，对有关概念进行基本界定。在回归常识的基本理念下，就要对一些

---

① 钱锦宇．中国国家治理的现代性建构与法家思想的创造性转换［J］．法学论坛，2015，30（3）：13.

② 张晋藩．体现马克思主义唯物史观的中华法文化［J］．法学杂志，2020，41（3）：1-6.

③ 王伟光．构建中华思想史当代中国马克思主义学派——关于研究编撰中华思想通史的若干问题［J］．中国社会科学，2019（11）：171.

基本概念、基本命题进行反思和厘清。为此，本书对一些可能影响到整本书结论的重要概念进行基本界定。通过对与主题相关概念的辨析，明确法治的面子与里子，在此基础上搞清楚法治与法制的区别，以及明晰中国法治在法治概念基础上所体现出来的特殊性。接着，通过对法家学派历史演进脉络的梳理，探析法家学派在不同时期的不同作用。在前人的基础上，合理划定法家学派的分类标准，对现有的一些新观点进行分析，为论证法家传统这个命题奠定基础。本书首次提出法家内部合流的问题，为明晰法家学派的流变过程，进一步科学认知法家理论提供必要前提。随后，解析法家传统及其相关概念，提出在合理场景中使用传统，并对儒家传统的"大格局"和法家传统的"小适域"进行区分，为法家传统适用于中国法治打好基础。

其次，对内在逻辑进行法理阐释。对中国法治、法家传统有关的概念进行界定后，必须对法家传统与中国法治的内在逻辑进行法理上的阐释，从而使二者的结合更具有科学性。先是阐释法家传统对中国法治模式的影响。因受各种因素的影响，法治模式具有多样性。多样性带来了选择困难的问题，产生了内发和外发这样的不同法治现代化道路。通过对传统一词的剖析，提出基于传统的第三条道路的命题。亚里士多德、戴雪、哈耶克等人提出的法治概念几乎成为法治公式，后期主要法学流派通过对亚氏法治的研究，完成了对西方法治体系的建构。根据中西法治传统存在的差异，提出法家传统是中国法治模式的必然选择这一结论，为法家传统如何应用于中国法治创造条件。然后，论及法家传统对中国法治理论基础的建构，包括人性基础的建构、制度基础的建构以及实践基础的建构，从而构建了一个科学的理论体系。接着，论证法家传统与中国法治建设的辩证关系。从古典法治，到近代法治，再到新时代法治，法家传统与中国法治建设始终保持着相互促进、同频共振的良性互动关系。

再次，对法家传统转化进行理论证成。这是本书承上启下的部分，承上表现为对上述法家传统进行创造性转化，启下表现为为下一章的具体应用提供新的理论支撑。法家传统的创造性转化具有必要性、必然性与合理性。目前，存在中华文明繁荣与法治资源选择窘境亟待解决、研究中国法治问题时理论忽视或滥用的现状亟待破除、中国法治话语体系亟待确立等问题，对法家传统进行创造性转化具有必要性。同时，法家传统能够解决当下中国法治建设的疑难杂症，故具有创造性转化的必然性。接着，本书通过厘清法家传统中的一些关键词，超越礼法关系旧理论的偏私，以及厘清法家传统的正确坐标，来实现对法家传统创造性转化的合理性证成。

最后，对法家传统与中国法治的契合方式进行研究，为法家传统的具体应用奠定基础。一是理念层面，提出为法治中国植入丰盈的权利内核，以及要坚持以人民为中心的理念等观点。明确秩序下的理性人权的新思路，以及传播法治中国人权理论的时代声音。二是制度层面，要充分发挥国家制度体系的显著优势，要始终坚持党对全面依法治国的绝对领导，并处理好改革与立法、政策与法律、党纪与国法三对关系。要高度重视民主集中制的重要作用，努力构建法治轨道上的多元治理制度体系，打造多元共治的治理新格局。三是实践层面，提出要凝聚力量稳步推进法治中国实践。要不断铸牢中华民族共同体意识，并着重培养和提高整个社会的法治思维，从而为法治中国建设凝聚磅礴力量。然后对中国的未来法治建设进行若干展望，提出要占领法治前沿，保障法治中国建设行稳致远。

二、研究立场和方法

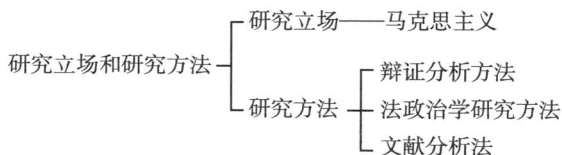

研究立场和研究方法 ┬ 研究立场——马克思主义
　　　　　　　　　　└ 研究方法 ┬ 辩证分析方法
　　　　　　　　　　　　　　　├ 法政治学研究方法
　　　　　　　　　　　　　　　└ 文献分析法

图 1-2　本书研究立场和研究方法

（一）研究立场

李达在《法理学大纲》中指出："法理学是哲学的一个分支，是科学的世界观的构成部分。这科学的世界观在法律领域中的应用和扩张，就构成为科学的法律观——这就是法理学。事实上所有的人文和社会科学都要统筹在哲学之下。"① 笔者认为，从方法论意义上讲，李达这个观点无疑是正确的。马克思主义是科学的世界观和方法论。如马克思主义关于发展的观点，为我们采用动态视角去理解法治概念，以及探究法家传统的创造性转化提供了重要指引；马克思主义关于联系的观点，则为我们探究法家传统的丰富内涵奠定了重要基础；马克思主义关于人民是实践的主体之观点，是我们一切工作的目标。因此，笔者选用马克思主义作为行文的基本立场和根本方法，并用来指导对法家传统的解读和中国法治的实践。马克思主义这一基本立场，还直接体现为以习近平法治思想为指导。习近平法治思想是马克思主义法治思想中国化的最新成果，是 21 世纪的马克思主义法治思想，也是我们进行法治中国建设的根本遵循。新时代，我们必须坚持用习近平法治思想来统一自己的认识，正确运用这一科学理论进行中国法治实践。需要指出：坚持马克思主义的基本立场，并不是要排除其他理论的精华和智慧。西方法治起步较早，具有对法治的理性思考和对人权的关切，从最终意义来看，实现全人类法治事业的共同发展是所有法治理论的共同旨归。

（二）研究方法

1. 辩证分析方法

马克思主义的基本方法，建立在辩证唯物主义和历史唯物主义的世界观和方法论的基础上，是指导我们正确认识世界和改造世界的根本方法。其中，辩证分析的方法，在本书中得以广泛应用。这种方法的统领，无论在本书大纲的结构形式上，还是在行文具体内容中，都有所体现。

2. 法政治学研究方法

所有的法治都在一定的政治环境之下，不可能有脱离政治的法治，法治是政治的具体表现。政法是中国现代法律传统中的一个非常重要的维度，我们谈

---

① 李达．法理学大纲［M］．北京：法律出版社，1983：3.

论法治问题的时候必然谈到政治。因此，我们应该从国内一些学者提出的法政治学的视角出发，尝试从法理和政理的角度共同探讨中国法治问题，从而为本书关于法律与政治的交叉研究提供具体研究方法。

3. 文献分析法

通过中国知网、Westlaw Next、谷歌学术等数据库，对涉及中国法治和法家传统等概念的文献资料进行整理、分析与研究，以探明其含义和联系，并进行归纳总结。本书还借助《牛津法律大辞典》《法学词典》《辞海》《现代汉语词典》等工具书，对这些概念进行系统检索，实现对某些基本概念界定的规范化与合理化，提高对概念认识的精准度，最大限度地为本书的论述提供前提。通过对《史记》《汉书》等经典史籍，以及《管子》《商君书》《韩非子》等法家作品进行精读，廓清法家和中国古代法治的本来面目，从而为系统研究其发展、变迁的原因，进一步理顺这些概念之间的联系奠定基础。

第二章　法治及法家传统的基本界定

　　法理学是法学的方法论，对于整个法学体系构建具有重要作用。如何"回归常识"，对一些基本概念进行界定，是法理学的重要任务。相关概念的界定是认识的前提和学术交流的基础。如果没有界定好基础概念，有可能会在错误使用的情况下导致不同的结论，而引发所谓的概念危机。为此，刘作翔教授指出："理论要发展，但是一些基本的常识要坚守。要解决这种理论混乱，就需要回归常识，对法的一些基本概念进行澄清。有些基本概念属于法的元问题，有的问题属于元问题派生出来的问题。"① 因此，本书将首先对相关的重要概念进行基本界定，从而为本书写作奠定坚实的基础。需要指出的是本书目的不在于如何精确表述某个概念，而在于根据相关文献和相应的研究成果，对该概念的演进过程进行全面梳理、系统分析，从而对作为社会现象的法治、法家传统及其相关概念进行剖析，给出本书的基本观点，以便为相关词汇的进一步探索提供想象空间和部分思路。

第一节　法治与相关概念辨析

一、何为法治

　　《牛津法律大辞典》指出："法治这一最为重要的概念，至今尚未有确定

---

① 刘作翔. 回归常识：对法理学若干重要概念和命题的反思 [J]. 比较法研究，2020（2）：108.

的内容，也不易作出界定。"① 可以说，法治是一个像谜一般的概念，至今仍缺乏能够作为通说的定义。或许谁都能对其表达几个看法，但似乎又谁都不能对其进行精确概括。而且似乎存在着这样一个怪现象，即对法治研究得越多，反而越说不清楚法治是什么。人们"谈论法治及相关术语时，比如中国特色社会主义法治、中国古代法治以及西方法治，所提及的法治并不是同一样东西"②。这种现状引发了法治这一基本概念的危机。为此，很多学者认为法治不可被定义，如 Julian Sempill 在《法治与人治：历史、遗产与含糊》一文中指出：追求标准化的法治概念反而导致法治概念的模糊。③ 当然，也存在一些对法治这一个概念进行界定的尝试，如约瑟夫·拉兹指出：自古对法治和人治之间的对比是神秘的……这是一个需要像谜语一样去理解的答案。接着，他说可以找到这个谜语的答案，而且这个答案最终可以被解读为一个有意义的政治理想④。鉴于此，面对法治这么一个谜一般的概念，本书目的不在于急着得出法治概念的结论，而是努力做一个尝试，即从面子（表面）和里子（深处）⑤两个层面来探究法治的基本要素，努力形成一些共识话题，从而为本书写作和后期思考提供支撑。

---

① ［美］戴维·M. 沃克. 牛津法律大辞典［M］. 李双元，等译. 北京：法律出版社，2003：990.

② 莫桑梓，黄大熹. 法治概念再辨析［J］. 学术探索，2016（7）：72.

③ Julian Sempill. The Rule of Law and the Rule of Men：History，Legacy，Obscurity［J］. Hague Journal on the Rule of Law，2021（12）：511.

④ Joseph Raz. The Authority of Law［M］. New York：Oxford University Press，1979：212-214.

⑤ 面子和里子，是一对互为表里、相辅相成的概念。里子是面子的底蕴和内涵，靠面子来进行表达；面子是里子的外在表现形式，靠里子来支撑。就目前掌握的资料来看，存在一些从谜面和谜底角度来论述问题的法学随笔，但并非真正围绕谜面和谜底进行阐释。而且，对于法治的谜面和法治的谜底，书中并未作出直面解释，运用这些词汇是否合理也有待考证。有鉴于此，本书采用面子和里子这对概念进行表达。参见刘练军. 法治的谜面［M］. 北京：中国民主法制出版社，2014.

（一）　法治的面子

面子，是指某个事物的面目、颜容。本书论及的法治的面子，是指法治的面目，也即法治所呈现出来的表面形态。事实上，目前大多数研究都是在围绕法治的表面形态进行。从这个角度出发，西方学界所说的法治和中国本土学者论及的法治存在着较大的差别，故分别对其进行论述。

1. 西方法治之面相

对于西方法治的概念，我们似乎太过于迷信先哲，而常常陷入了对概念本身的误解之中。本书认为：古希腊学者亚里士多德提出的法治观，或许能够作为我们思考法治问题的起点，但绝对不能是我们进行法治研究的终点。实际上，西方学者探讨法治一般从三条路径展开，即形式法治和实质法治、理想主义法治与实用主义法治以及法治的文化视角。

第一，形式法治与实质法治的区分。亚里士多德在《政治学》中提出，法治包含两重意义，"已成立的法律获得普遍的服从，而大家所服从的法律又应该本身是制定得良好的法律"①。这句话的前半部分，指的是形式法治，即通常所说的有法而治；后半部分，指的是实质法治，即良法之治。至于什么是良法，亚氏提出了三条标准："良法是合乎正义之法、与正宗政体相一致的法、是维护城邦（国家）共同利益的法。"② 亚里士多德在西方历史上最早对法治进行论述，开启了西方法学对形式法治和实质法治探讨的时代。这种关于形式法治和实质法治的分类，是讨论法治最重要的一种路径。

第二，理想主义法治和实用主义法治的区分。关于这种区分方式，最早可以追溯到英国学者西恩·科勒提出的理想主义和实证主义分析方式。科勒认为："实证主义和理想主义不是对社会制度的对立分析，而是对法治观念的对立解读。其中，理想主义倾向于认为，依法治理是对政府干涉普通公民道德生

---

① ［古希腊］亚里士多德. 政治学［M］. 吴寿彭，译. 北京：商务印书馆，1965：199.

② 参见占茂华. 亚里士多德的法治思想及其现代价值［J］. 社会科学家，2012（S1）：138.

活权力的一系列限制。实证主义通常将法律看作追求和实现集体目标的工具。"①

第三，法治的文化解读立场。弗里德曼从文化视角对法律和法治相关概念进行探讨②，为法治概念的研究提供了新的范式。与弗里德曼一致，采取这一进路的研究者大多秉持"法律作为文化现象"的立场③。也就是说，法律被看成是文化现象中的一种，需要从文化这一现象本身去理解法律及其法治问题。

西方学界习惯从不同的角度去研究某个特定的概念，故亚氏提出的形式法治（有法而治）与实质法治（良法之治）只是三条研究路径之一，不能也不可能作为我们研究法治的中心。通过分析，以上三种路径都是围绕法的统治进行的法治概念探索。因为所持立场不同，导致法治概念尚未形成统一的标准，在理论上仍存在争议。有鉴于此，与其说亚里士多德的形式－实质的法治观是理解西方法治的唯一理论，毋宁说这种法治观是思考西方法治的重要途径。

近现代意义上的法治论述来自英国。"法治"（rule of law）一词是英国的专利，它是英国文化的一个重要组成部分。④ 法治这一概念，经历了从 13 世纪的《自由大宪章》以来若干世纪的漫长发展过程，其历史渊源是盎格鲁·撒克逊时期的"王在法下"原则，即"法在前，王在后，国王要受到法律规制"。英国著名学者阿尔伯特·戴雪和 F. A. 哈耶克都集中论述了他们的法治观。最早提出且最明确论述法治概念的是戴雪。戴雪将法治归纳为：首先意味着，绝对的权威或卓越的法律常规，而不是专制权力的影响，或者更广泛的自由裁量权；其次，它意味着所有阶层的人都毫无例外地服从国家的一般法律，任何人，包括官员都不能有免除法律义务的特权。⑤ 戴雪将法治主要限定于对

---

① Sean Coyle. Positivism, Idealism and the Rule of Law ［J］. Oxford Journal of Legal Studies，2006，26（2）：288.

② 参见［美］弗里德曼. 选择的共和国：法律、权威与文化 ［M］. 高鸿钧，等译. 北京：清华大学出版社，2005：156.

③ 雷磊. 探寻法治的中国之道——中国法治理论研究的历史轨迹 ［J］. 法制与社会发展，2020，26（6）：18.

④ 於兴中. 法治东西 ［M］. 北京：法律出版社，2015：18.

⑤ ［英］戴雪. 英宪精义 ［M］. 雷宾南，译. 北京：商务印书馆，1935：273-274.

政府的规制，重点针对享有权力的国家公职人员，要求法院和政府严格遵从宪法和法律。戴雪的法治概念更意味着对所有人的规制，认为任何人都应平等地受到法律的规制。此后，在戴雪法治观的基础上，F. A. 哈耶克提供了更明确的法治构想。他认为："法治的意思就是指政府在一切行动中都受到事前规定并宣布的规则的约束——这种规则使得一个人有可能十分肯定地预见到当局在某一情况中会怎样使用它的强制权力，和根据对此的了解计划他自己的个人业务。"① 哈耶克强调政府的行为要为法律所限制，从而确保公民对政府的行为的可预见性，以保证公民能够提前对自己的行为做出规划。戴雪和哈耶克对于法治的理解开启了一个时代，以至于同期或后期仍有"很多杰出理论家如罗尔斯、塞兹尼克、哈特、富勒、拉兹和德沃金，每个人都试图对法治作出一个解释或给出一个模式，但还没有一个人能成功地取代戴雪-哈耶克模式"。②

综上所述，无论是戴雪，还是哈耶克，他们所论及的法治概念都触及"法的统治"这一意涵。这种戴雪-哈耶克的法治模式，强调法治必须是法的统治（rule of law），即法律应当位于权力金字塔的顶端，所有主体都必须严格遵循法律的统治。亚里士多德的法治观，是西方古典式的法治观念。这种形式法治和实质法治的分类虽然重要，但也只是西方理解法治概念的一种途径而已。相比而言，近现代西方法治观受戴雪和哈耶克等近现代法学家思想的影响较大。抛去意识形态的因素，西方学者在论述法的统治过程中，较强调法的位阶，即在形式上突出了法律对于国家范围内一切人、一切事的普遍统治。

2. 中国法治之面相

有趣的是，我国近代法治概念的形成，受亚里士多德法治观的影响可能比西方更大。随着西方国家的入侵，近代中国被迫开启了西学东渐的进程，西方启蒙思想家的法律思想在中国传播。其中，就包含亚里士多德的法治观。亚里

---

① ［英］弗里德里希·奥古斯特·哈耶克. 通往奴役之路［M］. 王明毅，冯兴元，等译. 北京：中国社会科学出版社，1997：73.

② 於兴中. 法治东西［M］. 北京：法律出版社，2015：12.

士多德提出的形式法治与实质法治的二元分析法，对中国法治的理论与实践同样产生了不可磨灭的影响，以至于追求良法善治的"实质价值论也成为了中国学界的主流范式"①。出于这种认识，每每遇到涉及对法治问题的理解和探讨，我们也都习惯用西方亚里士多德的法治名言去套用。因此，该时期的法治具有了更多西方法治的味道。如民国时期，世界书局出版的《中国法律大辞典》认为，法治是"统治阶级与被统治阶级成立一种共信共守的秩序，发生共同约束力，而使政治立于秩序之下……法治的最高意义，应该私法和公法一样的重视，一般人都能习于私法，而受私法的训练，其私生活秩序化，那么，法治才算完成"②。虽然这种理解没有停留在法治的形式定义，并已经触及了对于包括法律至上在内的价值的讨论。但是，这种探讨方式却需要进一步考证，因其没有做到对西方法治的全面理解，更是一种脱离中国本土去理解法治概念的做法。

我们对法治的研究，不仅要考察西方法治的流变，更要明确中国法治的探究应基于本土文化。春秋时期，法家先驱管仲，在齐国推行变法时便提出了"以法治国"的主张。战国时期，法家代表们则将"以法治国"的理论进行发展。韩非将法、术、势三者相结合，形成系统的法治理论，明确提出"以法为本""治强生于法""刑过不避大臣，赏善不遗匹夫"等观点。③ 从古代的"以法治国"到新中国的依法治国，再到现在的全面推进依法治国，均体现了我国在法治道路上的不懈探索。通过对权威词典、法理教材的查阅，笔者发现：如果从形式上看，中国法治在某种程度上体现了依法而治或者法律之治的意涵。与西方的法治概念不同的是：无论是我国的法治理论还是法治实践，更强调法律的实际效果，凸显了法律在整个国家治理中的重要作用。

我国正式出版的各类辞书对法治的定义，通常仅仅从形式角度出发进行阐

① 雷磊. 探寻法治的中国之道——中国法治理论研究的历史轨迹［J］. 法制与社会发展，2020，26（6）：10.

② 朱采真编. 中国法律大辞典［M］. 吴经熊，陆鼎揆，朱鸿达，校注. 上海：世界书局，1934：246.

③ 夏征农，陈至立主编. 辞海（第6版）［M］. 上海：上海辞书出版社，2011：1101.

释，而不涉及对于法治内涵的讨论。这类辞书一般将法治界定为，依照法律治理国家的思想、理论、方略等。如《法学词典》认为法治包含两层含义：一是先秦法家提出的治理国家应当专用法治的主张。法家认为，一个国家只要有明确而稳定的法律制度，一切行动都依法而行，国家就可以治理好。二是资产阶级在其革命时期为反对君主专制和封建特权而提出的依据法律治理国家的政治主张①。作为百科全书的《辞海》，则将法治定义为：与人治相对，按照法律治理国家的各种治理主张。② 此外，《现代汉语词典》从不同词性的角度，对法治作出了定义。从名词角度而言，法治是先秦时期法家的政治思想，主张以法为准则，统治人民，处理国事；从动词角度而言，法治是指根据法律治理国家和社会。③

国内一些法理学教材对"法治"一词进行了更多讨论，得出了一些更具体的结论。如张文显教授主编的《法理学》，以时间为主线，分析了历史上的法治观和现代法治观。该书认为：一方面，中国和西方历史上都在较早时期出现过对于法治这一概念的探究。中国在春秋战国时期就出现了主张实行法治，反对人治的"以法治国"的思想。春秋战国之后，历代统治阶级都或多或少地继承了法家的法治思想，尤其是秦、汉、唐、明、清都奉行过法治政策。④另一方面，现代的法治，以民主作为目标和前提，以法律至上为基本原则，以严格依照法律规定办事为核心，以制约国家权力为关键。⑤ 公丕祥教授主编的《法理学》则指出：古希腊和先秦哲人提出了"法治"并且阐释了其基本要

---

① 乔伟主编.法学词典（增订版）[M].上海：上海辞书出版社，1984：605.

② 夏征农，陈至立主编.辞海（第6版）[M].上海：上海辞书出版社，2011：1101.

③ 中国社会科学院语言研究所词典编辑室.现代汉语词典（第7版）[M].北京：商务印书馆，2016：355.对于该词典作出的这个解释，北京大学强世功教授认为：在主流的解释中，法治往往被理解为一个名词。然而徒法不足以自行，法治更应该被作为一个动词。参见强世功.中国法治道路与法治模式——全球视野与中国经验[J].行政管理改革，2019（8）：23.

④ 张文显主编.法理学（第5版）[M].北京：高等教育出版社，2018：362-363.

⑤ 张文显主编.法理学（第5版）[M].北京：高等教育出版社，2018：366.

义，而在当代法学中法学家们从不同的层面和角度对它进行阐释。① 这些教材在首先明确法治与人治相对的基础上，不仅认为中国自古便有了法治的传统，而且在论及法治的基础上，进行了法律至上的论述。

（二）法治的里子

上文所阐释的法治面子，是从表层含义上对法治概念进行了探析，说明了法治概念的一些特点。但是，这种表层探析并不能涵盖所有法治类型及其共性，可能并未触及法治的实质问题。如西方法治的概念，突出法的统治的特征，但法律不是万能的，国家和社会中的一些问题无法均由法律进行调整。因此，西方视角下的法的统治，具有一定的虚伪性。中国的法治概念，则体现出法律之治的意涵，但容易被错误认识为工具主义，从而被排除在法治话语体系之外。有鉴于此，我们或许可以在法治问题上达成某些共识，探寻法治的若干共性，这就是本书所要论及的法治的里子②。

1. 用动态视角观察法治

事实上，我们对法治概念的界定仍然停留在静态的层面，不太符合语言发展的一般规律。这种对法治概念的较真，对当前法治内涵的探究具有较大意义，但在对法治概念的整体把握上收效甚微。概念来自语言，我们需要借助语言或者词句对概念进行表达。但是，语词的最初发明者能够对其所认识的概念进行特定时期的概括，但并不能预见语词在随后的所有变化。"然而，当最早的文法学家以一种我无法理解的方法开始扩展观念和概化词语的时候，发明者的无知必然会将这种方法限制在极窄的范围内。"③ 简言之，任何词语或者句

---

① 夏征农，陈至立主编 . 辞海（第 6 版）［M］. 上海：上海辞书出版社，2011：101.

② 里子触及了问题的实质。本书所指的法治的里子，就是从实质意义上理解法治的一种尝试。从里子视角出发来解释法律问题并不鲜见，已在部分法学文献中获得论证。参见徐亚文 . 解码谜底，开创先河——评《中国宪法文化研究》［J］. 法学评论，2016，34（1）：191.

③ ［法］让·雅克·卢梭 . 论人类不平等的起源［M］. 李常山，译 . 北京：商务印书馆，2014：59-60.

子被创制后，其内涵都在随着时代的变化而发展，因此我们不能用陈旧的观点去看待某一词语。对于专有名词法治而言，也经历了不断变化发展的过程，还将沿着发展的规律继续发展演变："法治的概念是随着历史的发展而不断充实和丰富其自身的意义的，法治概念的完整图景是随着历史的推展而逐渐清晰化的。"①承此逻辑，为了揭开法治这一谜团，我们显然应该跳出思维定式。转换思维，如果用发展的眼光看待法治这一概念，对于法治概念的探讨或许会有更清晰的思路和更科学的认识。

马克思、恩格斯在《德意志意识形态》一文中指出："但法的历史表明，在最早的和原始的时代，这些个人的、实际的关系是以最粗鲁的形态直接地表现出来的。随着市民社会的发展，即随着个人利益之发展到阶级利益，法律关系改变了，它们的表现方式也变文明了。它们不再被看作是个人的关系，而被看作是一般的关系了。"②以马克思主义关于发展的观点为指导，本书认为包括法治在内的任何概念都脱离不了语词含义变化发展的规律，法治在每个阶段可能表现不同的发展样态。我们在论及法治时，需要将法治一词限定在某个特定的历史阶段进行讨论，避免产生误解。如关于中国古代的"以法治国"是不是法治，小农经济为基础的政体是否能与法治进行结合等都是备受争议的话题。管仲提出的"以法治国"，强调从齐国君主桓公到普通百姓都要一视同仁，都必须严格遵循法律的规定。这种"以法治国"在历史上已取得巨大的进步，我们不能也不可能用现代的法治去要求和审视它。因此，有学者指出：社会的发展为法治概念的完善提供了实践基础，在社会治理和变革中不断产生的新情况与新问题推动了法治概念的发展……古罗马法治与中国古代法治是与现代法治相对的古典法治。③

近年的研究表明，法治既是思想观念，也是制度体系，更是实践模式，且

---

① 舒国滢，程春明．西方法治的文化社会学解释框架［J］．政法论坛，2001（4）：137．

② 马克思恩格斯全集（第3卷）［M］．北京：人民出版社，1960：395．

③ 参见段秋关．现代法治与古典法治——兼论中国法治的历史根基［J］．西北大学学报（哲学社会科学版），2016，46（4）：126．

处在不断的发展之中。① 随着法学理论和社会实践的不断发展，对法治概念的理解不断被深化，内涵逐渐呈现出多样、充实的特点。总体来看，法治概念的发展是一个逐渐走向复杂、立体的过程。美国学者塔玛纳哈教授总结了法治发展从薄到厚的各种类型，认为法治的概念是处于渐进发展、丰富和完善之中。从最薄弱的以法而治，到最终的达到人人享有社会福利的法治。因此，法治概念是不断向前发展的，不同阶段的法治具有不同的任务，体现出法治版本的多样性②。塔玛纳哈继而认为：一方面，经济发展是法治文化发展的基础，法治文化虽然有可能超前于经济发展水平，但总体上还是受到经济基础的限制，从时间上看，经济的不断发展促进法治概念的完善；另一方面，法治不是一个自然概念，它与我们的价值诉求不可分离。③ 对此，拉兹甚至提出："非民主的国家在总体上可能比任何更为开明的西方民主法律体系更符合法治的要求。法律可以……设立奴隶制而不违背法治。"④ 因此，出于不同的价值追求，使得我们理解的法治呈现出不同的样态，我们需要把法治理解为一个动态发展的概念，而不能停留在用静态的思维去理解不同阶段的法治。

2. 治理模式界定值得关注

王人博和程燎原于 1989 年出版、2024 年再版的《法治论》一书，开启了正面对法治的名与实进行探讨的先河。⑤《法治论》首先明确了一个思路，即纵然对于法治概念的理解千差万别，但对于法治概念的探究是可以得出一些基本结论的："法治作为一种现实化的客观运动，从古至今其内涵已经日趋丰富，

① 李龙主编. 法理学［M］. 武汉：武汉大学出版社，2011：328.

② ［美］布雷恩·Z. 塔玛纳哈. 论法治——历史、政治和理论［M］. 李桂林，译. 武汉：武汉大学出版社，2010：117.

③ Martin Krygier. Four PuzzIes About the Rule of Law：Why，What，Where？And Who Cares？［M］// James E. Fleming. Getting to the Rule of Law. New York：Oxford University Press，2011：68.

④ Joseph Raz. The Authority of Law［M］. New York：Oxford University Press，1979：211-221.

⑤ 雷磊. 探寻法治的中国之道——中国法治理论研究的历史轨迹［J］. 法制与社会发展，2020，26（6）：9.

人们对其所抱的见解在一些基本点上日趋一致。"① 该书继而认为，法治作为人类社会的理想目标，在沿着一个具体的和具有可操作性的方式进行客观运动。这种客观上的运动，在一定程度上摒弃了主观上的干扰，故 "成为了一个可计算的、可验证的科学化概念"。② 《法治论》一书给笔者的启示是：对法治作出一个基本界定是完全可行的，而追求一个面面俱到且放之四海而皆准的法治概念是没有必要的。

对现阶段法治实践而言，本书认同前文中《辞海》对法治下的定义，即法治应该是一种治国模式。事实上，这种定义已被国内一些学者认同："抛开法治的实质内容不谈，单就法治的概念来看，法治是与人治相对立的治理国家的基本方略。"③ 美国学者塔玛纳哈教授也表达过这种从治国模式理解法治的观点："国家遵从于法律的治理的一种治国方略，特征上兼有实用性和理想性，结构上兼备形式性和实质性，内容上主要强调主权者、国家及其官员受法律限制。"④ 在此基础上，由于所处时期、地域以及政体等背景因素的不同而衍生出具有不同内涵的法治理论和模式。如果将现阶段法治定性为一种治理模式，那么很多问题就能迎刃而解。相比于目前存在的其他定义，具有一定的合理性。

一方面，有利于破除西方法治的独角戏现状，树立中国法治话语。西方法学家分析法治概念的主流视角和框架，引领和指导着西方法治实践。但这种法治概念确切地来说应当是现代法治概念，是一种与民主政治和市场经济相结合而建立起来的法治概念。如果用这种西方一元的法治概念作为一种标准评判各个时空的法治理论或法治实践，显然是有失偏颇的，会得出中国古代没有法治的不公正结论。如果从治国模式出发，中国古代不仅有法治理论，还有法治实

① 王人博，程燎原. 法治论 [M]. 桂林：广西师范大学出版社，2014：94.
② 王人博，程燎原. 法治论 [M]. 桂林：广西师范大学出版社，2014：106.
③ 何勤华，齐凯悦. 法制成为法治：宪法修改推进社会主义法治建设 [J]. 山东社会科学，2018（7）：8.
④ [美] 布雷恩·Z. 塔玛纳哈. 论法治——历史、政治和理论 [M]. 李桂林，译. 武汉：武汉大学出版社，2010：147.

践，这无疑有利于树立中国法治话语。

另一方面，如果将法治概念基本界定为治理模式，确实能够合理应对一些理解上的难题。如《太平经》对我国古代治国模式进行了明确列举："助帝王治，大凡有十法：一为元气治，二为自然治，三为道治，四为德治，五为仁治，六为义治，七为礼治，八为文治，九为法治，十为武治。"① 这种穷尽列举给我们以下启发：其一，中国古代早已开展治理模式的探索，早已有对法治的实践，除法治之外还有其他治理模式的存在。相比而言，治理模式的定义能够为中国古代法治正名。其二，法治如果被解释为治理模式，那么就不是舶来品，也不再是所谓西方的专利，所有国家都可以有自己的法治模式。其三，更为重要的是，法治不是万能的，需要将法治作为一种治理模式去理解，并与其他治理模式一起，从而共同致力于实现国家治理现代化的工程。

二、法治与法制

（一）概念的失焦

与西方国家不同，中国对法治与法制的认识非常模糊，出现了概念失焦②的问题。对于法制含义的这种失焦现象的阐释，需要梳理法制在中国历史上的演进过程。本书认为，对法制的考察，可以从以下三个阶段进行：

第一，"法制"一词的提出。"法制"一词最早见于《礼记·月令》："命有司，修法制，缮囹圄，具桎梏，禁止奸，慎罪邪，务搏执。"③ 这里所说的法制，可以理解为法律制度，其大多以禁止性规范为主，可以解释为国家的相

---

① 太平经（上）［M］.杨寄林，注.北京：中华书局，2013：869.

② 西方不存在法制这一词语，故没有这一问题的产生。本书考察了"law system"这个词语，发现其具有多重含义，如法系、法律体制、法律制度等，使用最多的是法系。实际上，我们现在理解的法制并不是法律体制或法律制度的缩写，而是一个理论上混杂、使用上较模糊的概念，故本书提出了失焦的说法。

③ 段秋关.中国现代法治及其历史根基［M］.北京：商务印书馆，2018：389.

关禁令。随后，法家经典《管子》中同样出现了对"法制"一词的记录。《管子·法禁》记载："法制不议，则民不相私。"① 这里的法制同样具有法律制度的意思，主要突出了法律制度对于国家的重要作用。因此，"法制"一词在古代主要是指法律制度、法律规定，并没有出现这种失焦的问题。

第二，新中国法治与法制之辩。中华人民共和国成立后，我国开启了社会主义新中国的法制建设。受苏联的影响，法制在中国一直作为法律制度的统称出现。改革开放后，人治与法治之辩引起了法学界广泛的讨论，并分成"人治论""法治论""结合论"三大派别。其中，就包含对法治和法制区别的辩论。这场争论最终形成了"法制是法律制度的简称，是相对于政治、经济、文化等制度而言，其内涵是指有一套法律规则以及法律的制定与实施等各种制度，从实践上看，历史上任何国家都有法律制度"② 的观念。因此，通过辩论，我们确定了法制的统一用法。这个时期，虽然我们没有深层挖掘法治概念的内涵，但我们在法律制度的层面上去理解法制，也没有产生概念失焦的问题。西方的法治概念，只是我们学习的对象，对本土法制的使用并没有带来理解上的困难。

第三，理解的深入与失焦的开始。党的十五大报告，提出了依法治国、建设社会主义法治国家的论述，开启了中国特色社会主义法治建设的新征程，是中国法治历史上的重要里程碑。但是，正是这种正确的新提法，使得关于"刀制"的法制与"水治"的法治之争日趋激烈。旧的概念没有在理论上完全厘清，新的概念仍在初创阶段，反而造成了更大的理解困难。对此，部分国内学者认为，我国的法治是近代以来从西方引进的结果，不符合西方法治精神的法治都是法制。这种错误认识，导致了该时期的学者们习惯用法制来形容落后的法律体系，用法治来描述科学和民主的法律体系。在有的语境中，法制甚至被作为单一词，仅仅被等同于法律。因此，法治与法制

---

① 管子 [M]. 李山，轩新丽，译注. 北京：中华书局，2019：254.
② 参见李步云，黎青. 从"法制"到"法治"二十年改一字——建国以来法学界重大事件研究 [J]. 法学，1999（7）：4.

两者概念的失焦，其实是我们对现代法治有了更深的理解，作出更科学判断后导致的一种奇怪的现象。

目前，存在一些廓清法治与法制概念的尝试。如 2020 年 8 月，《法制日报》在创刊 40 周年之际更名为《法治日报》，并刊文提出：从静态的"制"到动态的"治"，一字之别，更准确体现了全面依法治国的内涵，让良法善治的图景更加清晰、途径更加明确。① 随后，该文通过列举法治的优势，实际上将法治与法制的概念进行了对比。通过研读，本书发现法治与法制相比较而言，确实有很多相同的点，也有诸多不同之处。《法治日报》的这篇刊文，为我们进一步理解法治与法制二者的关系提供了较大帮助。除《法治日报》的刊文外，对法治和法制论述最清晰的是《辞海》。根据《辞海》的解释，法治与人治相对，是从治国模式角度出发而谈及的概念；法制，则泛指国家的法律及其制度。② 《辞海》将法制作为法律和制度这一复合概念的统称来进行理解，具有一定合理性。从这一角度出发，国内有学者指出："法律是国家制定的强制性规范的总和。制度则强调的是整个国家法律运行的制度框架……是各类法律规范形成的根本制度、基本制度、重要制度以及其他有形无形的东西所构成的体制、机制、体系。"③ 简单地说，法制是国家法律制度体系的统称，体现了国家政权在构建过程中的一些基本原则和政治立场，并与立法、执法、司法、守法等因素密切相关。

（二）位阶的聚焦

尽管法治与法制存在失焦的问题，但也存在一些共识，如法治比法制更全面、科学。但是，部分共识的形成，是把承认法治与法制二者的区别作为认识前提。这种片面的认识，容易导致我们在探讨二者关系时，习惯从区别上去理

---

① 法治日报编辑部. 追随法治前行　书写法治未来——写在法治日报更名之际 [N]. 法治日报，2020-08-01（1）.

② 夏征农，陈至立. 辞海（第 6 版）[M]. 上海：上海辞书出版社，2011：1106.

③ 邱水平. 重析"法制"与"法治"构建中国的"制度法学"[J]. 北京大学学报（哲学社会科学版），2019，56（3）：8.

解，而缺乏联系上或者说是交叉意义上的解释。因此，我们需要用马克思主义唯物辩证法来正确理解法治和法制的关系。

1. 法治与法制可以共存

第一，法制是法治的基础和重要的实现手段。一方面，法制是法治的基础和前提。2014 年 10 月，中国共产党第十八届中央委员会第四次全体会议通过了《中共中央关于全面推进依法治国若干重大问题的决定》，对全面推进依法治国作出战略部署，全面推进依法治国也成为法治在当代中国的最新表述。不管是作为抽象意义的法治还是具体意义的治国之策，从体系的角度来看，法治包括完备的法律规范体系、高效的法治实施体系、严密的法治监督体系、有力的法治保障体系①四个体系。四个体系之间合理、高效、协调的运转是实现法治目标的重要要求。而在这四个体系之中，法律规范体系是基础，全面、系统、合理的法律规范体系为法治建设提供了依据和保障。正因如此，无论是党的十一届三中全会提出的旧十六字方针，还是党的十八大提出的新十六字方针，有法可依和科学立法都被放在前面进行论述，彰显了党和国家对立法工作的重视程度。另一方面，法制是法治的重要实现手段。法治作为一种重要的治国理政模式，建立健全、协调、合理的法制体系不仅是法治的内在要求，也是实现法治的重要手段。可以说，如果没有法制这个基础，那么理想中的法治很难变为现实中的法治。

第二，法治对法制具有导向作用。法治建设的内容和标准对法制建设具有导向指引作用。2020 年 11 月，习近平总书记在中央全面依法治国工作会上发表重要讲话，提出了全面推进依法治国需要遵循"十一个坚持"②的要求，标志着习近平法治思想的诞生。习近平法治思想体现了中国共产党对未来中国法治建设方向的科学规划，也有对新时代中国法治特征的准确概括。法治思想中的这些标准不仅为法治建设提供了思路，而且为法律制度建设指明了道路。法治建设要坚持良法善治，我国的法律制度建设则要坚持以人民为中心，保障人

---

① 习近平. 论坚持全面依法治国 [M]. 北京：中央文献出版社，2020：5.
② 参见习近平. 论坚持全面依法治国 [M]. 北京：中央文献出版社，2020：2-6.

民权益，增进人民福祉。同时，法治建设强调依宪治国、依宪执政。因此，法制的建设，必然也要在符合宪法的法治精神指引下，进一步完善包括党内法规在内的法律体系，从而为加强和改善党的领导与政府治理科学化、民主化提供法律依据和法律保障。

第三，法制与法治相伴相生。自国家诞生后，便有了对法治和法制的需求。国内有学者指出："法制一般与国家政权相伴而生，法治则与民主政治相伴而生，有法制的时代或国家却不一定有法治。"① 这一观点值得商榷。法治和法制并非一诞生就走向完备，两者都处于一个发展的过程之中，其均在不断回应时代之问中变得明确、全面和立体。因此，我们必须坚持用马克思主义关于发展的观点，需要立足于某个特定阶段去思考法治和法制的问题，而不能以现代法治或者现代法制的眼光去看待久远的法治和法制概念。如中国古代的"以法治国"是一种古典法治或者法治早期的样态，不是我们当下中国所追求的现代法治，更不可能是中国特色社会主义法治。因此，我们不能超越时空地用今后法治或法制的状态来评价过往的法治或法制概念。

2. 法治是法制的上位概念

法治和法制相互联系，可以实现共存，实现和谐统一。但法治与法制也具有明显区别，整体而言，法治是法制的上位概念。因此，要解读二者的关系，还必须建立在对二者区别的正确理解上。

第一，法治的位阶高于法制。法治通常作名词理解，是治理国家的基本方略和手段，与人治相对。而法制主要指的是一国立法机关所制定并通过的具有强制性的规范的总和。前者所回答的问题是国家的最高权威是法律还是个人，反映的是一个国家如何对待法律的态度，决定着国家治理的整体走向；后者是在确定国家的治国之策这一前提下，实现这一目标的重要手段。

第二，法治的范围大于法制。一方面，法治是一个随着时代变迁而不断发展和充实其内容的概念。法治概念经历了由最初的阶段，即从法律工具论出发的"以法而治"，逐渐走向兼具工具论和价值论的复合概念的过程，其包含的

---

① 参见孙国华．法制与法治不应混同 [J]．中国法学，1993（3）：44-47.

具体价值和相关要求相比于法制而言更庞大和复杂。另一方面，法制的内涵和外延比法治小。随着时代发展，法制的概念或者说内涵就窄了很多，基本限定在对法律和制度的解读上。并且就法制概念而言，其不仅没有包括民主、自由等价值内涵，也不涉及国家如何对待法律等问题的探讨。

第三，法治包含良法善治的内涵。习近平总书记指出，"每一种法治形态背后都有一套政治理论，每一种法治模式当中都有一种政治逻辑，每一条法治道路底下都有一种政治立场"①，特定的法治模式背后有特定的政治基础，政治模式一定程度上决定了法治模式。但实行法治又可以对执政理念、方式等起到引导和规范的作用。党的十八大以来，中央多次强调全面依法治国，将全面依法治国纳入四个全面战略布局，而法治政府成为法治国家建设的重点。2020年，中共中央印发的《法治政府建设实施纲要（2020—2025年）》，为统筹推进法治中国的建设提供了具体的任务书和路线图，为追求良法善治提供了制度保障。从法制的视角来看，其并不必然包含良法善治的内容。相反，特定情况下，法制甚至可以与恶法相结合。如法西斯制定的一系列限制公民权利的战时法令也是一种法制的表现，而这种法制严重践踏了公民的各项权利与自由。这个例子告诉我们一个现象，即法制既可以存在于法治国家，也可以存在于人治国度。

三、法治与中国法治

马克思主义认为矛盾具有普遍性与特殊性。对此，毛泽东同志指出："由于特殊的事物是和普遍的事物联结的，由于每一个事物内部不但包含了矛盾的特殊性，而且包含了矛盾的普遍性，普遍性即存在于特殊性之中。"② 因此，我们在对某种事物的研究过程中，需要将事物的这种普遍性和特殊性进行联

---

① 习近平 . 习近平关于全面依法治国论述摘编 [M]. 北京：中央文献出版社，2015：34.

② 毛泽东选集（第1卷）[M]. 北京：人民出版社，1991：318.

结，这就包括事物内部的相联结，以及事物与事物之间的相联结。法治同样遵循矛盾的普遍性与特殊性原理，各国的法治存在着诸多共通的地方，也存在一些基于不同国情所体现出来的不同特点。

（一）法治的固有基因

目前，对中国法治呈现出两种截然不同的态度，持两种不同态度的学者进行了长时期的论战。一种是以朱苏力教授为代表的支持者的态度。朱苏力教授在代表作《法治及其本土资源》中认为中国古代虽然不存在所谓的西方法治，但是中国古代文化源远流长，拥有很多可资借鉴的法治本土资源。顾培东教授在 20 世纪末朱苏力提出的基本观点上，撰写了《"苏力问题"中的问题》等文章，提出了中国法治模式具有特殊性和世界法治模式不会定于一尊等观点，阐释了中国法治的自主型进路。① 另一种则是以马作武教授为代表的贬斥者的态度。马作武教授在 1999 年发表的《中国古代"法治"质论——兼驳法治的本土资源说》一文中，对中国古代法治进行质疑，认为朱苏力教授提出的法治本土资源说无从谈起："古代之'法'与今日之'法'内涵完全不同，法家的'法治'理论其实就是一种典型的君主专制的政治理论。"② 马作武等学者认为法治这一概念是近代以来从西方引进的结果。这种论战仍在继续，呈现出谁都说服不了谁的状态。这些论争拓展了我们的视野，有利于我们从不同角度去思考中国法治问题。但这些争论的产生根源都在于没有正确理解一般与特殊之间的关系问题。

"事物矛盾的法则，即对立统一的法则，是自然和社会的根本法则，因而也是思维的根本法则。"③ 事实上，中国法治也是法治，中国法治与法治之间实际上是一般与特殊的关系。换句话说，中国法治不仅深刻体现了中国元素，

---

① 参见顾培东. 中国法治的自主型进路 [J]. 法学研究，2010，32（1）：3-17.

② 马作武. 中国古代"法治"质论——兼驳法治的本土资源说 [J]. 法学评论，1999（1）：47.

③ 毛泽东选集（第 1 卷）[M]. 北京：人民出版社，1991：336.

而且兼具世界法治的一般内涵。虽然法治具有一张普罗透斯的脸①，但是对于法治具有哪些特征或者说是稳定因素则没有较大争议："法治所具有的这些内在品格或曰原则，内在地激发着社会主体对于平等、尊严、权利、民主、自由、安全等等本来外乎于法律这一工具的价值诉求。"② 法治是目前人类社会存在的最先进的治理模式，其具有的内在品格能够通过维护国家稳定和社会秩序，进而保障广大人民群众实现精神层面的要求。同时，法治所体现出来的对于平等、自由、民主等基本价值的维护，直接为社会主体实现生活理想而服务。因此，有学者指出："在最低限度上，人类可以有基本的法治共识，因为人类社会法治有一个重叠共识的中心，即作为法律之德的法治。"③ 这种法治共识，最直接的表现就是在 20 世纪 60 年代，美国法学家富勒提出了著名的"法治八原则"，具体表现为：法的一般性、公开性、不溯及既往（可预见的）、明确性（清楚的）、没有矛盾（法律规定的一致性）、能够被遵守、稳定性、官方行为与法律规定的一致性（被政府执行的）。④ 这些原则奠定了法治一般构成的基础，成为各国法律所争相援引的对象。实际上，富勒阐述的八个法治原则可以归纳为对法治三个方面的要求。一是立法方面，要求出台的法律具有一般性、公开性、可预见性、明确性、稳定性及法律体系内在的协调性；二是执法方面，要求官方行为与法律规定的一致性，实际上是通过法律实现对政府权力的规制；三是守法方面，要求法律能够被政府和普通群众

---

　　① 　美国法学家博登海默在论证正义时用到了这个概念："正义有着一张普罗透斯似的脸（a Protean face），变幻无常、随时可呈不同的形态并具有极不相同的面貌。当我们仔细看这张脸并试图揭开隐藏其背后的秘密时，我们往往会深感迷惑。参见［美］E. 博登海默. 法理学：法律哲学与法律方法［M］. 邓正来，译. 北京：中国政法大学出版社，2004：261. 在希腊神话中，普罗透斯的脸经常变化、难以捉摸。法治也具有这样的特性，是一个难以被定义的概念。

　　② 　庞正. 法治概念的多样性与一致性——兼及中国法治研究方法的反思［J］. 浙江社会科学，2008（1）：71.

　　③ 　杨建军. 中国法治发展：一般性与特殊性之兼容［J］. 比较法研究，2017（4）：162.

　　④ 　Lon. L. Fuller. The Morality of Law［M］. New Haven：Yale University Press，1969：46-94.

共同遵守。

西方近现代学者们提出的自由、民主、平等、公开、公平、正义这些基本价值，以及若干经典的法治原则或者共同规则，是法治作为一个专有名词所固有的基因。这种固有基因，已经成为现代文明的共识，始终体现在人类社会对法治追求的过程之中："在今天，法治已超越东西方意识形态的分歧，成为世界性的普遍共识。法治的那些基本原则，诸如法律在政治生活中的至上性、中立性、自主性，以及法律内容本身的普遍性、明晰性、确定性，已不再是西方国家专有的信念，而是被不同政治制度、社会结构和文化传统的世界各国普遍接受。"① 如春秋时期郑国子产"铸刑书"，明显体现了对法治的公开性的追求。"铸刑书"打破了刑不可知、威不可测的传统，是中国历史上公布的第一部成文法。又如《商君书》最强调法治的明确性。商鞅在秦国变法改革，制定了一系列法令，并在此基础上强调法律面前人人平等，提出了"一赏一刑一教"② 的措施。

马克思主义指出："不是在创造法律，不是在发明法律，而仅仅是在表述法律。"③ 承此逻辑，与其说这些法治原则是西方启蒙思想家的发明，毋宁说他们是在对已经存在的法治原则进行表述。中国法治也是法治的一种，始终具备一般意义法治的基本形式和固有基因。因此，对这些基本原则的努力追求与不断发展，必将成为中国法治研究的永恒话题。

（二）中国法治的特殊性格

法治是一个动态发展的概念，在不同时空下法治会呈现出不同的样态。但这并非意味着法治是一个完全抽象化的事物。在特定时空下，法治理论、实

---

① 张盾. 马克思唯物史观视域中国的法治问题 [J]. 中国社会科学，2021（2）：191.

② 壹赏，即将奖赏统一到战功方面来；壹刑，即统一刑罚，刑无等级；壹教，即将教育统一到农战方面，使国家形成尚战的社会风气。参见商君书 [M]. 石磊，译注. 北京：商务印书馆，2011：120.

③ 马克思恩格斯全集（第1卷）[M]. 北京：人民出版社，1995：347.

践、模式仍是具体和可构建的。① 对于中国这种历史悠久、幅员辽阔的发展中国家而言,法治的演进经过了漫长的过程。因此,具体法治模式的建构过程非常复杂,要考虑到多种因素,体现了中国法治的一些特殊性格。

一方面,中国法治的特殊性格表现为,法治模式在不同历史阶段起着不同作用。中国历史上的任何时期,事实上都不会使用单一的国家治理方式进行治理:"秦王朝主要采取了法家模式的治理策略,而在汉代则逐步形成了礼法合流的治理模式……意味着两个方面或多个方面的融通式治理,而不是孤立地采取单一模式的治理措施。"② 因此,对幅员辽阔且民族多样的中国来说,各个时期的治国方略其实更多的是强调多元治理方式的存在。这种模式选择的区别在于,以哪种模式为主,如西周统治以宗法制度为核心,秦代以法家提倡的法治为主,汉代初期以道家的黄老之治为主,而大一统时期则以阳儒阴法、儒法共治为主。概言之,法治在各阶段体现了不同的地位。正是法治在国家治理中所起的不同作用,体现了中国法治的特殊性格,标志着中国治理模式走向成熟。中国古代治理模式强调的是"合",是在"分"的差异性基础上的"合",是能够充分调动各种不同治理资源前提下的"合",是关于治理的不同策略的融通,而不是对立。这也是整个中国传统文化的基本精神。③ 同时,礼治、无为而治等模式充分弥补了法治的不足,展现了古人治理国家的高超智慧。但是,当国家治理中具有多种规范并呈现出多元之治时,不同规范有不同的调整对象和方法,所欲达到的目标也不尽相同。这就必然会引发很多矛盾。④ 因此,虽然治理模式具有多样性,但当治国模式出现矛盾甚至发生冲突时,必须最终由法治以严格的规范手段进行解决。

---

① 参见习近平. 论全面坚持依法治国 [M]. 北京:中央文献出版社,2020:2-6.
② 武树臣,武建敏. 中国传统治理模式与现代转化 [J]. 山东大学学报(哲学社会科学版),2020(5):6.
③ 武树臣,武建敏. 中国传统治理模式与现代转化 [J]. 山东大学学报(哲学社会科学版),2020(5):6.
④ 陈金钊. 多元规范的思维统合——对法律至上原则的恪守 [J]. 清华法学,2016,10(5):33.

　　另一方面，中国法治的特殊性格还表现为，中国法治不是唯法是论，表现了较强的中和观念。如清末时期变法修律，沈家本就注意到了情和法的关系："沈家本以此揭示的情法"关系原理，"缘情定法""缘情立法"是当时的理想的立法原则；"法亦准乎情""法之通乎情""情法两尽""情法之平"则是当时司法和法律分析所遵循的理念。① 当然，中国法治在探讨情理关系时，突出法的本位，认识到了情法关系必须体现对罪刑相适应这一法律原则的遵守。因此，沈家本所谓的法是原则性的，而情则是灵活性的，指出了不能一味强调原则性而忽略了灵活性。同时，情理与法理相互配合的同时难免发生冲突："情法矛盾构成了中国法治进程必须面对的一个基本矛盾。作为改革目标的专职主义法治理念，要求的是法大于情，必须以法律取代情理作为权力行使的最高准则，才能确保权力行使的法律垄断。"② 为了解决情理与法理之间发生的矛盾，我们不能过分讲求情理这一因素，过分追求情理可能会导致中国法治建设的一些困难：从司法上来看，"原本希望司法为民，扩大法律制度对基层社会的渗透，结果却是法律本身淹没在人民群众的汪洋大海之中，处处被具体案件中介入的各方势力所左右；反过来强调司法独立、摆脱地方保护主义和外界干预，结果却是地方法院离开了地方政府人财物的支持往往寸步难行"③。法律不外乎人情的思想，会严重阻碍法治的进步。因此，中国法治也强调依靠强有力的法律对情理等因素进行有效规制。这种中和或平衡观念，还表现在中国法治框架下，对自由、正义、公平、秩序等观念的理解上。与西方不同的是，我们往往不会纯粹去理解这些概念，我们的目标在于建构更大意义上、更大多数人的自由、更公平正义的社会环境。如中国法治对自由的理解是秩序或者理性前提下的"相对自由"。在发生重大突发性事件时，我国的法治往往在秩序与自由

---

　　① 霍存福．沈家本"情理法"观所代表的近代转捩——与薛允升、樊增祥的比较［J］．华东政法大学学报，2018（6）：103.
　　② 凌斌．法律与情理：法治进程的情法矛盾与伦理选择［J］．中外法学，2012，24（1）：121.
　　③ 凌斌．法律与情理：法治进程的情法矛盾与伦理选择［J］．中外法学，2012，24（1）：134.

的权衡中倾向于先保证秩序，从而最终实现更大范围的自由。

综上所述，对中国法治特殊性格的把握，要求我们不能用彼此对立的思维，对中国古代存在的治理模式进行把握，而是在相互推动、彼此融通上理解和把握中国古典社会辩证统一的治理模式。当然，如果单从实现中国法治的目标来看，我们具有以法治为主，多种治理方式相结合的国家治理传统。

第二节　法家及其演进

"法家"一词最早见于《孟子·告子下》："入则无法家拂士，出则无敌国外患者，国恒亡。"① 但是，这里的法家和本书所说的先秦思想学派没有联系，而是指遵法度、守社稷、习春秋、明训典、坚持礼治原则的贵戚大臣。② 作为一个专指学派名的法家概念，来自西汉的司马谈、司马迁父子。二人根据先秦诸子各自的思想特点，对先秦学术思想进行了类型化处理，将其细分为阴阳、儒、墨、名、法、道德六个思想学派③。随后，《汉书·艺文志》对先秦诸子思想流派的分类则更细化，分为儒家、道家、阴阳家、法家、名家、墨家、纵横家、杂家、农家、小说家共十家。④ 这种对学术思想流派进行分类的做法有利于对学派思想的进一步认识，为后世所继承。不难发现：法家这个词语并没有与法家学派一同诞生，法家学派是一种后人对前人思想的概括与总结，而哪些类属于法家取决于其思想特点的概括与总结。总体而言，司马迁所著《史记》一书对法家学派的评价影响较大："法家严而少恩；然其正君臣上下之分，不可改矣。"⑤ 基于此种认识，司马迁将法家思想概括论述为"不别亲疏，

---

① 孟子［M］. 方勇，译注. 北京：中华书局，2010：253.
② 武树臣. 法家法律文化通论［M］. 北京：商务印书馆，2017：58.
③ 参见喻中. 法家的类型学考察［J］. 东方法学，2016（4）：110.
④ 参见班固. 汉书［M］. 北京：中华书局，2007：324-351.
⑤ 司马迁. 史记［M］. 韩兆琦，译注. 北京：中华书局，2010：7636.

不殊贵贱，一断於法"①。《史记》对法家的论述为后世所认可，法家之名也得以逐渐发扬光大。以管仲、李悝、商鞅、慎到、申不害、韩非等为代表的法家学派，主张法治，强调法律在治国理政中的作用。他们在各国推行变法改革，促进了国家的进步与发展。

需要说明的是：要对有关法家的研究成果作出准确、全面的揭示，首先要对作为社会现象的法家学派的发展历程进行回顾，从历史回顾中整体理解法家的概念。在对法家进行论述时，本书的思路是：其一，不少研究按照中国朝代更迭的方式，或者使用传统的奴隶时期、封建时期、近代时期、当代时期四分法，是非必要且有武断嫌疑的。笔者不完全按时间段进行划分，而以关键时间节点、关键人物、作品、事件为抓手，将法家学派分为先秦法家、大一统时期以及近代法家三个阶段进行论述，力图呈现出中国法治的法家传统之历史脉络和主要特点。其二，在对各个时期法家进行梳理时，因客观上法家概念有其独特的生成和生长环境，主观上不同的人对法家概念的看法都可能有所差异。为防止先入为主，本书尝试先概述法家的历史演进过程，然后描述该法家的特征，最后总结出法家所具有的共性。同时，我们要注意到一个现象，先秦诸子百家争鸣，有些思想家所持观点可能不限于一家。如儒家代表荀况推崇"隆礼重法"，就明显借鉴了法家学派的观点；法家先驱管仲则提出了国之四维的道路论断，《管子》更是汇聚百家学说的著作。因此，《史记》《汉书》所提供的分类有利于我们对先秦诸子思想的研究，但不能泾渭分明地理解这种分类。其三，本书通过对法家进行分类与合流的理解，能够对秦法家的严刑峻法问题进行更好的历史解释，揭示法家理论丰富与柔和的一面。因此，为了行文方便，本书更突出对法家优点的阐释。

一、先秦法家

先秦诸子的思想一直是学界研究的热点问题。实际上，大众所理解的一般

---

① 司马迁. 史记［M］. 韩兆琦，译注. 北京：中华书局，2010：7644.

意义上的法家指的就是先秦法家。时至今天，对先秦诸学派的分类早已约定俗成、植入人心形成共识，舍弃了学派的划分反而不方便了。① 春秋战国时期，诸子百家争鸣、学术繁荣，儒、墨、道、法等著名学派都在这个阶段产生。该时期也是法家学派的诞生期，以管仲、子产、李悝、商鞅、慎道、申不害、吴起等人为代表的法家，在各国推行变法，拉开了"以法治国"② 的序幕。这对先秦法家的进一步研究非常重要，直接涉及对初期法家学派的正本清源问题，故国内有关先秦法家理论的研究成果非常丰富。这些研究，主要集中在对法家代表人物的生平介绍及评价、法家学派的历史地位、法家学派的分类、法家学派的主要理论、法家学派与其他学派之间的关系等方面。在这些文献基础上，本书将着重于探究法家的分类问题，并创造性地提出法家的合流问题。通过法家的分类问题的再阐释以及法家的合流问题的新研究，对法家的形成过程进行系统论述，从而实现对法家词源更科学的探究。

（一）分类问题究微

本书主张，因先秦法家的年代过于久远，理论成分又比较复杂，故先秦法家的演进过程，不能只做单纯的历史梳理，也不能按常规的教科书上的历史划分方式进行。对于先秦法家的研究，需要以法家的具体分类为起点进行。法家的分类往往容易被我们忽视，这种忽视容易导致对法家学派理论优劣进行判定时，得出完全不同的结论。事实上，先秦法家的不同类型，分别代表了法家学派内部的不同学术主张，代表了法家治国理政的不同思路。因此，只有真正搞清楚法家的具体分类，才能明确法家理论的内部划分问题和法家思想的不同特点，从而得出一些关于法家的新结论。有鉴于此，我们必须加强对法家类型的历史考察和研究力度，不仅要形成对法家分类的共识，而且需要提炼出法家内部学派的一些理论共性与特性。本书通过中国知网以及万方等学术数据库，检索搜集到的关于法家分类的主要文献如表 2-1 所示。

---

① 武树臣. 论法家的名称、缘起和师承 [J]. 法学杂志，2016，37（12）：101.
② 时显群. 法家"以法治国"思想研究 [M]. 北京：人民出版社，2010：312.

表 2-1　　　　　　　中国知网收录的法家类型文献统计表

作者	篇　　名	刊物	发表时间
胡家聪	田齐法家法制理论的主要特点	齐鲁学刊	1984 年
郑学益	战国时期齐法家的经济思想	经济科学	1988 年
蔡德贵	试论稷下齐法家的哲学思想	管子学刊	1993 年
王仲修	齐与晋秦法家思想之差异	齐鲁学刊	2001 年
杨玲	浅论经济观念对齐法家和三晋法家政治理念的影响	甘肃高师学报	2004 年
杨玲	齐法家和晋法家吏治思想比较	河西学院学报	2007 年
单纯	论古代儒家辨析齐法家与三晋法家的意义	中国哲学史	2007 年
胡克森	秦、晋法家文化之比较	邵阳学院学报	2008 年
黄钊	齐法家的政治观、道德观及其现代价值——《管子》探微	学习与实践	2010 年
袁刚	从《管子》看齐法家的治国思想	人民论坛	2012 年
赵曦萌	齐、晋法家思想的比较：以管仲、韩非为中心	商	2012 年
马涛	论秦晋法家与齐法家经济思想及异同	上海财经大学学报	2013 年
雷乐街	《管子》现实主义政治思想初探——与儒家、秦法家思想之比较	济宁学院学报	2017 年
路强	底线与他律：晋法家伦理的特质及其当代启示	广西师范学院学报	2017 年
路强	社会治理适域下的晋法家伦理	太原理工大学学报	2019 年
喻中	新旧法家异同论	国学学刊	2022 年
梁涛	论齐法家与秦晋法家不同的礼法观	船山学刊	2023 年
李禹阶	黄老学说：法家之东方"别派"与另类的"汉承秦制"	陕西师范大学学报	2023 年

通过表 2-1，我们可发现如下几个问题：其一，对法家类型的学术研究开启较早，早在 1984 年就有胡家聪对田齐法制理论的解读。随后，也有一些学术作品发表，但整体来看呈现出数量较少、层次偏低的特点，显然还没有形成规模。其二，对于法家类型的探讨大多从历史学、哲学、经济学学科视角进

行，专门从法学或法理进行探究的相对较少。其三，对法家的类型，学界尚未形成通说观点，如齐法家、田齐法家、晋法家、三晋法家、晋秦法家等称谓不一而足。对于以上三个问题，我们可以通过加强理论上的探究来解决。同时，我们更需要注意第三个问题，即法家类型的分类对于前两个问题的影响。事实上，学派名称的迥异，症结在于我们对法家内部学派的标准不甚清晰，亟待形成理论共识。

目前，对法家的类型考察主要呈现出三种观点：一是法家一元论。"持论者眼里只有一个统一的法家，持论者对于法家内部的类型，没有给予有意识的类型化处理，或不愿给予类型化的处理。"① 这种把法家内部不做区分的做法导致在解读法家理论时往往陷入片面，明显不利于从整体上去理解法家理论。二是法家二元论，即将法家分为齐法家和秦晋法家。冯友兰认为春秋、战国正处于大转变时期，正在向着封建制的进展，各诸侯国发展不平衡，正是在这种不平衡下才有了齐法家和秦晋法家。② 三是法家三元论，持此论者认为："齐法家言是集于《管子》，《汉志》列在道家，《隋志》列在法家；三晋法家有李悝、申不害、慎到，则与三晋儒家有关；秦法家有商鞅和韩非，商鞅、韩非，其学出于三晋，韩非是荀卿的学生，但理论基础是道家，特别是《老子》的学说。"③ 这种分类考虑到代表人物、思想渊源、师承关系等诸多因素，但对思想本质的考察力度稍显不够。法家是研究法学理论的学派，因此对法家的内部划分也应将思想差异作为划分的首要标准。同时，由于战国时期各诸侯国在

---

① 喻中. 法家的类型学考察 [J]. 东方法学，2016（4）：112.

② 冯友兰指出，代表新兴地主阶级利益的法家思想在齐国和晋国得到特别发展。战国中晚期的几个法家的大人物中，申不害是郑人。郑为韩所灭，所以申不害也是韩人，又是韩国的宰相。他和韩非是韩人，商鞅是魏人，韩、魏和赵当时被称为三晋。这些人都是晋法家。齐国的封建改革在管仲死后出现了停滞，但是齐国的法家思想一直在发展。《管子》书中的法家思想，是在管仲的旗帜下发展起来的，也就是从管仲在政治上和经济上一些改革的措施推演出来的，是这些措施在理论上的发挥。从这方面来看，齐国的法家思想，不能说就是管仲的思想，但可以说是管仲的思想的发展。这些思想，本书称之为齐法家。参见冯友兰. 中国哲学史新编 [M]. 北京：人民出版社，2007：170-171.

③ 李零. 简帛古书与学术源流 [M]. 北京：生活·读书·新知三联书店，2008：328-329.

政治、经济、文化等方面差异较大，故需要在考虑地缘因素的前提下，结合政治、经济、文化等不同特点对法家内部思想进行划分。因此，本书倾向于冯友兰先生的法家二元论的分类，但又有所不同。考虑到秦、晋两国法家的思想内容趋同，后期晋国的法家思想又并入秦法家，故将法家内部划分为齐法家和秦法家两个流派。

1. 齐法家的诞生

春秋战国时期，各诸侯国既要应对来自他国的外患调整，又要稳定国内的秩序，于是纷纷开启改革变法。在这一时代背景下，齐国的管仲、晏婴等人相继在齐国进行变法，以期实现富国强兵的目的。其中，法家先驱管仲的影响较大。他担任齐相期间，辅佐齐桓公成为春秋首位霸主，整个齐国呈现出了"仓廪实，则知礼节；衣食足，而知荣辱。上服度，则六亲固"①的稳定局面。管仲坚持法度，尤其强调"以法治国"的变法改革，继而拉开了先秦法家的序幕。事实上，管仲不仅是法家的先驱，更是法家的圣人，他提出的很多理论被后世法家所继承，还有一些理论则被儒家等其他学派所借鉴。

（1）以《管子》为研究对象的齐法家

有学者指出：《管子》一书中收录多篇叙述管仲治齐的记述，并有伪托管仲所著的篇章，并取名为《管子》。② 因此，《管子》一书是研究管仲思想的重要资料，也因内容过于庞杂而备受争议。《管子》堪称一本百科全书式的著作，其显著特色就是其思想的融通性。③ 一方面，诸子百家思想熔于《管子》一炉。该书不仅记载了法家言说，儒家、道家，甚至农家、阴阳家、兵家的思想均能在其中寻觅到一些踪迹。因此，通说认为现存《管子》并非法家先驱管仲一人一时的作品，而是由管仲与后期齐国稷下学派的学者共同完成。另一方面，《管子》一书并非是毫无章法的大杂烩式作品。该书虽融百家之学说，但是其主旨表现得十分明确，即富国强兵，成就霸主、帝王目标。④ 因此，

---

① 管子 [M]. 李山，轩新丽，译注. 北京：中华书局，2019：2.
② 杨宽. 战国史 [M]. 上海：上海人民出版社，2003：519.
③ 管子 [M]. 李山，轩新丽，译注. 北京：中华书局，2014：4.
④ 管子 [M]. 李山，轩新丽，译注. 北京：中华书局，2014：4.

《管子》一书以法家学派的治国理论为主线。沿着这条主线，在论述齐法家之前，我们有必要厘清管仲这个人、《管子》这本书，以及齐法家这个学派三者之间的关系。

余敦康先生对管子学派进行定义："管仲学派是战国时期齐人继承和发展管仲的思想而形成的一个学派。这个学派根据齐国的具体情况和文化传统，总结齐国社会改革的经验，为封建统治者提供了一个完整的政治哲学体系。"① 管仲或管子学派的存在已经没有争议，现在的问题在于：春秋战国是思想大繁荣、大解放时期，管仲学派的成员为何不自己著书立说，反而皆托管仲之名表达自己的想法？对此，有学者指出："有历史迹象表明，管仲的思想学说在春秋时代就已经通过官守的方式代代相传了。"② 也就是说，管仲思想的传承并非仅仅是通过稷下学派中的学者互相道听途说式的记录，而是有两种记录方式。一种是稷下学派中的一部分先生和学士通过道听途说的方式进行记录。这种记录方式的完整性和准确性有高有低。另一种则是类似于"循法则、度量、刑辟、图籍，不知其义，谨守其数，慎不敢损益也。父子相传，以持王公"③的代代相传。在这种方式下，管仲思想得以保存的完整度和准确度大大提高。因此，虽然有关《管子》和管仲之间的具体关系仍有很多争议未有通说，但可以确认《管子》和管仲思想一脉相承。同时，管仲作为当时的齐相，在位时对齐国进行了很多改革，这些改革中涉及法治的部分所体现出的思想为齐法家的理论奠定了坚实的基础。

对三者关系的争议还体现在对《管子》一书的篇章结构的讨论上。早在20世纪，罗根泽、关锋、林聿时等学者分别就《管子》是否为管仲遗著撰文，发表各自的观点。张岱年指出："刘向校定《管子》，一定是以管子为题的篇章汇集起来，决不会将其他子书随便编入……《管子》一书是齐国推崇管仲的学者依托管仲而写的著作汇集，可称为管子学派的著作。这些推崇管仲的学

---

① 中国哲学编辑部.中国哲学（第2辑）[M].北京：生活·读书·新知三联书店，1980：39.

② 耿振东.《管子》托名管仲的历史意蕴 [J].管子学刊，2018（1）：10.

③ 荀子 [M].方勇，等译注.北京：中华书局，2011：4.

者可能亦是稷下学士，但只是稷下学者的一部分。"① 这段话指出了对三者关系的探讨需要围绕《管子》进行，但还没有在分篇章的过程中来真正区别管仲、《管子》和齐法家三者之间关系。其一，《管子·经言》。对《经言》篇由谁所著有一些争议，罗根泽认为《管子》中《经言》这组文献为战国政治思想家之作。② 关锋、林聿时则认为《经言》为管仲遗著。③ 本书认为，既然是"经"言，那么至少其中绝大部分内容为管仲所作。故对管仲个人思想的研究，应该是集中在《经言》进行。其二，《管子·外言》。《外言》共八篇，学者张固也指出："《外言》中的《八观》《法禁》《重令》《法法》四篇代表法家思想，标志着齐法家的形成；其他四篇是同期管子学派作品，主要反映儒、道、兵家思想，也有零星的法治主张。正说明此一时期的管子学派是以齐法家为主，综合各家的一个思想体系。"④ 因此，《外言》也是我们研究管子学派理论的重要依据。事实上，管子学派以管仲学说为研究兴趣，也是法家学派的一个重要组成部分。概言之，《经言》和《外言》其实构成了齐法家的主要内容。其三，《管子》的其他篇章。现存为刘向所校注的《管子》虽体现了他对管子学派的思考，但忽略了稷下学宫的复杂性。《管子》其他篇明显包含稷下学宫学者们对道家、儒家、兵家等理论的思考，当然也有一些对法家的思考。必须明确的是：稷下学者与管子学派是两个不同的概念，管子学派也不完全等同于齐法家。同时，齐法家这个词语并没有在历史典籍中出现，而是根据地域及其思想共同特征而作的法家内部划分。根据以上分析，本书姑且将齐法家定义为，以研究管仲思想为核心的法家内部学派，其包括管仲变法改革思想，也包括春秋战国时期稷下学宫中研究管仲学说的部分理论，还包括后世假借管仲之名著书立说的管子学派（管仲学派）。

综上所述，我们要正确理解齐法家的思想，需要对《经言》和《外言》篇进行重点考察。可以看到《经言》篇中已经出现了有关法律在国家治理中

---

① 张岱年. 齐学的历史价值 [J]. 文史知识，1989（3）：9-10.

② 罗根泽. 诸子考察 [M]. 北京：人民出版社，1958：425.

③ 参见关锋，林聿明. 春秋哲学史论集 [M]. 北京：人民出版社，1963：140.

④ 张固也. 管子研究 [M]. 济南：齐鲁书社，2006：164.

作用的相关论述。"凡牧民者，欲民之可御也；欲民之可御，则法不可不审。"① 这说明当时的管子学派中，已经有人注意到了法律在国家治理中的重要作用。《经言》篇大体为管仲所著，标志着齐法家开始形成。《外言》篇则在《经言》的基础上进行了展开，标志着齐法家逐渐走向成熟。因此，从时间上看，齐法家的形成时间明显要早于秦晋法家的，齐法家才是整个法家的源头。对此，近代英国著名学者李约瑟也指出："法家初盛于东北之齐国，及继起之韩、赵、魏三国，但其真实秉政，则在公元前三世纪之秦国。"② 齐法家所提出的理论主张最终目的是富国强兵以维护君主统治。但是齐法家所提出的理论并非以法律作为唯一手段，而是讲究法治与德治等其他治理模式的结合，因此体现了更多柔性特征。即便以当代法治标准审视其主要思想，依然可以发现很多值得借鉴的地方。

（2）齐法家"德法兼修"的思想特点

齐法家的诞生，不仅标志着法家的问世，其意义更在于其在先秦时期便提出了"德法兼修"这种成熟、合理的多元治国方略，从而在法家学派中独树一帜。这种"德法兼修"表现在：齐法家虽然是法家的分支，但是齐法家的法治理论并不排斥德、义、礼。准确地说，齐法家的法治是与德治和礼治相结合的法治形态。《管子》开篇就提出了"礼、义、廉、耻"③ 的国之四维，对国家治理和社会稳定的重要性。并且，在《权修》篇中，齐法家就提出了"民之修小礼、行小义、饰小廉、谨小耻、禁微邪，此厉民之道也。民之修小礼、行小义、饰小廉、谨小耻、禁微邪，治之本也"④ 的思想，再次强调了礼义廉耻等因素对于法治的重要性。但是，齐法家并不完全依靠礼治。在重视礼治的同时，还是强调法治的作用。所谓"德有六兴，义有七体，礼有八经，法

---

① 管子［M］．李山，轩新丽，译注．北京：中华书局，2019：44．

② ［英］李约瑟．中国古代科学思想史［M］．陈立夫，等译．南昌：江西人民出版社，2006：244-245．

③ 管子［M］．李山，轩新丽，译注．北京：中华书局，2019：5．

④ 管子［M］．李山，轩新丽，译注．北京：中华书局，2019：40．

有五务，权有三度"①。齐法家认为民众首先要知德明义守礼，并且在此基础上颁布法律。通过这些法律来促使民众做好其分内做的事情。

齐法家之所以属于法家的内部学派，更在于齐法家与秦法家一样，更注重法治的作用，强调"君臣上下贵贱皆从法"。② 君主虽然掌握着封建国家的最高的权力。但是这并不意味着君主可以独立于法律之外。囿于君主专制政体的局限性，君主的守法仅体现在"夫爱人不私赏也，恶人不私罚也，置仪设法以度量断者，上主也"③。君主仅被要求依法决断即可。对于官员和民众则被要求"守法"甚至"法于法"。这种在全体守法前提下的不平等恰巧是我们在继承和应用法家传统建设中国法治时，需要进行仔细辨别、取舍和创造性转化的部分。在君臣上下皆需遵守法律的基础上，齐法家提出了"立善法于天下"的立法思想。这种思想主要表现为以下三个方面：

首先，体现在法的"人本性"。齐法家认为法的目标是维护百姓的利益。齐法家认为"生法"于君，"守法"于臣，"法于法"于民。这是"以法治国"的三个层次。但是，君主立法不是随心所欲的立法，而要符合民众的意志，即其趋利避害的本性："人主之所以能做到令则行、禁则止者，必令于民之所好，而禁于民之所恶也。"④ 而且有学者指出，在《明法解》中"明主者，兼听独断，多其门户"的"兼听独断"为一种立法程序。⑤ 这种观点，旨在为君主所创立的符合客观规律的法提供了程序上的保障，具有一定道理。虽然当时的齐法家很难提出民主理念以规制立法，但这种追求让君主立善法的思想难以被完全抹灭。

其次，体现在法的"适时性"，即因时而动。《正世》篇中明确提出君主在立法之前，必先了解百姓疾苦，而后才能立法行政。"必先观国政，料事务，

① 管子［M］. 李山，轩新丽，译注. 北京：中华书局，2019：177.
② 管子［M］. 李山，轩新丽，译注. 北京：中华书局，2019：713.
③ 管子［M］. 李山，轩新丽，译注. 北京：中华书局，2019：700.
④ 管子［M］. 李山，轩新丽，译注. 北京：中华书局，2019：834.
⑤ 参见胡家聪. 管子新探［M］. 北京：中国社会科学出版社，2003：52-53.

察民俗，本治乱之所生，知得失之所在，然后从事，故法可立而治可行。"①
如果君主不能探查治乱的根源在何处，法律就难以被制定出来。

再次，体现在法的"适当性"。齐法家提倡法治，主张用法律实现对国家
的有效治理。但是，齐法家并不提倡无限度的设立法律制度。"制民急则民迫，
民迫则窘，窘则民失其所葆；缓则纵，纵则淫，淫则行私，行私则离公，离公
则难用。"② 保持宽松适中的法律管制是实现齐法家思想的一大亮点。

最后，体现在法的"稳定性"。齐国是封建制国家，但齐法家认为君主也
不能随意废弃法律，"法不繁匿，万民敦悫，反本而俭力"③。法制的稳定性有
利于对民众的教化，使民众更加服从法律。

2. 秦法家的崛起

秦法家是法家的另一个内部流派，如果不对法家进行内部划分，秦法家就
是我们一般意义上理解的法家。随着商鞅进入秦国，开启了历史上著名的商鞅
变法，秦法家开始形成。秦法家的法治理论的特点比较鲜明，强调法律是治国
的唯一手段，所谓"燔《诗》《书》而明法令"。④ 为此，秦法家主张法律面
前人人平等，天子犯法与庶民同罪等主张。同时，主张重刑主义，强调用严苛
的刑罚来规范民众的行为；另外，还主张因时制宜、因时变法，认为法律的制
定应该符合国家和时代的具体情况。对秦法家法治理论的探讨，需要从商鞅和
韩非二者思想的研究开始。前者被视为秦法家的开创者和奠基者，后者被视为
秦法家的集大成者。

（1）商鞅是秦法家的奠基者

商鞅最早在魏国谋事："少好刑名之学，事魏相公叔痤为中庶子。"⑤ 他深
受魏国法家理论的影响，后来携《法经》入秦，将三晋法家的思想引入秦国。
商鞅法治理论主要表现为四项内容：

---

① 管子 [M]. 李山，轩新丽，译注. 北京：中华书局，2019：710.
② 管子 [M]. 李山，轩新丽，译注. 北京：中华书局，2019：713.
③ 管子 [M]. 李山，轩新丽，译注. 北京：中华书局，2019：711.
④ 韩非子 [M]. 高华平，王齐洲，张三夕，译注. 北京：中华书局，2010：127.
⑤ 司马迁. 史记（第 6 卷）[M]. 韩兆琦，译注. 北京：中华书局，2010：4644.

首先,"以刑去刑"。商鞅指出:"夫利天下之民者,莫大于治,而治莫康于立君。立君之道,莫广于胜法,胜法之务,莫急于去奸;去奸之本,莫深于严刑。"① 商鞅认为:建立完整有效的法律制度来治理国家,比确立君主原则更重要,国家的法律体系必然包含着严苛的刑罚。但是,商鞅并不是为了刑罚而刑罚,为了重刑而重刑,而是认为消灭犯罪的最好的方式就是适用刑罚。因此,"夫先王之禁,刺杀,断人之足,黥人之面,非求伤民也,以禁奸止过也。故禁奸止过,莫若重刑。"②

其次,"刑无等级"。商鞅的法治理论中已经出现了法律面前人人平等的思想。当然,这里的法律主要指刑事法律。"所谓壹刑者,刑无等级,自卿相、将军以至大夫、庶人,有不从王令、犯国禁、乱上制者,罪死不赦。有功于前,有败于后,不为损刑;有善于前,有过于后,不为亏法。忠臣孝子有过,必以其数断。守法守职之吏,有不行王法者,罪死不赦,刑及三族。"③此外的刑罚虽然将君主排除在适用范围之外,但相较于"礼不下庶人,刑不上大夫"已经是重大进步。

再次,"治世不一道,便国不法古"④。法治应该适应国情,春秋战国时期,法家的最高目标就是通过变法使得国富兵强。商鞅结合秦国的具体条件提出"国之所以兴者,农战也"。⑤ 认为农耕是国家兴旺发达的根本。《商君书·农战》篇主要论述了商鞅的农战思想,反映了其注重务实的精神,而正是在这种农战思想的影响下,秦国在短期内极大地提升了国力,为统一六国奠定了坚实的基础。

最后,重法律轻道德。商鞅强调用法律治理国家的重要性,这是他综合对人性的认识,对儒家的偏见,以及对法律性质的思考而得出的结论。商鞅认为

① 商君书 [M]. 石磊,译注. 北京:中华书局,2011:75.
② 商君书 [M]. 石磊,译注. 北京:中华书局,2011:124.
③ 商君书 [M]. 石磊,译注. 北京:中华书局,2011:124.
④ 商君书 [M]. 石磊,译注. 北京:中华书局,2011:6.
⑤ 商君书 [M]. 石磊,译注. 北京:中华书局,2011:24.

"今之巧民以伪"①，即现在的民众狡诈而虚伪。所以他将法视为治理人民的工具，故主张"效于今者，前刑而法"②，用法律治理国家。商鞅还明确指出："吾所谓刑者，义之本也；而世所谓义者，暴之道也。"③ 因此，从这个意义上来看，商鞅极度强调法治甚至迷信重刑的作用也就不足为奇了。

（2）韩非是秦法家的集大成者

韩非入秦之后，并没有主持过改革实践④。真正实践者是秦朝丞相李斯。然而，韩非的理论却被秦法家所继承。韩非法治思想的特征表现为：

第一，坚持"以法治国"，否认其他任何形式的治理模式。韩非在坚持法治的同时，否认德治、礼治等治国之道："明主之国，令者，言最贵者也；法者，事最适者也。言无二贵，法不两适，故言行而不轨于法令者必禁。"⑤ 也就是说，国家在处理政事时，只能以法律作为准绳，不符合法律的或者命令的行为都应该被禁止。韩非认为法治是最高明的治国原则："夫治法之至明者，任数不任人。是以有术之国，不用誉则毋适境内必治，任数也。"⑥ 同时，韩非否认了人在法治实践中的重要性，强调在法律制定中，刑赏应该界限分明，尽量避免需要依靠个人的智慧来进行司法裁断："实故有所至，而理失其量，量之失，非法使然也，法定而任慧也。"⑦

第二，强调严刑峻法。基于对其师荀子"性恶论"的认识，韩非不仅主张用法律来治理民众，而且要严刑峻法："刑胜而民静，赏繁而奸生。故治民者，刑胜，治之首也；赏繁，乱之本也。"⑧ 韩非认为，法律在制定完毕后，

---

① 商君书 [M]. 石磊，译注. 北京：中华书局，2011：162.

② 商君书 [M]. 石磊，译注. 北京：中华书局，2011：72.

③ 商君书 [M]. 石磊，译注. 北京：中华书局，2011：73.

④ 李斯是秦法家法治改革的实施者。秦始皇首肯李斯的建议，没收了民间诗书以及诸子百家之书，从而形成了法家独尊的局面。参见李峻岭. 荀子与法家：援法入儒及理念分合——兼论荀子与韩非、李斯之关系 [J]. 理论学刊，2018（5）：103-111.

⑤ 商君书 [M]. 石磊，译注. 北京：中华书局，2011：613.

⑥ 韩非子 [M]. 高华平，王齐洲，张三夕，译注. 北京：中华书局，2010：763.

⑦ 韩非子 [M]. 高华平，王齐洲，张三夕，译注. 北京：中华书局，2010：764.

⑧ 韩非子 [M]. 高华平，王齐洲，张三夕，译注. 北京：中华书局，2010：757.

就要坚决执行："是以刑法不必则禁令不行。"① 通过坚决执行刑罚，旨在增强法律的权威，进而维护国家的统治。同时，法律不仅要被严格执行，而且要做到人人平等。权贵与平民触犯法律都应该受到一样的处罚。"故以法治国，举措而已矣。法不阿贵，绳不挠曲。法之所加，智者弗能辞，勇者弗敢争。刑过不避大臣，赏善不遗匹夫。"②

第三，立法要审时度势，符合实际。韩非强调法律应该随着时代的变化而随之改变："时移而治不易者乱，能众而禁不变者削。故圣人之治民也，法与时移而禁与能变。"③ 如果法制不能跟上时代，那么国家就会混乱，国力就会削弱。因此，在保证法律稳定性的同时，要做到因时、因势变法。

第四，以法治为核心，实现法术势三者结合。韩非是法家法术势集大成者直接体现为韩非博采众长，将法、术、势称为帝王之具，缺一不可。"君无术则弊于上，臣无法则乱于下，此不可一无，皆帝王之具也。"④ 有了法、术之后，还要有势。"势者，君之马也。无术以御之，身虽劳，犹不免乱。"⑤ 法、术、势相结合的理论是韩非在继承和批判商鞅之"法"、申不害之"术"、慎到之"势"之后，改造而成，可以说是法家最具代表性的理论。

第五，主张君主在治理国家时要做到宽严有度，反对过于仁慈和残暴的人成为君主。韩非主张维护君权统治，但反对仁爱或残暴的人来当君主。"故仁人在为，下肆而轻犯禁法，偷幸而望于上；暴人在位，则法令妄而臣主乖，民怨而乱心生。故曰：仁暴者，皆亡国也。"⑥ 可见法家并不赞同君主随便按照自己的意志处理政事。这种法治还是人治之下的法治，但是，并未完全沦为君主治国的工具。有学者指出："法家主以法限君，故其思想在理论上为君权绝

---

① 韩非子［M］. 高华平，王齐洲，张三夕，译注. 北京：中华书局，2010：327.
② 韩非子［M］. 高华平，王齐洲，张三夕，译注. 北京：中华书局，2010：50.
③ 韩非子［M］. 高华平，王齐洲，张三夕，译注. 北京：中华书局，2010：759.
④ 韩非子［M］. 高华平，王齐洲，张三夕，译注. 北京：中华书局，2010：620.
⑤ 韩非子［M］. 高华平，王齐洲，张三夕，译注. 北京：中华书局，2010：518.
⑥ 韩非子［M］. 高华平，王齐洲，张三夕，译注. 北京：中华书局，2010：675.

对主义，而在实行上为君权有限主义……*严格之法治，于君主颇有不便。*"①
法家主张的法治对人治构成了一定程度的限制。

总体而言，以商鞅、韩非为代表的秦法家围绕富国强兵这个目的，推行法
治改革并取得了一定的效果。法律面前人人平等和有限君权的思想，具有一定
的进步性。早期的秦法家推行重刑主义，在战国乱世取得了较大效果，实现了
国家统一。但是，随着国家初定，需要休养生息，仍然采取严刑峻法的方式显
然不利于国家的稳定。

(二) 合流问题探赜

合流，意指不同的学术流派融为一体。学界对于合流问题的探讨大多集中
在法家思想与儒家思想的外部合流上②，对法家内部合流这一重要问题鲜有关
注。事实上，法家内部合流实现了法家理论的整合与发展，体现了先秦法家与
时俱进和兼容并包的品格。

1. 第一次合流

三晋法家的诞生要早于秦法家。中国历史上第一部成文法典——《法经》
就出自三晋法家代表、魏国改革者李悝。春秋末年三家分晋，晋国分裂为韩、
赵、魏三个诸侯国，这一事件标志着战国时代的开始。三家分晋也意味着韩、
赵、魏国力的削弱，使得三国不得不重新思考富国强兵之策，纷纷进行变法。
三个诸侯国的变法起初是成功的，使其成为战国七雄之一。但因三者的改革措
施不够彻底，最终走向覆灭。《韩非子》评价魏国的灭亡："国无常强，无常
弱。奉法者强，则国强；奉法者弱，则国弱。荆庄王并国二十六，开地三千
里；庄王之氓社稷也，而荆以亡。齐桓公并国三十，启地三千里；桓公之氓社
稷也，而齐以亡。魏安釐王攻燕救赵，取地河东，攻尽陶、魏之地……安釐王
死而魏以亡。其国乱弱矣，又皆释国法而私其外，则是负薪救火也，乱弱甚

---

① 萧公权. 中国政治思想史 [M]. 沈阳：辽宁教育出版社，1998：840.
② 因儒法合流构成了中国传统社会的主线已成通说，故此部分仅论述本书首倡的先
秦法家的内部合流问题。

矣!"① 因此，是否坚持法治，法治是否彻底，成为春秋战国时期诸侯国兴衰的关键所在。鉴于此，有学者指出："齐、楚、燕、魏变法，却未获得最后的成功，主要原因是由于上位者未能贯彻法治。"② 法治对于国家的重要性不言而喻，但法治能否维持主要看主政君主是否想维持，显然非长久之计。

商鞅从魏国携法经入秦，开启了三晋法家思想传入秦国的进程。随着秦国相继灭掉韩、赵、魏，晋法家完成了与秦法家的合流。三晋法家与秦法家关系甚为密切，几乎可以被认为一脉相承。在主要特征上二者又有较多相似之处，以至于冯友兰将秦、晋法家合称为秦晋法家。但是，因三晋所处的地域和文化与秦国有所区别，有必要论述其理论特征。其一，在法、德二者的关系上，晋法家强调法律的作用，轻视甚至否认道德或礼教对人的作用。晋国虽处中原地带，但位于中原的边缘，北部多接壤戎狄，故常有战事发生。因地缘因素和国情影响，发源于东部的儒家文化很难在晋国产生影响。三晋受戎狄文化影响较多，晋戎间通婚并不罕见，如晋文公重耳的母亲和妻子也是戎族，有学者指出三晋法家思想的特征可以从晋国的"戎索"精神中找到原型。③ 因此，晋国文化中充满了尚武、重法和尚能的精神，不同于讲求"仁、义、礼、智、信"的儒家文化。其二，治国方略经历了从重农重商到重农抑商的转变。三晋地区在前期应该是既重商又重农，而不是从一开始便重农抑商④的观点有待商榷。事实上，从李悝改革开始，魏国实行重商战略。对此，台湾有学者指出：李悝的尽地力之教，更是在重商的环境下重农，正是后世法家思想的重点。⑤ 与濒海的齐国类似，三晋的商业化较早，早期的主张应和齐法家相仿，是农商皆被重视。这说明三晋法治思想的萌发时间也较早。但晋法家在后期又将国策转变为重农抑商。其三，强调"术治"。申不害在韩国推行法治改革，提倡君人南

①　韩非子 [M].高华平，王齐洲，张三夕，译注.北京：中华书局，2010：41-42.
②　朱心怡.秦法家思想之发展研究 [M].台北：花木兰文化出版社，2009：58.
③　武树臣，李力.法家精神与法家思想 [M].北京：中国广播电视出版社，2007：24.
④　参见武树臣，李力.法家精神与法家思想 [M].北京：中国广播电视出版社，2007：24.
⑤　朱心怡.秦法家思想之发展研究 [M].台北：花木兰文化出版社，2009：69.

面的"术治"思想。这种"术治"与秦法家韩非改造的"术治"不同，是以术为主，而不是法为主。因此出现了《韩非子》中所谓的韩国虽军力强大，但十七年之久没有成就霸业的问题："故托万乘之劲韩，十七年而不至于霸王者，虽用于术上，法不勤饰于官之患也。"①

2. 第二次合流

齐国灭亡后，齐法家的理论被秦法家吸收，继而合流。这种合流的证据有：在如何有效执行法律方面，秦法家理论明显有着齐法家的烙印。《管子》记载："故曰：亏令者死，益令者死，不行令者死，留令者死，不从令者死。五者死而无赦，唯令是视。"②《管子》的这种思想体现在《商君书》中描述的秦孝公与商鞅的一段对话中。秦孝公询问商鞅如何能尽快地推行法令，并且保证在实施的过程中不出差错，商鞅提出："为法令，置官吏。朴足以知法令之谓者，以为天下正，则奏天子……有敢到定法令损益一字以上，罪死不赦。"③ 商鞅认为，只要有人擅自更改法律任何一字，就要对其处以死罪。可以看出，秦法家与齐法家都非常维护法律的完整性。在经济政策上，秦法家与齐法家也有许多相通之处。如《管子·治国》篇中指出："凡为国之急者，必先禁末作文巧……末作文巧禁则民无所游食，民无所游食则必农。"④《管子·国蓄》篇更是直接指出："利出于一孔者，其国无敌；出二孔者，其兵不诎；出三孔者，不可以举兵；出四孔者，其国必亡。"⑤ 受此思想的影响，《商君书》中也出现了"利出一孔，则国多物"⑥ 的表达。这种思想上的继受痕迹不一而足，基本可以判定齐法家和秦法家在商鞅时期就已经有合流的迹象和趋势。

韩非的"法术势"结合理论，在齐法家和秦法家合流中发挥了重要作用，

---

① 韩非子 [M]. 高华平，王齐洲，张三夕，译注. 北京：中华书局，2010：622.
② 管子 [M]. 李山，轩新丽，译注. 北京：中华书局，2019：266.
③ 商君书 [M]. 石磊，译注. 北京：中华书局，2011：175.
④ 管子 [M]. 李山，轩新丽，译注. 北京：中华书局，2019：716.
⑤ 管子 [M]. 李山，轩新丽，译注. 北京：中华书局，2019：940.
⑥ 商君书 [M]. 石磊，译注. 北京：中华书局，2011：150.

标志着齐、秦法家理论合流的实现。韩非在法治的基础上，对慎到的"势治"思想进行借鉴和吸收。慎到曾在齐国稷下学宫讲学，是"势治"说的主要代表，必定受到管仲等齐法家思想的影响。慎到提出："故腾游雾，飞龙乘云，云罢雾霁，与蚯蚓同，则失其所成乘也；不肖而服于贤者，位尊也。尧为匹夫，不能使其邻家。至南面而王，则令行禁止。由此观之，贤不足以服不肖，而势位足以服不肖，而势位足以屈贤矣。"① 慎到所提出的势，不仅有权势、地位的含义，按西方学者 Roger T. Ames 的说法，还具有天下大势的意涵，即人力不能控制甚至不能影响的形式。② 这就要求君主尊重客观规律，不能为所欲为。慎到对势的论述，成为韩非立"势治"论的基础。

　　韩非对慎到的"势治"思想进行了发展，认为"势"包括"自然之势"和"人为之势"两个部分。韩非通过尧、舜和桀、纣的例子引出了自然之势的概念："夫尧、舜生而在上位，虽有十桀、纣不能讨者，则势治矣；桀、纣亦生而在上位，虽有十尧、舜而亦不能治者，则势乱也故曰：'势治者则不可乱，而势乱者则不可治也。'此自然之势也，非人之所得设也。"③ 韩非通过论述自然之势，旨在说明天下出现尧、舜这样贤明的君主和桀、纣这样昏庸的君主其实都是小概率事件。并且如果一旦出现，这种情况下的治或者乱都是天下大势，是不可逆的，而更多的情况是出现位于二者之间的君主。有鉴于此，韩非并不赞成君主事必躬亲，主张"下君尽己之能，中君尽人之力，上君尽人之智"④，即君主应该尽可能地发挥众人（广大人民群众）的才智，最好仅做到统筹的作用。同时，韩非并不否认道德的作用，只是否认将道德作为治国方式："夫严刑重罚者，民之所恶也，而国之所以治也；哀怜百姓轻刑罚者，民之所喜，而国之所以危也。圣人为法国者，必逆于世，而顺于道德。知之者，同于义而异于俗；弗知之者，异于义而同于俗。天下知之者少，则义非矣。"⑤

　　① 许富宏. 慎子集校集注［M］. 北京：中华书局，2013：9.

　　② Roger T. Ames. The Art of Rulership：A Study of Ancient Chinese Political Thought［M］. New York：State University of New York Press，1994：93.

　　③ 韩非子［M］. 高华平，王齐洲，张三夕，译注. 北京：中华书局，2010：607.

　　④ 韩非子［M］. 高华平，王齐洲，张三夕，译注. 北京：中华书局，2010：682.

　　⑤ 韩非子［M］. 高华平，王齐洲，张三夕，译注. 北京：中华书局，2010：137-138.

韩非认为，不与世俗合流而顺应道德是圣人以法治国的重要前提，这也符合韩非心中圣人的形象，体现了秦法家对齐法家人本观的部分引入。

秦朝初期，需要借助齐法家"以人为本"等理论来实现国家秩序的稳定。《商君书》中的一些内容受到了齐法家的影响，《韩非子》也承继了齐法家中的一些重要观点。但从整体上看，无论是《商君书》，还是《韩非子》，都强调重刑主义的思想。面对秦朝初期的动荡，秦始皇和李斯更是将《商君书》和《韩非子》所提倡的重刑主义发挥到极致，企图实现"以刑去刑"的目的，最终没有将齐法家的理论运用到秦的法治实践。

二、大一统时期的法家

"大一统"一词，来源于《春秋公羊传》。该书开篇便写道："元年者何？君之始年也。春者何？岁之始也。王者孰谓？谓文王也。曷为先言王而后言正月？王正月也。何言乎王正月？大一统也。"① 之后，东汉经学家何休作《春秋公羊传解诂》，对大一统的微言大义做了进一步阐发，认为大一统的概念不仅包含"尊王"和"尊始"之义。所谓"始"，即天地万物的重新开始，而"尊始"强调王者受命改制，包含了趋势更新和天下大同的理念。② 事实上，大一统不仅是一种理念，更是一种理念实践后的状态。如果从理念来说，大一统是儒家学派提出的一个经学概念，但如果从实践来看，法家学派则是中国范围内③大一统理想的缔造者。在法家思想指导下，秦统一中国，实行车同轨、书同文，建立了中国历史上第一个统一多民族的中央集权制国家，在更广的地域范围内实现真正意义上的大一统。随后，汉武帝采纳董仲舒提出的"罢黜百

---

① 王维提，唐书文撰．春秋公羊传译注［M］．上海：上海古籍出版社，2020：1.

② 李龙，刘玄龙．"大一统"理念的法学解读和时代底蕴［J］．中南民族大学学报（人文社会科学版），2020，40（3）：162.

③ 大一统理念源自西周，西周政治制度建构的核心思想和出发点，是实现统一有序的国家治理，而这一思想在王纲解纽、礼废乐坏的东周时期，成为各诸侯国重建统一秩序的思想根源。参见晁福林．先秦国家制度构建的理念与实践［J］．历史研究，2020（3）：7。出于这种认识，西周建立了严格的分封制度以及宗法等级制度，开创了中国第一个狭义范围的大一统时期。

家，独尊儒术"的建议，运用儒学进行国家治理，儒家取得政治统治地位，实现了思想上的大一统。但在实践中，则基本是汉承秦制，推动了法家思想继续走向"台前"。

（一）独尊法术辩证考

商鞅变法使秦国实现了富国强兵，为秦朝的建立奠定了坚实的基础。法家理论的成功实践，使得秦始皇极度推崇法家的理论。秦朝承继了秦国用法家思想治国理政的传统，以至于秦制基本依托法家理论进行了构建，在中国开启了中央集权制的先河。商鞅、韩非之学在秦朝的国家治理中得以充分体现，秦国赓续法家法治改革获得了天下一统的荣耀，形成了独尊法术的局面，法家地位在中国历史中达到了巅峰。

1. 从分封制度到郡县制度

在建立中央集权体制的过程中，秦朝废除西周以来实行的分封制，通过建立三公九卿制、郡县制等制度，缔造了中国历史上第一个统一多民族国家。在郡县制的建构和推行中，法家李斯起了非常重要的作用，他继承了韩非对分封导致国乱的思想。《韩非子》指出："昔者纣之亡，周之卑，皆从诸侯之博大也；晋之分也，齐之夺也，皆以群臣之太富也。"① 李斯认为，基于血缘关系为基础的分封制度，不能帮助中央很好地限制地方诸侯势力扩张。他在和保守派王绾等人的辩论中指出："周文、武弟子所封同姓子弟甚众，然后属疏远，相攻击如仇雠，诸侯更相诛伐，周天子弗能禁止。"② 李斯认为天子权力的羸弱是周朝走向灭亡的重要原因，建议秦始皇实行郡县制，加强中央对于地方的控制，避免重蹈商、周的覆辙："诸子功臣以公赋税重赏赐之，甚足易制。天下无异意，则安宁之术也。置诸侯不便。"③ 秦始皇同意了李斯的建议，发出了"天下共苦战斗不休，以有侯王。赖宗庙，天下初定，又复立国，是树兵

---

① 韩非子［M］.高华平，王齐洲，张三夕，译注.北京：中华书局，2010：31.
② 司马迁.史记［M］.韩兆琦，译注.北京：中华书局，2010：519.
③ 司马迁.史记［M］.韩兆琦，译注.北京：中华书局，2010：519.

也，而求其宁息，岂不难哉！廷尉议是"① 的感慨。因此，在法家思想的影响下，秦朝没有走商朝和周朝的老路，而代之以郡县制这种大一统国家体制。

2. 从私学为主到学在官学

面对淳于越和周青臣的争论，李斯在给秦始皇的上书中建议"请史官非秦纪皆烧之。非博士官所职，天下敢有藏《诗》、《书》、百家语者，悉诣守、尉杂烧之。有敢偶语《诗》《书》者弃市。以古非今者族。吏见知不举者与同罪。令下三十日不烧，黥为城旦。所不去者，医药卜筮种树之书。若欲有学法令，以吏为师。"② 也就是说，除了必要的有关医学、占卜、种植的书籍，民间可以保存外，其余的书籍只能由官方保存。基于此，秦朝规定法律为官学，推行"以法为教，以吏为师"的措施，极大地促进了法律在秦朝的传播。各级官员都必须熟知秦朝法律，国家还专门编写了法学教材供民众学习。这种全民普法的做法，有效地提升了官员知法和执法的水平，强化了民众懂法和守法的意识，在当时取得了很好的效果。这种措施有两个层面的含义：一方面，以法为教，强调当时的国家教育就是法学教育，要求全体秦民不分贵贱，均必须遵守法律。在此基础上，推行全国范围内的法学教育，继而形成人人学法、懂法、用法的局面。当时，朝廷还专门写了一本法学教材《法学问答》，而成为老百姓学习法律的重要参照。另一方面，以吏为师，将法学由私学统一为官学，要求各级官吏必须熟谙法律，官吏都是法学教师，直接教授法律。秦朝还有专门设置了律博士一职，培养了诸多的律学生。可以说，秦国法学教育的规模之大、范围之广都是空前的。这种做法对后世影响很大，如宋代实行科举制，设置考试科目"明法科"，当时刑部、大理寺等重要官员多数都是"明法科"出身。

3. 从以法治国到严刑峻法

在秦朝的发展中，秦始皇坚持以法治国的治国策略。《史记》记载，秦始

---

① 司马迁. 史记 [M]. 韩兆琦，译注. 北京：中华书局，2010：519.
② 司马迁. 史记 [M]. 韩兆琦，译注. 北京：中华书局，2010：555.

皇受到阴阳家的影响，认为秦朝是水德之运。故"刚毅戾深，事皆决于法，刻削毋仁恩和义，然后合五德之数。于是急法，久者不赦"。① 司马迁这一记载有待商榷。秦始皇确实受到阴阳家学说影响，并且将阴阳家学说进行了若干融合。但秦始皇实行"以法治国"，实施严刑峻法，并对犯罪者绝不宽赦，未必是因为这样做符合所谓的水德。法家一向主张"以法治国"，但并非必然包含严刑峻法的内容。然而对秦国和秦朝都影响巨大的秦法家将这种严刑峻法推向极致："故不赦死，不宥刑，赦死宥刑，是谓威淫。"② 这种论述，强调君主不能赦免死刑和犯人应得的刑罚，否则会出现威权散失，君权旁落的后果。因此，秦始皇的做法明显受到秦法家思想的影响。这种严刑峻法饱受后人议论，一提到法家学派，往往就会想到酷刑、苦徭、苛税等。本书认为，严刑峻法确实是历史的糟粕，但只是秦朝灭亡的一个重要原因，而不是唯一的原因。另外，秦始皇和李斯等人对于严刑峻法的过度依赖，将"以法治国"的正确主张推向极致的重刑主义，则是整个法家学派所没有预见的。

法家学说在秦朝政治、经济、文化等方面影响巨大。特别是对于治国理政方面，法家理论为秦朝中央集权制的建立和"以法治国"的实施提供了强大的理论武器，成为秦朝的指导思想。秦朝因采用法家理论而富国强兵，法家理论则因大秦提供的政治舞台而迅速崛起。

但是，缘何秦朝按法家理论进行大刀阔斧的改革，却最终迅速覆灭？对此学界有不同的声音，主要有两种观点：一是秦亡于暴政的观点，认为法家理论过于推崇重刑主义，加速了秦朝的灭亡。本书认为：对于这个问题的理解，首先需要对"秦亡于暴政"和"秦亡于法家"进行严格区分。秦朝确实亡于暴政，这是一个历史共识，我们没有必要为其再进行论证。但是，秦朝绝对不是亡于法家思想的指导。法家思想确实是秦朝的指导思想，但我们绝对不能把法家的重法思想与滥用刑罚的暴政画等号："秦实行滥刑重罚的极权统治，就自

---

① 司马迁. 史记 [M]. 韩兆琦，译注. 北京：中华书局，2010：517.
② 韩非子 [M]. 高华平，王齐洲，张三夕，译注. 北京：中华书局，2010：32.

然归罪于他所倚重的法家思想了。而这其中，法家的确是有些冤屈的，因为真正的法家思想是不主张暴政的，秦暴政的罪孽并不应扣在法家的头上。"① 法家的重法，强调法治在整个国家治理中的重要作用。秦法家在法治实践过程中，也确实存在一些重刑主义的因素。但是，整个法家强调法治的作用，通过法律来维护国家稳定和实现富国强兵的目的是没有问题的。因此，我们不能将秦国灭亡与法家法治理论简单联系起来，二者没有必然的逻辑关系。二是秦朝运用法家不纯粹的观点，认为秦王朝不是完全奉行法家路线，并不是一切制度建设和政策制定都以法家思想为圭臬。如在 20 世纪 80 年代，朱伟明就发表过《法家思想不是秦代唯一的立法指导思想》的文章，认为秦朝统治思想不仅仅是奉行法家主张，而是兼采了儒家学说，并深受阴阳五行学说的影响。这种观点同样有待商榷，我们不需要用这种观点来为法家及其理论进行辩护。事实上，儒家、阴阳家等学说对秦朝统治者的影响非常有限，不然也不会出现焚书坑儒等历史事件。然而，秦朝独尊法术，却没有合理推行法家一以贯之的"以法治国"，用严刑峻法这种极致手段来打压其他学派思想，这确实违背了法家法治理论设计的初衷。

(二) 阳儒阴法现象

汉代的统治思想分为两个阶段，第一个阶段是汉初的黄老之治，第二个阶段才是汉武帝时期开始的任用儒士。汉初旨在休养生息，但随着汉朝国力的增强，黄老之治便被弃用，持续的时间并不长。主流观点认为：汉武帝采纳董仲舒"罢黜百家、独尊儒术"的建议，实际上确立了儒家思想对中国社会的统治地位。儒家思想影响深远，对当时的经济、政治、文化产生了重大影响，相比于其他思想具有明显优势。但是，也有学者对此表示怀疑，如钱大军就认为："主流观点之所以认为中国传统社会中儒家学派占据主导地位，是因为在中国传统社会思想文化的研究中学者们的认识依据大多是传统中国的官方文件、经典等史料。由于这些史料的本身，带有官方意识形态和价值倾向，导致

① 乔松林. 秦亡于法家说质疑 [J]. 史学月刊，2013 (6)：119.

以其为依据的认知并不能客观地反映中国传统社会。"① 他进一步指出：儒家思想作为中国传统社会建构的思想基础主导着中国传统社会的运作是主流观点。然而自秦代开始，法家思想实际上一直受到统治者的青睐，统治者治理国家所运用的有效制度，就是以法家思想为基础所建构起来的。② 这种观点，其实就是认为中国封建时期实行的治国策略，是所谓的"阳儒阴法"，即认为表面是儒家在进行统治，实际上是法家在发挥着重要作用。

"阳儒阴法"一词由民国学者宋恕提出，最初用来指代具有儒家的身份，但实际上也持有法家观念的学者。如儒家代表人物荀况，就是这种意义上的"阳儒阴法"者。荀况三次出任齐国稷下学宫的祭酒一职，深受法家思想的影响，提出了"隆礼重法"和"礼法并用"的主张。有鉴于此，有学者指出：荀子的历史功绩是：一方面，改造了孔孟的"礼治"思想，既摒弃了其中的世卿世禄的宗法贵族政体，又保留了宗法家族的道德伦理精神；另一方面，也改造了三晋法家的"法治"政策，既排除了其中的否定教化、严刑酷罚的内容，又保留了中央集权的官僚政体，同时将两种本来处于对立的思想在更高理论层次上融合起来，奠定了礼法统一的理论框架。③

经过发展，"阳儒阴法"后来多指表面是依照儒家思想治理国家，实际上是用法家思想来治理国家的一种治国模式。一般认为，"阳儒阴法"开启于汉宣帝时期。西汉宣帝曾训斥劝其重用儒生的太子道："汉家自有制度，本以霸王道杂之，奈何纯任德教，用周政乎！"④ 汉代及以后的王朝虽然奉行儒术，但是在治国领域没有也不可能舍弃法家理论。其一，法家理论的天然优势，相比于儒家、墨家、道家等众多学派，法家能够通过建立法治提供更加稳定的秩序。其二，法家自诞生起目标就是富国强兵，商鞅变法的成功先例说明法家理

---

① 钱大军．中国传统社会的法家传统及其价值 [J]．河南大学学报（社会科学版），2018（6）：42．

② 钱大军．中国传统社会的法家传统及其价值 [J]．河南大学学报（社会科学版），2018（6）：42．

③ 武树臣．齐鲁法文化与中华法系的精神原点 [J]．法学评论，2011，26（6）：35．

④ 班固．汉书 [M]．北京：中华书局，1962：277．

论在实践中具有非常强的生命力，法家推行的中央集权制和郡县制度也为后世所效仿。其三，法家理论经由先秦法家的合流，已经成为比较成熟的理论。有学者指出："武帝尊孔子为师，用管商以佐治而已。"① 因此，这种"阳儒阴法"被许多学者认为是儒"表"法"里"。② 有鉴于此，我们可以大胆地得出结论：法家在汉代以后并未退出历史舞台，而是以"伦理学是儒家，政治制度是法家"③ 的方式继续延续并不断发展着。在此后两千余年，这种"以德为主，礼法并用"的治国模式成为大一统时期朝代的主流。但是，法家学派实际上对中国古代国家治理注入了源源不断的法治力量，产生了典型的"阳儒阴法"现象。

（三）超稳定结构

汉朝统治者在对秦朝二世而亡的命运进行反思后，将儒家和法家的治国理论相融合。自此，历代基本沿用"礼法并用"的策略来进行国家治理。法家理论的地位虽然从秦朝时期的"显"转向"隐"，但依托法家理论构造的中央集权制符合封建时期最高统治者增强控制国家权力的需要。秦朝虽然覆灭，但秦之后历代皆行秦之制，中央集权制成为封建社会代代相沿的根本政治制度。因此，有学者认为：中国秦汉以来两千余年的政治基本上是陈陈相因，鲜有变化，维持了一个所谓"超稳定结构"④。这种超稳定国家结构充分显示了法家学说的生命力，有力证明了法家对治国理政的重要作用。

相比于礼治等治理模式，法治可以为国家提供更加稳定的社会秩序，进而实现巩固政权的目的。君主作为封建社会的最高统治者，始终将法治作为基本

---

① 萧公权．中国政治思想史［M］．北京：商务印书馆，2017：282.

② 如朱维铮先生认为，贾谊、晁错、公孙弘、董仲舒等人都是以经术缘饰吏治，晁错实际是用儒家语言粉饰申韩法术。这些学者虽未明言汉代政治是"阳儒阴法"，但外饰、缘饰、粉饰等用语，其实已透露了儒"表"法"里"之意。参见郝虹．从"阳儒阴法"到"礼法之治"的中间环节：汉末社会批判思潮［J］．山东大学学报（哲学社会科学版），2011（1）：127.

③ 王晓波．阳儒阴法是中国文化的主流［N］．光明日报，2015-11-30（16）.

④ 何永军．中国古代法制的思想世界［M］．北京：中华书局，2020：361.

的国家治理方式之一。在古代，君主始终牢牢将国家的最高立法权、司法权和行政权集于一身，政令只能由君主来发布："威不两错，政不二门。以法治国，则举错而已。"① 《管子·任法》篇更是明确指出："夫生法者，君也。守法者，臣也。法于法者，民也。"② 古代中国，君主在立法上拥有至高的权力，这也是中国古代法治最为后人诟病的地方。但是，通过对古代法治的深入考察，我们可以发现很多值得借鉴的经验。有学者指出，中国古代立法活动至少有七个方面的经验值得当今借鉴："立法公平，使私不行；法须公开，吏民知法；法贵简明，使人易晓；立法审慎，不急于成；法与时转，因时立法；因地立法，因势制宜；因族立法，援俗而治。"③ 其一，中国疆域广阔，权力机关制定的法律无法事无巨细地覆盖到每个角落，但地方法律不得与高位阶的法律相违背。如清代颁布的《江苏省例》《福建省例》《治浙成规》，这些"省例仅通行于一省，而且须奏请中央批准，与中央立法相抵触者无效"。④ 其二，虽然君主的立法权缺乏外部的强力管制，例如通过相应立法来对君主的立法活动进行规制。这在封建专制政体下是不可能发生的事情。但是这些立法经验却如同道德之于社会一样，给立法活动套上了软性约束。其三，古代的立法技术水平较低，而法律对国家治理又是至关重要的存在。对此，古代立法并不急于求成："法无古今，惟其时之所宜，与民之所安耳。"⑤ 李世民曾说："若汗出于体，一出而不复也。"⑥ 从《武德律》开始，《唐律疏议》历时 33 年才最终完成。这些经验是历代王朝在进行立法活动时总结出的对立法活动的限制，体现了古代先哲对立法规制的思考。由此可见，虽然立法权最终由君主控制，但事实上，中国古代法律并不全是君主随心所欲，依据个人喜好随意决定的产物。

---

① 管子 [M]. 李山，轩新丽，译注. 北京：中华书局，2019：707.
② 管子 [M]. 李山，轩新丽，译注. 北京：中华书局，2019：707.
③ 张晋藩. 中国古代立法经验镜鉴 [J]. 中共中央党校学报，2015（1）：12-15.
④ 张晋藩. "法与时转"与"因俗而治"——谈古代中国的立法传统 [N]. 北京日报，2019-06-24（11）.
⑤ 张舜徽，吴量恺. 张居正集（第 3 册）[M]. 武汉：湖北人民出版社，1994：148.
⑥ 贞观政要 [M]. 骈宇骞，译注. 北京：中华书局，2011：553.

统治者对司法的重视程度不遑多让，对执法和司法也同样重视。《韩非子》指出："夫立法令者，以废私也，法令行而私道废矣。私者，所以乱法也。"① 封建君主掌握着最高司法权。君主一方面通过亲自审理某些重大案件或者过问重大案件的走向来为法治建设树立标杆，还通过任命重要的司法官员来影响国家的法治建设。隋朝开始，统治者就强调在进行案件审理时，务必要按照法律进行（尤其是刑事案件）。隋文帝针对一起诬陷反坐案，对司法官强调："人命之重，悬在律文，刊定科条，俾令易晓。分官命职，恒选循吏，小大之狱，理无疑舛。而因袭往代，别置律官，报判之人，推其为首。杀生之柄，常委小人，刑罚所以未清，威福所以妄作，为政之失，莫大于斯。其大理律博士、尚书刑部曹明法、州县律生，并可停废。"② 随后更是明确强调："自是诸曹决事，皆令具写律文断之。"③ 需要指出的是，大一统时期也不乏一些短暂的分裂时期。这些时期的统治者也十分重视法律在实际司法中适用的效果。如三国时期的魏国，就率先设立了"律博士"一职，其职责是解释法律，并给执法的官吏进行理论传授。这一举措大大提高了官吏的执法水平，为后世所效仿。

在古代也不乏君主进行法外开恩的情形，如存在春秋决狱、上请制度等，这些制度确实在一定程度上影响了司法的公正性。但从整体来看，自秦朝建立中央集权制后，历朝历代统治者都重视法律在国家治理中的作用。因此，在大一统时期的政治生活中，主要是由儒家和法家来共同推动国家治理。我们暂且不论儒家和法家两种主张孰高孰低、孰重孰轻，在国家制度运转上，由法家和儒家共同塑造了一个超稳定的政治结构，这是没有争议的。

三、近代法家的复兴

中国历史上有两次大的变局。一次是先秦时期井田制和分封制走向崩溃，

---

① 韩非子［M］. 高华平，王齐洲，张三夕，译注. 北京：中华书局，2010：652.
② 邱汉平编著. 历代刑法志［M］. 北京：商务印书馆，2017：319.
③ 邱汉平编著. 历代刑法志［M］. 北京：商务印书馆，2017：319-320.

三家分晋和田氏代齐的发生标志着中国战国时代的开始。另一次，就是晚清鸦片战争后，随着帝国主义列强入侵，中国面临亡国灭种之危机。面对危机，先进的中国人开始开眼看世界，提出了各种改革主张。可以说，近代中国大变局，尤其是在大变局之下发生的西学东渐，"催逼、启发、引动和推展了近代法家学特别是法家思想的复兴"。① 面对这种局势，梁启超、章太炎、常燕生、陈启天等人提出：古代法家的主张旨在救世，面对危机局面时要重新思考法家的价值，重新考量中国法家的法治思想的近代意义。

（一）从梁启超谈起

近代以来，先进的中国人开始将目光转向西方，通过翻译一些西方经典作品来学习西方先进制度，让国人开眼看世界。部分学者则聚焦国内，试图从中国历史古籍中探寻近代中国大变局的破解之法。其中，梁启超在同时代思想家中影响较大，他不仅因维新变法而闻名，在中国法治文化中也起着重要的启蒙作用。梁启超的研究和宣扬，对法家在近代的复兴与发展起到了至关重要的作用，所以他可以被看作是近代法家的奠基者："我希望把先秦法家真精神着实提倡，庶几子产所谓'吾以救世'了。"② 梁启超对法家思想的研究，集中体现在《中国法理学发达史论》和《管子传》两部作品之中。

1. 为法家正名

梁启超通过"法治主义"为法家思想正名，使法家思想重新走到台前。梁启超指出："逮于今日，万国比邻，物竞逾剧，非于内部有整齐严肃之治，万不能壹其力以对外。法治主义，为今日救时唯一之主义；立法事业，为今日存国最急之事业。"③ 梁启超对法治极为推崇，不仅将欧美发展成功的原因简单归结于法治，而且将法治奉为能够使中国强大的利器："今世立宪之国家，学者称为法治国。法治国者，谓以法为治之国也。夫世界将来之政治，其有能

①　程燎原. 重新发现法家［M］. 北京：商务印书馆，2018：81.
②　梁启超. 先秦政治思想史［M］. 杭州：浙江人民出版社，1998：11.
③　梁启超. 饮冰室合集·文集（第5册）［M］. 北京：中华书局，2015：1313.

更嫩于今日之立宪政治者与否，吾不敢知……其最初发明此法治主义，以成一家言者谁乎？则我国之管子也！"① 概言之，在梁启超看来，近代西方所谓的法治，其实在中国古代早已有了实践。先秦时期的管仲提出"以法治国"的思路，这种法治理论与近代西方法治思想具有一致性。这种将管子的法治主义与欧美的法治置于同一高度的做法，将管仲的法治主义重新推到了中国政治改革的前沿。梁启超通过继承先秦法治之名，与西方法治之名结合，使一直被批判的法家思想有了被重新检视和被正名的机会。但在今天看来，梁启超仍以西方现代法治为坐标，来审视中国古代的法治的产物，将管子所言的法治对照西方法治的标准进行解释。这明显是一种用"洋物"观"旧物"② 的方式。事实上，西方所谓的法治与中国古代的以法治国具有明显区别，生搬硬套容易导致很多理解上的困难。然而，梁启超基于中国内外交困和生死存亡的国情，主张必须重新考量法家理论的重要价值，并提出了近代"法治主义"的重要观点。这体现了梁启超等先进有识之士对国家前途与命运的思考。

2. 基于时代背景认识法治主义

近代中国的时代背景，是梁启超思考中国法治问题的前提。梁启超基于管仲变法所处的时代环境，提出："管子者，实处此两时代之交点，而为之转换者也。"③ 这种背景观，也是梁启超探究法治主义的出发点和落脚点："法治主义者，应于时势之需要，而与旧主义宣战者也。"④ 梁启超将先秦时期与近代中国的实际情况作了比较，认为近代中国所面临的国内外环境与先秦时期极为相似："大抵当时法治主义之动机有二：一曰消极的动机，二曰积极的动机。"⑤ 根据梁启超的理解，消极的动机根源于国家内部原因，国内保守势力的反抗成为国家发展的主要障碍。因此，必须加强法治，才能除去这些政治改

① 梁启超. 梁启超评历史人物合集·先秦卷［M］. 武汉：华中科技大学出版社，2018：145.

② 程燎原. 重新发现法家［M］. 北京：商务印书馆，2018：166.

③ 梁启超. 梁启超评历史人物合集·先秦卷［M］. 武汉：华中科技大学出版社，2018：149.

④ 梁启超. 饮冰室合集·文集（第5册）［M］. 北京：中华书局，2015：1312.

⑤ 梁启超. 饮冰室合集·文集（第5册）［M］. 北京：中华书局，2015：1362.

革中的障碍。积极的动机，则来自于对富国强兵的追求。只有实现国富民强，才能屹立于世界民族之林。而唯有推行法治，才能实现富国强兵的目标："则法治主义者，实应于当时之时代的要求，虽欲不发生焉而不可得者也。"① 简言之，梁启超认为先秦和近代中国要面对的主要问题是一致的。不但要清除国内的守旧势力，结束国内四分五裂的局面，而且要使国家走上独立、富强之路。齐国通过变法改革成为春秋第一个霸主。秦国通过改革、推行法治成功兼并了六国。法家理论的成功实践，让梁启超看到了中国摆脱被帝国主义列强侵略命运的可能。因此，梁启超大力主张复兴法家思想，大力提倡法治主义。

3. "照着讲"到"接着讲"的转变

梁启超在总结法家理论的基础上，将其提出的法家主义的理论进行了系统化的概括和发展。梁启超不仅在《管子传》以及《中国法理学发达史》中论述了先法家的法治体系，而且立足于西方法治的视角，将传统法家思想与西方法治的理论相融合，最终形成一套"中西结合"的梁氏法治理论体系。梁启超在传统法家思想中加入了新的西方元素。梁启超将国家的治理之术分为两种。一种是放任主义，即"谓一切宜听民之自为谋，以国家而为民谋"②；另一种是干涉主义，即"假使民各自为谋而能止于至善，则复何赖乎有国家？民之所以乐有国家者，正以幸福之一大部分，各自谋焉而决不能得，故赖国家以代谋之"。③ 但是，梁启超认为国家利益要在个人利益之上，国家利益是个人利益存在的基础和保障。因此，梁启超认为干涉主义必定可以战胜放任主义。梁启超的根据主要来源于德国的成功："故苟有大政治家在上，能善其干涉之术，则其于民也，刓之使圆，砺之使方。"④ 换言之，梁启超认为如果能将国人有效调动起来，那么国家将会获得成功。而调动国民积极性的重要方式就是

---

① 梁启超. 饮冰室合集·文集（第5册）[M]. 北京：中华书局，2015：1362.

② 梁启超. 梁启超评历史人物合集·先秦卷 [M]. 武汉：华中科技大学出版社，2018：149.

③ 梁启超. 梁启超评历史人物合集·先秦卷 [M]. 武汉：华中科技大学出版社，2018：149.

④ 梁启超. 梁启超评历史人物合集·先秦卷 [M]. 武汉：华中科技大学出版社，2018：150.

实现法治，这一点通过梁启超对法治实施前后效果的构想可以更加直观地看出来。梁启超认为，近代中国"政治之现象与社会之情态，纪纲荡然，百事丛脞；苟且偷惰，习焉成风；举国上下，颓然以暮气充塞之。而国势堕于冥冥驯致不可收拾者，何莫非放任主义滋之毒也。"① 梁启超的这些论述，为传统法治理论增添了新的西方法治思想内容，从理论上对法治在中国的适用进行了证成。

梁启超的法治思想明显继受先秦法家传统，但在对待先秦法治思想缺陷的问题上，梁启超选择用含糊其词的方式进行论述："夫立于无人能禁之地，而惟恃其自禁，则禁之所行者仅矣。"② 对此，梁启超未做更深层次的探究，仅选择用"此管子之法治所以美犹有憾也"③ 一笔带过。因此，梁启超在不能解决这个重大缺陷的情况下，称赞管子的法治主义不仅优于西方而且是圆满无遗憾的法治主义。④ 同时，梁启超习惯通过与西方法治比较来解释先秦法家的法治理论，没有正确理解洋物与故物的关系，具有明显局限性。有鉴于此，程燎原教授指出："无论是对'故物'之史的探究，还是'欲采中西学术于一炉而治之'以开出'故物'的新义，都有一个共同的基本前提，即首先应该：'故物'的归'故物'，'洋货'的归'洋货'，也就是在各自的系统之内予以诠释和检视。"⑤ 换句话说，对"故物"和"洋货"的合理阐释是下一步实现相互借鉴、融合的前提。

综上所述，梁启超是近代法家的开创者，贯穿其梁启超思想的主线就是通过法治实现救亡图存。梁氏选择站在现代和西方法治的角度，对先秦法家的法

---

① 梁启超. 梁启超评历史人物合集·先秦卷 [M]. 武汉：华中科技大学出版社，2018：150.

② 梁启超. 梁启超评历史人物合集·先秦卷 [M]. 武汉：华中科技大学出版社，2018：154.

③ 梁启超. 梁启超评历史人物合集·先秦卷 [M]. 武汉：华中科技大学出版社，2018：154.

④ 喻中. 梁启超与中国现代法学兴起 [M]. 北京：中国人民大学出版社，2019：95-96.

⑤ 程燎原. 重新发现法家 [M]. 北京：商务印书馆，2018：175.

治理论进行正名和研究："梁启超将法家学说不仅可以归结为法治主义，还可以归纳为干涉主义，由于这两种主义都是欧美最新、最先进的学说，因而管子学说的优越性自然毋庸置疑。在梁启超看来，法家学说、法治主义、干涉主义实为一个事物的三个不同侧面，共同点在于：它们是救时、图存的不二法门。"① 梁启超的法治思考，在西学东渐的大环境下，对发掘传统思想资源，发掘法家传统起到了积极作用，唤起了人们对国粹的再审视、再思考。但是，善用中学和西学进行比附的梁启超很早就意识到了这种做法的弊端。通过将传统文化中的旧事物注入时代的新内涵，可能是将传统文化进行"复活"的一种比较功利之方式。

（二）"新法家说"的新裳与旧皮

除梁启超之外，陈启天、常燕生等人也对近代法家复兴起了重要作用。与梁启超着力发掘传统法治资源，佐证其法治主义理论的方式不同，常燕生和陈启天的理论重心在于对法家传统的发展，提出了所谓的"新法家说"。

1. 常燕生与"新法家说"的提出

民国学者常燕生从"生物史观"出发，提出了近代"新法家说"。常氏不仅吸收了经由严复翻译的达尔文的进化理论，而且结合了斯宾塞的社会达尔文思想，逐渐形成了系统的生物史观，并成为他认识世界、思考世界的理论武器。常燕生认为社会之所以是一个有机整体，得益于社会以人为基本单位，由众多的人构成。正是人与人之间的相互交流与合作，才推动了社会不断向前发展："人类既然是生物之一种，其一举一动当然不能不受生物学公例的支配，由此而产生历史，自亦不能超出生物学公例的范围，这是我们所以要用生物学的观点来解释历史的一个粗浅的理由。"② 基于上述认识，常燕生继而认为，作为有机体的社会有着一般的发展规律，经历了由最低形式的家庭，到最高形

---

① 喻中. 梁启超与中国现代法学兴起［M］. 北京：中国人民大学出版社，2019：95-96.

② 查晓英编. 中国近代思想家文库·常乃德卷［M］. 北京：中国人民大学出版社，2015：210.

式的近代国家的发展历程，即"家族社会——部族社会——民族社会——国族社会"的过程①。因为受到进化观念的影响，常燕生和同时代的其他学者一样，认为当务之急就是需要建立一个独立、强大的国家。谋求国家的进步和发展是至关重要的，只有强大的国家才能实现对作为个体的人的保护。

出于对生物史观的认识，常燕生在1936年和1940年，分别发表《新战国时代到来》与《关于新战国时代》两篇文章，首次提出了"新战国时代"的概念，将近代以来的帝国主义与他所谓的近代"新战国时代"进行类比。认为在这种国难时期，强国环伺中国，导致中国处于一个十分险恶的国际环境之中。常燕生进一步指出："国家之间也遵循进化与竞争两大原则：对内，是适应环境而强固自身，实现国家的进步与升级；对外，则是在世界范围内的竞争中取得生存优势，争得生存与富强。"② 因此，在这种思想的指导下，常燕生开始寻找能够帮助国家在"新战国时代"赢得竞争的理论。他指出了先秦法家的优越性，认为法家理论的目的就是实现富国强兵，法家的优点之一就是能够根据国家的实际情况提出具有针对性的法治思想。

随后，常燕生撰写了《法家思想的复兴与中国的起死回生之道》一文，提出了著名的"新法家说"。在该文中，常燕生对法家思想予以高度评价："在中国固有文化的宝库里，要想找出一种系统的思想，过去曾替整个的民族和国家贡献过极大的成绩，现在正切于中国的需要，将来可以给国家发展和世界改造的前途指出一个具体的方向的，我想来想去，只有先秦时代的法家。"③ 常燕生认为法家的主张在"新战国时代"尤其重要，因为法家的精神就是要通过实现富国强兵来建立一个由法治统领的权力国家。这种思路，刚好迎合了近代中国救亡图存的目标，故是该时期解救中国的良药。有鉴于此，常氏得出了"中国的起死回生之道，就是法家思想的复兴，就是一个新法家思想的出

① 常燕生．生物史观研究［M］．上海：上海大光书局，1936：27.
② 魏治勋．论常燕生以"生物史观"为基础的新法治主义［J］．南通大学学报（社会科学版），2015，31（4）：63.
③ 常燕生．生物史观研究［M］．上海：上海大光书局，1936：237.

现"① 的结论。然而，常燕生并没有坚持自己的这些主张。特别是新文化运动后，常燕生意识到："以'中国本位'来吸纳、借鉴、调和西方外来物的想法是完全不切实的，抱持旧有的传统或者以中国传统文化为本位吸纳西方成果的道路是根本不可行的。"② 本书认为，从坚持到放弃，体现出新法家说的部分局限性。原因之一，可能在于常燕生与梁启超不同，并没有发现先秦法家，尤其是以管仲为代表的齐法家所提出的法治思想中的"以人为本"等积极元素。这使得常燕生陷入理论僵局，从而不得不将视线从专注于传统法治思想转向借鉴、吸收西方关于民主政治和法治的有关理论。因此，常燕生虽然提出了"新法家说"，但后来却因为实践中的困难而逐渐放弃了自己的这种新主张。

2. 陈启天与"新法家说"的继续

常燕生的"新法家说"提出后，获得了陈启天的响应。陈启天把握了当时法家复兴的历史倾向，在常燕生"新法家说"的基础上提出了"新法治主义"的理论。该理论认为在新战国时代，中国需要一个根本改造来实现国家的生存和发展的目标。通过这种根本改造，从而实现中国从一个落后的封建国家转变为符合国际发展潮流的现代国家。陈启天认为，实现现代国家的基本条件，包括"必须实行法治化"和"必须实行民主化"③。实际上，陈启天阐述的这种"新法治主义"主张，是对常燕生"新法家说"的继续，或者说本身就是"新法家说"的组成部分。这些理论都认为需要用新的视角去观察法家理论，从而用所谓的新的法家思想实现救世的目的。

陈启天在《新社会哲学论》中指出："西洋文化虽有人提倡已数十年，然至今在中国生不起根来，而未能与固有文化融为一体。"④ 换言之，陈启天也看到了西方政治和法治理论在中国产生的水土不服的现象。因此，在本土寻求能够实现救亡图存目标的理论就显得十分重要。陈启天注意到了先秦时期的法

---

① 常燕生. 生物史观研究［M］. 上海：上海大光书局，1936：243.
② 魏治勋. 论常燕生以"生物史观"为基础的新法治主义［J］. 南通大学学报（社会科学版），2015，31（4）：63.
③ 陈启天. 新社会哲学论［M］. 上海：商务印书馆，1944：76.
④ 陈启天. 新社会哲学论［M］. 上海：商务印书馆，1944：41.

家学说,他在《中国法家概论》一书中,将法家学说在近代的复兴描述为大势所趋:"久已潜伏的,甚至遭人蔑视的中国法家,到了近代又有渐次复兴的一种倾向。其所以有这种复兴倾向的原因不外由于法家的主张有几分适合近代中国的时势需要。"① 陈启天发现春秋战国时代产生的法家思想迎合了当下国家富强的需要,故非常重视对先秦法家理论的研究,即"将法家文化由伏流抬高至主流的地位,而将儒家文化由主流降至支流的地位"②。可见他对先秦法家理论的重视。但是,陈启天没有一味地局限于传统法家理论的框架之内,而是要采用法家思想中具有现代意义的成分,并适当参考西方发达国家的先进法治理念,继而"并审合中国内外情势,以构成一种新法家的理论"③。也就是说,陈启天和常燕生一样,都主张两条腿走路,即在继承和发扬法家传统的同时也对法家传统进行改造。这种主张的目的是让先秦时期产生的法家传统能够更加适应近代中国面对的"新战国时代"的危机局势。

与常燕生理论相同的是,陈启天的理论也是"未竟的理论创建事业"④。但是,相比于常燕生,陈启天的理论完整程度要更高,不仅包含构建新法家的指导原则,还涉及很多具体的法治建设措施。陈启天的"新法家说",主张将先秦法家的法治理论和西方法治理论中的民主、宪政元素进行融合,旨在打造民主、宪政、法治熔于一炉的治国模式。这是陈启天的新法家理论相较于先秦旧法家理论的进步之处。陈启天认为,过往旧的法家,以君主为政治核心,所有政策的出台都是围绕君主的意志。他所提倡的新法家理论,则以民主为首要政治目标,与旧的法家理论有明显区别。因此,陈启天指出:"我们研究旧法家,是想借此推陈出新,以创建新法家的理论。旧法家的理论特征,是君主的政治学。新法家的理论特征,则须是民主的政治学。我们彻底明了了君主的政治学以后,才能确切创建起民主的政治学。"⑤ 简言之,这种"新法家说"是

---

① 陈启天.中国法家概论[M].上海:中华书局,1936:115.
② 陈启天.新社会哲学论[M].上海:商务印书馆,1944:41.
③ 陈启天.中国法家概论[M].上海:中华书局,1936:120.
④ 程燎原.重新发现法家[M].北京:商务印书馆,2018:203.
⑤ 陈启天.张居正评传(第2版)[M].上海:中华书局,1944:3.

通过对旧的法家理论之改造而形成，并且依附和服务于政治学。同时，民主思想是陈启天对旧法家理论改造的出发点，对民主的思考贯穿于陈启天法治思想始终。随后，陈启天通过对权力来源、地位、行使、监督等方面的认识，提出人民全体是权力的最高来源；行使权力要对人民负责；民权高于政权和军权，处于最高地位；权力不赋予私人，即便是赋予公开机关也要能够人人能过问①等观点。也就是说，陈启天对民众在国家中的地位认识更加深化，已经明确认识到人民在国家中的统治地位。从将君主奉为国家最高统治者，变为将人民置于国家的最高地位，这是法家思想的重大转变。

此外，陈启天认为："为一切公共活动者必须尊重法纪，法纪是民主宪政的公共轨道。"② 也就是说，政治活动的运行有赖于通过具体的法律进行规制，使其在法律的范围内运行。由此出发，"新法家说"的目标已经不是建立一个君主专制政体，而是转向构建一个以民主为基础的新式政体。法家理论开始将通过法律规制最高级别的政治活动纳入研究范围。

为此，陈启天提出了关于法治的四个原则：其一，有限度的自由。"法纪之内，人人皆有自由。但不可自由于法纪之外，这是宪政国家的天经地义。如果一部分人享有法纪之外的自由，又有一部分人虽法纪之内的自由也不得享有，那便不能成为宪政国家。"③ 陈启天承认人有享有自由、追求自由的权利。这种自由是每个人都享有的自由，不因人的出身、地位、学历等其他外在条件而有所区别。但这种自由必须是在法律范围之内的自由。其二，法纪面前皆平等。陈启天继承了法家的平等思想，强调"法纪之前，人人必须平等"④，但是，在吸收西方法治思想以后，陈启天对法家思想中的平等观进行了发展："人在法纪之前，权利平等，义务平等，处罚平等……而处罚的不平等，尤易破坏法纪的权威。"⑤ 执法工作影响着法律在生活中产生的实际效果，自先秦

---

① 参见陈启天. 民主宪政论［M］. 上海：商务印书馆，1944：211.
② 陈启天. 民主宪政论［M］. 上海：商务印书馆，1944：48.
③ 陈启天. 民主宪政论［M］. 上海：商务印书馆，1944：48.
④ 陈启天. 民主宪政论［M］. 上海：商务印书馆，1944：48.
⑤ 陈启天. 民主宪政论［M］. 上海：商务印书馆，1944：47-48.

时代起，法家对立法和行法环节的关注程度不相上下。这种平等观，明显是陈启天吸收西方法治思想，对传统法家理论进行发展的结果。其三，明确法律位阶。在中国传统社会乃至现代社会中，出现过对人治和法治的反复较量，而命令与法律的效力孰强孰弱并不明确，导致了一些以权压法、以言代法的行为。陈启天认为："命令不得变更法律，法律不得变更宪法。宪政国家最高的法纪是宪法，其次为法律，又其次为命令。"① 陈启天认为法律和宪法都必须是民众意志下的产物，法律符合民意是法律有威信的前提："由从政者好完全依照自己的意志制定法律，而漠视民意与舆论"②，则 "法律不一定有威信，尤其不一定在政治上有威信"③。因此，政府享有的公权力自然要在法律和宪法的框架内运行。其四，司法与行政的分明。陈启天主张务必要实行司法的独立性，并强调了坚持司法独立对于人权保障、民主政治和树立法律权威的重要意义。

另外，陈启天所谓的法治并不排斥人治。陈启天认为："故真正的人治，必又同时是法治。真正的法治，必又同时是人治……要实行人治，必须同时实行法治……人治与法治同时实行，然后法律始能真有威信。"④ 当然，这句话中的 "人治" 不仅是指将个人言行处于统治地位的国家运行模式，更加强调在法治建设过程中，要重视发挥人的作用。陈启天进一步指出："要实行人治，必须同时实行法治。" 这里的 "人" 并非是指在传统政治中代表一国最高政治力量的君主，而是法治建设和实行中的每一个具体个体。进言之，就是法治的成功离不开个体积极发挥作用。因此，法治建设必须重视 "治人"。重视对立法、司法、执法人员素质水平的提升。要通过提升法律工作者的综合素质，避免出现 "从政者以便宜行事为痛快，为威风，为便利，而不顾法律"⑤ 的情况。

---

① 陈启天．民主宪政论［M］．上海：商务印书馆，1944：49.
② 陈启天．民主宪政论［M］．上海：商务印书馆，1944：209.
③ 陈启天．民主宪政论［M］．上海：商务印书馆，1944：208.
④ 陈启天．民主宪政论［M］．上海：商务印书馆，1944：210.
⑤ 陈启天．民主宪政论［M］．上海：商务印书馆，1944：209.

3. 本书对"新法家说"的评述

"新法家说"与梁启超关于法治主义的论述，可能不是一回事。梁启超作为维新派的重要代表，强调的是如何利用传统法家理论来实现国家富强。然而，常燕生和陈启天，则是想通过创设一个"新法家"的概念，来为自己的改革方案进行造势。相比而言，如果说梁启超的法治观是一种基于对先秦法家和西方法治理论充分认识后提出的比较事业的话，那无论是常燕生还是陈启天，留下的仍是一桩未竟的理论创建事业。① 实际上，常燕生和陈启天"新法家说"的提出，并没有也不可能达到救世的目的，无法解决近代中国的出路问题。但是，这种"新法家说"却因我们对于法家理论的情感热爱和矢志不渝的探究，以及对"新"字的兴趣而再次浮上水面。"新法家说"在长时间沉寂后，近十年来又引起了社会科学界的注意。通过中国知网进行主题检索，笔者获得"新法家说"相关文献，制作了"新法家说"研究领域的高频主题词表，如表 2-2 所示。

表 2-2　　　　近十年中国知网"新法家说"研究高频主题词表

关键词	频次	关键词	频次
新法家	107	陈启天	14
喻中	17	程燎原	8
时显群	5	吴炫	2
刘师培	3	梁启超	3
王锐	2	钱锦宇	10
章太炎	13	常燕生	4
周炽成	2	魏志勋	9
新法治主义	5	法家复兴	17

① 程燎原. 重新发现法家 [M]. 北京：商务印书馆，2018：203.

关键词	频次	关键词	频次
韩之波	2	乔嫒嫒	2
吕力	2	新新法家	3
晁错	2	韩伟	2

　　表2-2列出了出现频次在2次以上的关键词,从中可看出,近十年来国内对"新法家"研究的现状。对"新法家说"的理论重拾,始于孙承希的《析国家主义派的"新法家主义"与"生物史观"》一文。2008年,程燎原发表了《晚清"新法家"的"新法治主义"》(《中国法学》第5期),时显群则发表了《略论近代"新法家思想"的特点》(《法学评论》第5期),这两篇文章拉开了对"新法家说"研究的序幕。近十年来,喻中、钱锦宇、魏志勋、吕力、周炽成等学者也纷纷进行撰文,对所谓的"新法家说"开展理论探究,形成了一股研究"新法家"或"新新法家"的热潮。但是,所谓的"新法家说"只是特殊时代的产物,我们对常燕生和陈启天是在何种语境下提出的"新法家"和"新法治主义",这些新提法是否妥当,在当前是否仍然适用等问题都没有清晰的认识。事实上,"新法家说"引起的理论探讨是值得商榷的,或者说是需要深入探讨的,对新法家进行正本清源的工作迫在眉睫。因此,本书尝试对所谓的"新法家说"进行述评,从而为下文关于法家概念的正确探讨做出铺垫。

　　"新法家"一词,肇始于常燕生和陈启天,该词提出的目的是救世,但事实上却并未完成救世的目标。同时,这种"新法家"的概念旨在用洋物来理解故物,而没有提出本土的新方法新理论,显然具有用穿新衣裳来掩盖旧理论的特征。因此,我们必须辩证去看待"新法家说"的观点。一方面,"新法家说"的确也有一些新的地方。这种理论,体现了近代以来国家有识之士对于国家前途命运的关注和思考,体现了他们要求救亡图存、推行改革的决心。持有"新法家说"的学者们充分吸收和借鉴了西方的民主和法治思想,赋予了法家传统新的活力。从为法家正名，重新思考法家理论的重要价值层面来看，这些观点存在一定价值。另一方面，我们需要思考新从何来、通往何方的问题。与其说穿上"新法家说"的理论新裳，毋宁去理解仍是"新法家说"的一张旧皮。法家学派自诞生以来，推行以法治国的思路从未改变。一般来说，对什么是"新"主要有两种解释：一种是指此前未出现过的新生事物；另一种是此前出现过，但是性质上变得更好的事物。① 因此，"新"要么是从无到有，要么是性质上发生了变化。用马克思主义观点来看，新与旧是一组相对且动态的概念。当某一事物产生了新的变化时，可以说其是新事物。但是，新事物又发生了更新的变化时，更新的事物不会被称为"新新事物"，原来的新事物也不会再被称为是新的事物。当某个具体事物被冠以"新"之名时，容易让人以为其在形态和性质上发生了根本变化。由于"新"具有相对性和动态性，当我们基于现代的立场，近代法家就不再适宜被冠以"新法家"之名，否则将无法再合理对近代以后产生的法家思想进行界定。

近代的大变局引发了一些重要变化，但法家的本质特征从未改变。法家本质特征是：主张通过法律为国家提供稳定的秩序，从而实现国家富强的目的。当然，由于先秦时期和中国近代，法家面对的主要环境都是"战国时代"，因此梁启超将救世称为"当时法治家唯一之精神"②。近代所谓"新法家说"，本质还是以先秦法家理论为基础，结合西方法治思想的产物。有学者评价"新法家"思想是对先秦法家的创造性转化，是"以西释中，用近代西方'法治主义'的话语，归纳和解说原始法家的思想……既未瓦解原始法家'以法治国'的学术底线，又能使原始法家的思想化入现代思想系统之中"③。承此逻辑，先秦法家理论仍旧是"新法家"理论的主要构成思想。如在对法律地位的界定上，近代新法家对法律的定位与传统法家一脉相承，法律是维持特权的工具，说到底是借用现代词汇并接引西方的非主流学说重新包装传统封建专制

---

① 中国社会科学院语言研究所词典编辑室．现代汉语词典（第 7 版）［M］．北京：商务印书馆，2016：1458.

② 梁启超．梁启超全集［M］．北京：北京出版社，1999：1279.

③ 时显群．略论近代"新法家思想"的特点［J］．法学评论，2008（5）：150.

的遗产，这是时空错乱留下的奇特剪影。① 实际上，无论是常燕生还是陈启天，都希冀着通过建立法治来实现救亡图存的目标。不过，在近代中国面临的严峻形势下，"新法家"显得有些急功近利。因此，本书认为"新法家说"中的新法家用词有待商榷，使用"近代法家"一词予以表述和概括可能更为妥帖。

（三）"法家三期论"的分期与未分期

　　缺乏分期标准和对基础问题的共识是分期层出的重要原因。现阶段学界对法家，尤其是近代法家的研究明显不足。有学者撰文明确指出：在中国知网选择"主题"检索项，输入"新法家"检索词，得到68条检索结果；选择"篇名"检索项，输入"新法家"检索词，得到37条检索结果，这说明学界对近代新法家的研究明显偏少，最早的文献是2003年的1篇，2004—2007年没有相关文献，然后2008年有2篇、2009年有4篇，2010年有1篇，其后年份最多的也仅有5~6篇，可以说近代新法家研究才刚刚起步。② 有鉴于此，加强对基础资料的研究以达成理论上的基本共识是进行法家思想分期的必要前提。在这一背景下，中国政法大学喻中教授的"法家三期论"应运而生，在学界产生了较大影响。

　　1. 法家三期的合理想象

　　喻中教授是"法家三期论"的首倡者，他在2016年连续发表了《法家三期论》《法家的类型学考察》《法家模式评析》三篇文章，提出了法家需要分三期进行考察的观点。随后，他通过对已撰写文章的整理，出版了《法家三期论》一书，开始用"法家三期论"的范式去理解全面依法治国的理论问题。"法家三期论"被提出后，吕力、钱锦宇、韩伟等学者相继撰文进行了研究，成为"法家三期论"的理论拥趸。本书认为，"法家三期论"体现了合理想象

---

① 夏至强. 国家治理现代化的逻辑转换［J］. 中国社会科学，2020（5）：17-18.
② 赵玉增. 当代新法家研究及其主要价值［J］. 社会科学战线，2019（4）：202.

的精神，倾注了喻中等学者对于法家传统对中国法治影响的思考，至少在理论上实现了以下突破：

一方面，法家三期"接天线"。这里说的"接天线"，指的是"法家三期论"在理论上进行了较大提升，是对过往"新法家说"的部分修正。目前存在一种错误观点，即认为"新法家说"与"法家三期论"是一个概念，或者说研究内容是基本一致的。判断依据是：研究"新法家说"的学者与"法家三期论"的学者有重叠的现象。出现这种问题，一种原因是两种理论目的都是寻找法治本土资源，另一种原因是没有从根本上认清"法家三期论"的实质。"法家三期论"认为，以政治背景和思想背景的不同作为划分标准，整个法家学派可以分为三个主要历史时期。其中，早期的先秦法家（后来大一统时期的法家也属之）为法家第一期。随后，近代以来的所谓新法家，为法家的第二期。中华人民共和国成立以后，特别是改革开放以后，"国家富强的目标定位与依法治国的方略选择代表了法家第三期"[1]。喻中继而认为，三期法家具有共同的现实针对性，那就是面向世界竞争的大格局。世界竞争格局是三期法家共同的约数条件，也内在地规定了三期法家的思想内核与理论逻辑。为了应对现实性的世界竞争格局，三期法家以富强作为目标，以法治为手段。[2] 因此，常、陈二人的"新法家说"把研究重心放在先秦法家，属于一种静止的理论样态。而"法家三期论"对法家进行了三期划分，不仅关注先秦法家，还关注随后的第二期、第三期法家，对"新法家说"是一种理论上的修正。其坚持了发展的观点去看待理论变迁的问题，解释了法家学派随着历史发展而不断发展的重要规律。基于中国历史每个发展阶段的经济、政治、文化环境，法家和法家理论呈现出了不同的样态。

另一方面，法家三期论"接地气"。这里所说的"接地气"，主要指"法家三期论"有着较强的理论指导实践的价值，似乎为法家传统的现代运用找到

---

[1]　喻中. 法家三期论［J］. 法学评论，2016（3）：173.
[2]　喻中. 法家三期论［J］. 法学评论，2016（3）：173.

了好的方式。从第一期的先秦法家，到第二期的新法家，再到第三期的新中国法家，每一期法家都有自己新的理论。因此，"法家三期论"不再将理论研究限定在诸子百家的先秦时代，而是将其延展到近代甚至现代。本书认为，将法家的历史进行断代研究，对发掘和研究法家思想资源是必要的。这种断代研究，巧妙地避开了对于法家学派理论是否合理的争论，为法家传统的应用找到了很好的方式。而法家第三期，即新中国时期的法家理论，获得了很多新的元素，体现了更多的时代内涵，对全面推进依法治国有着重要意义。如喻中随后又发表了《法家第三期：全面推进依法治国的思想史解释》一文，对这种重要意义进行了详细阐释①。事实上，"法家三期论"确实比较接地气，能够合理解释中国历史各个阶段的法理问题，如喻中随后在理论框架下透视律学兴起衰落的原因。②"法家三期论"的出现，基本呈现法家的发展脉络，不仅可以为探寻中国法治的独特进路提供了基础，而且为传统法家的正名提供了可能。这就破除了我国学界长期用西方法治视角来审视传统法家，对中国传统法治进行牵强附会式论证的片面做法。通过"法家三期论"，我们可以发现法家的本质特征和优秀品格一直得以传承，有助于从整体上对法家进行把握。如各期的法家思想一直将具体的时代环境作为法治理论建构逻辑的出发点和落脚点。在这种思想的指导下可以发现有一条贯穿法家发展的线索——富强为本，法治为用。③ 因此，喻中教授立足于法家各阶段面对的不同思想背景、政治背景以及相应产生的不同应对逻辑将法家思想史分为三期这个做法有一定合理性。同时，法家三期"接地气"更体现在这种学说擅长基于现实问题提出许多合理

① 喻中.法家第三期：全面推进依法治国的思想史解释［J］.法学论坛，2015（1）：13.

② 喻中认为：从汉初至清末，传统中国的律学经历了两千年的演进过程。律学兴起与衰落的原因，可以在法家三期论的理论框架下予以透视。在法家第一期，当法家学说从显学转为潜学之际，律学开始兴起。清朝末年，随着新战国时代的来临，法家第二期随之兴起，律学则随之走向衰落与终结。立足于法家第三期所形成的距离感。参见喻中.从法家三期论看律学的兴起与衰落［J］.河南大学学报（社会科学版），2018，58（6）：24.

③ 喻中.法家三期论［J］.法学评论，2016，34（3）：179.

并富有浪漫想象的观点："儒家学说近于人文学科，法家学说近于社会科学。人文学科的主要倾向是追求善、德性、境界、心里愉悦、精神享受，社会科学的主要倾向是追求现实功利、治理绩效。"①

2. 三期论与发展论——与喻中教授商榷

"法家三期论"运用动态或发展的思维去观察法家传统，标志着对法家的研究进入比较成熟的阶段。但为了更好地理解法家传统或法家分期，本书需要与喻中教授进行一些理论上的商榷。

第一，喻中教授的法家三期划分标准值得商榷。"法家三期论"将先秦法家和大一统时期的法家，都分类到法家第一期。先秦法家是法家的诞生期，而大一统时期的法家是典型的阳儒阴法，法家所起的作用明显不同。"法家三期论"将马克思主义与法家的结合放到近代法家去讲，从而得出了第二期的新法家，对中华人民共和国成立后的第三期新新法家的判断，从时间上看是值得推敲的。事实上，马克思与中国法治的结合与五四运动和中国共产党的诞生有直接关系。五四运动前，马克思主义并没有传入中国。但是从整体来看，通过对法家思想史的大致梳理，我们不难发现，法家传统始终活跃在中国政治的前沿，从未中断。在承认对法家进行分期的基础上，为了不割裂地去看待法家传统，我们应该思考用"法家三期论"来展示法家发展的分期过程，还是直接用"法家发展论"来表述为妥。

第二，对法家思想史进行分期的结果至少受到两方面影响。一是要受到法家相关文献的发掘、整理、研究的成果影响，二是要受到进行分类的学者的主观思想之影响。因此，对法家思想史进行适当的断代并且进行类型学研究需要建构在对法家基础文献进行全面、详细分析并且达成基本理论共识的基础上才能确保分期较为准确。这涉及"对相关历史人物的政治法律思想及其实践进行重新考量和定位。要通过对新资料和档案的发掘、旧资料的重新考证和解读、

---

① 喻中.法家三期论［J］.法学评论，2016，34（3）：181-182.

以及研究方法的更新，从整体上和宏观上深化对历史人物思想的认识和定位"。① 否则，可能会产生很多种分期结果。这些结果在为法家思想进行断代研究带来便捷的同时，通常情况下也会固化成为各个部分的一般性评判标准。但是如果一般性标准并不十分准确的话，反而会对各期之下的某些需要进行特殊研究的法家思想研究造成掩盖等困扰。如国内有学者指出："法家三期论的分期或界分问题，仍然值得仔细斟酌。法家思想在汉代以后，虽然发展有限，但亦不乏小的突破，乃至出现了以晁错为代表的西汉'新法家'。"②

　　第三，法家分期坚持用动态观点去看待法家传统，但对这种发展观坚持得并不彻底。除了上面所说的对大一统时期法家放在第一期是否合适的问题，还有就是法家第三期之后怎么去理解？是不是有所谓的第四期、第五期理论，我们的后人又要对这些理论做哪些调试，要用哪些新方法进行调试？还有就是，"法家三期论"中的第二期是近代的新法家，而没有采用近代法家的措辞。带来的后果是法家第三期就成了新新法家，随后的法家第四期就成了新新新法家，那么到底什么是旧、什么是新、什么是新新，这导致了一些理论上的困惑。

　　综上所述，就"法家三期论"目前所做的理论研究，导致的结果可能是进行了分期等于没有分期。理论上的分期能够帮助我们对法家传统有更清晰的理论认识，但这种分期方式也有可能会割裂法家传统的内部结构，有断章取义之嫌疑。因此，通过对"法家三期论"的考察，本书认为，在肯定喻中教授"法家三期论"的重要理论贡献基础上，我们或许可以用"法家发展论"来代替"法家三期论"。通过开展对"法家发展论"的研究，从而更加符合马克思主义发展论的要求。

---

　　① 钱锦宇. 新法家三期说的理论阐述——法家思想史断代的几个问题 [J]. 东方法学，2016（4）：130.
　　② 韩伟. 法家三期论的理论创新与时代价值 [J]. 南通大学学报（社会科学版），2017，33（3）：66.

第三节 法家传统及其相关概念

习近平总书记指出："中华优秀传统文化是中华民族的精神命脉……也是我们在世界文化激荡中站稳脚跟的坚实根基。增强文化自觉和文化自信，是坚定道路自信、理论自信、制度自信的题中应有之义。"① 因此，如何对待中国传统文化，理应成为我们关注的焦点。事实上，我们对传统一词还理解得不够透彻，应用得不够广泛。因此，对于传统概念的界定非常必要。在中国历史所有的传统中，儒家传统占据着主流，深深地影响着我们的生活。那么儒家传统是否在所有领域都占据统治地位？它是否为中国历史的唯一主线？法家传统又在中国历史上起着什么样的作用？这些问题，都是我们需要探究的。

一、何为传统

"传统"一词，对于正确理解本书主旨，具有非常重要的意义。古代中国并非没有与今日"传统"含义相近的字词，但无论是"传""所传"之类较为宽泛的指称，还是"旧学""旧法"之类来自新旧时间角度的表述，其含义范围都无法和今日所说的"传统"完全吻合。"传统"作为一个包含着过程性和历史性的、持续变化的概念是 20 世纪才产生的独特现象。② 对于传统的理解，南京师范大学的法治现代化研究院以及徐复观、包也和等学者的研究，为本书开展法家传统的写作提供了重要理论支撑。因此，本书结合权威词典，并通过对这些机构和学者关于传统的论述，开展对传统一词的合理界定。

---

① 习近平．坚定文化自信建设社会主义文化强国 [J]．求是，2019（12）：1.
② 章可．清末民初"传统"的出现：概念史视角的考察 [J]．史学月刊，2020（4）：125.

（一）在词义扩张中理解传统

1. 传统是一个广义的概念

根据《现代汉语词典》的解释，所谓传统，是指世代相传、相沿已久，具有特点的社会因素，如文化、道德、思想、制度等①。概言之，所谓传统是对历史中一切优秀的精神文明和制度文明的继承。该词典还指出：传统一词有三种不同的意思：一是作名词讲：世代相传、具有特点的社会因素，如文化、道德、思想、制度等；二是作形容词讲：世代相传或相沿已久并具有特点的；三是作形容词讲：守旧，保守。② 美国学者爱德华·希尔斯在《论传统》中对传统一词进行了翔实的论述。希尔斯认为："传统是代代相传的具有同一性事物，包括物质实体，包括人们对各种事物的信仰，关于人和事件的形象，也包括惯例和制度……它涵括一个特定时期内某个社会所拥有的一切事物。"③ 也就是说，要成为一种传统，至少应具备三个方面的条件：其一，在时间上，传统至少应该被延续数代以上；其二，在内容上，传统包含但并不局限于文化、道德、思想、制度等精神内容，也可以是物质实体；其三，在性质上，传统应具备同一性和稳定性，不会发生很大的变化。希尔斯进一步指出："传统应该被当做是有价值生活的必要构成部分……认为人类可以没有传统而生存，或只需要仅仅按照眼前的利益、一时冲动、即兴理智和最新的科学知识而生存，同样是对真理的歪曲。"④ 按照希尔斯的这种理解，我们大致可以得出：所谓传统是世代相传、具有特点、对某些方面可以进行指导的精神文化和物质实体。在日常生活中，传统则多以精神文化的形式出现。我们稍加考察就可以发现，

---

① 中国社会科学院语言研究所词典编辑室编．现代汉语词典（第7版）[M]．北京：商务印书馆，2016：201.

② 中国社会科学院语言研究所词典编辑室编．现代汉语词典（第7版）[M]．北京：商务印书馆，2016：201.

③ ［美］爱德华·希尔斯．论传统 [M]．傅铿，吕乐，译．上海：上海人民出版社，2014：12-19.

④ ［美］爱德华·希尔斯．论传统 [M]．傅铿，吕乐，译．上海：上海人民出版社，2014：355.

以实体形态出现的，承载着特定文化的物质同样可以成为传统的一部分。因此，从广义视角来理解传统，将物质实体纳入对传统一词的范围有一定的合理性。

2. 传统是一个动态的概念

希尔斯在《论传统》中关于传统的定义及其特征的描述，很好地说明了传统一词的重要价值。事实上，西方启蒙运动、中国的新文化运动等蕴含的传统文化至今仍有生命力。因此，我们不能用静态的观点去看待传统一词。民国学者徐复观对传统进行了阐释，将传统分为低次元的传统和高次元的传统两种类型："高次元的传统，则是通过低次元中的具体的事象，以发现隐藏在它们后面的原始精神和原始目的。"① 徐复观认为，高次元的传统是由一些学界领袖或者政治精英，经过反复权衡创造出来的。这种传统建立在低次元传统的基础之上，需要在不断反省和自觉践行中获得理解。在批判中，高次元传统自然会把过去、现在和未来连接在一起，而同时加以思考。基于此种认识，徐复观认为高次元的传统具有以下几个具体特征：第一，它是理想性的。这正如基督教的仪式是低次元的，但它的博爱却是高次元的，是理想性的。第二，因为它必须经过人的自省自觉而始能发现，所以一经发现，它对低次元的传统，也一定是批判的。因为是批判的，所以第三，它是动态的。因为是动态的，所以第四，它是在不断形成之中，是继承过去而又同时超越过去的。② 按照这段话的理解，我们确实需要用动态视角去看待传统。传统未必是要从其诞生的那一刻起接续不断地延续至现在，但是某种事物要被称为传统则至少需要在过去至现在这一整体时间段内有断断续续的存在。此外，传统一词在时间向度上虽然侧重于过去，但如果我们立足于未来，那么现在的存在也将成为将来的传统。因此，不仅要致力于将历史传统中的合理因素进行传承和转化以服务于当下，也要不断思考当下的发展，到底能够为后人留下些什么样的传统财富。"传统确实是流动于过去、现在、未来这整个时间性中的一种过程，它永远处在制作、

---

① 李维武编. 徐复观文集（第1卷）[M]. 武汉：湖北人民出版社，2002：14
② 李维武编. 徐复观文集（第1卷）[M]. 武汉：湖北人民出版社，2002：15.

创造、生成之中。正是这种过程性，传统不断被扬弃和创新，文化模式和人的生命存在方式不断被优化，社会历史才得以持续发展。从这个意义上说，传统不是一个封闭的体系，而是向'未来'敞开着，表现出无限的超越运动。否认传统的过程性，仅仅将其归结为实体，只会造成文化传统的僵化，使社会发展失去活力。"①

（二）在正确表述中运用传统

南京师范大学法治现代化研究院，曾对传统一词有过专门研究，认为传统所具有的历史连续性，是传统的重要品格。南京师范大学学者程德文提出：法律传统的"传统"应具有这样若干特征：在时间上，它是侧重于过去的东西，但包括现在，而且传统的立足点就是在现在。传统具有延续性，它是一种从某个时间延续到现在的事物；因此，传统存在于现在，同时有向未来前进的趋势或可能性，如果失却这种可能性，则表明这种传统已经断裂。至于传统的起源在哪里，从何时开始，延续多久才能被称为传统，希尔斯教授认为，一个传统的继承人很少能够对传统链作出适当的判断。② 概言之，历史传承性或者说是延续性，被看做是传统所具有的一般特征。同时，传统不仅体现了历史传承性，还被看做是一种与当今社会需求相符的固有价值体系。公丕祥教授认为，传统"作为一种与现代性相沟通的生活样式或模本得到确证，成为富有时代活力的并且有拘束力或规范指导性的价值系统"③。因此，传统一词有足够的广度以及动态的深度，我们有必要发挥传统一词在解释各类问题中的优势。我们需要充分利用这些优势，并在正确表述中运用传统。

第一，这种正确表述体现为对传统和古代两个词语的区分上。传统与古代是一对既有联系又有区别的概念，如果不加以区分很容易在潜意识内造成混淆。为了避免这种混淆，有必要对传统与古代两个词语进行辨析。可以说，传

---

① 包也和．传统概念探析 [J]．哲学动态，1996（4）：32.
② 程德文．法律传统的意义解构 [J]．法制现代化研究，1995（00）：205.
③ 公丕祥．区域法治发展与文化传统 [J]．法律科学（西北政法大学学报），2014，32（5）：12.

统与古代是两种完全不同的概念。在《现代汉语词典》中，古代指的是过去距离现代较远的时代，在我国历史上多指 19 世纪中叶以前或者是奴隶社会时代（有时也包括原始公社时代）①。换言之，古代代表特定的时间，也指向一定的社会形态。但传统与古代，也存在一定的联系，研究传统必须以熟谙古代为前提，古代是传统赓续的起点。相比于传统，古代具有静止性，是过去时空内发生的一切的综合体，故对现代的影响是既定的。但是，传统的适用范围更广，具有更深的表达含义。"传统"一词不仅强调静止状态下的过去，更强调这种历史对现在甚至未来的影响。如果某种存在于古代的事物、制度、精神等无法对现在产生影响，那么很难说它是一种传统。同时，传统在时间上具有延续性的特征。传统以古代为起点，以现代为终点，甚至当时间轴上的坐标点在未来时，过去和现在都将作为传统而影响到将来。这种延续性也决定着传统的内容是不断在发展着的。传统具有较强的稳定性，不会发生大的变化，只是会随着具体条件的变化而发生一些具体的改变。因此，我们需要正确认识"传统"和"古代"所包含的不同含义，从而充分发挥"传统"一词的显著优势。

第二，这种正确表述还体现为对学术研究的重要价值。台湾大学王汎森教授曾就传统对思想研究的重要性进行过详细论述。王汎森认为近代以来，西方和日本的思想随着西学东渐的浪潮大量涌入中国，这导致了中国传统与西方传统思想的激烈冲突。这种思想资源对于人的思想之影响不容小觑，"大量流入近代中国的西方及日本的知识，是继佛学进入中国后另一次大规模的思想资源、概念工具的变动，人们诠释过去、设计现在、想象未来的凭借也不同了"。② 简言之，王汎森认为无论是西方传统的涌入，还是中国本土传统的固有影响，都反映了传统对于某个地域的重要性。这种重要性直接表现为：传统为学术研究的开展提供了很好的研究范式。如解释儒家学说，也需要从传统出发，为儒家研究提供新鲜血液："儒家诠释学就不再是围绕着经典本身的释义

---

① 中国社会科学院语言研究所词典编辑室编. 现代汉语词典（第 7 版）[M]. 北京：商务印书馆，2016：465.

② 王汎森. 中国近代思想与学术的系谱 [M]. 长春：吉林出版集团有限责任公司，2011：183-184.

了，而是更多地表现为一种思想展开的说解，即由注释性的经学变成了观念论的哲学。"① 也就是说，传统不仅回望过去，而且关注未来，可以为学术研究注入更多的时代内涵，为各种学术研究进入现代性的主流话语打下坚实基础。

第三，这种正确表述更体现为传统对解决现实问题的思考上。传统是勾连起古代与现代的一座桥梁，是中国人民继往开来、砥砺前行重要的精神动力。2020 年年初，我国经历了新冠疫情。这是中华人民共和国成立以来遭遇的传播速度最快、感染范围最广、防控难度最大的重大突发公共卫生事件。但是，我们在党的正确领导以及全国人民团结一致的共同努力下，成功控制了病毒感染的传染规模，夺取了抗击疫情胜利的重大战略成果。其中，中华优秀传统文化的作用在疫情防控中得以充分体现。习近平总书记在抗击新冠疫情表彰大会的发言中指出："抗疫斗争伟大实践再次证明，社会主义核心价值观、中华优秀传统文化所具有的强大精神动力，是凝聚人心、汇聚民力的强大力量。"②因此，中华优秀传统文化为我们提供了强大的精神支柱，只要我们始终继承和不断弘扬先辈们留下的传统，就一定能够战胜任何艰难险阻，为中华民族伟大复兴筑牢思想基础。

综上所述，"传统"一词能够充分表达出对历史的传承，还能很好地反映历史对当下的影响。坚持中国特色社会主义法治，建设中国特色法治国家是新时代前行的目标与方向。发掘传统资源，尤其是传统法治资源将会对法治中国建设产生正向的积极作用。尤其是对于中国这样幅员辽阔、人口众多的大国，传统更是具有非常重要的现实意义。我国的现代化转型，不可能割断历史，更不能抛弃传统。中国传统文化（包括法律文化），是我国的宝贵本土资源，事实上已经融入了中国人的血液之中，成为构建一切"中国特色"的决定性因素："它已融入中华民族的性格之中，既有消极性的糟粕，又有积极性的精华。

---

① 景海峰. 儒家思想现代诠释的哲学化路径及其意义 [J]. 中国社会科学, 2005 (6): 27.

② 习近平. 在全国抗击新冠肺炎疫情表彰大会上的讲话 [J]. 求是, 2020 (20): 6.

无论你对传统文化持何种态度，它都是我们今天建设法治国家所无法脱离的国情环境和思想资源。"① 换言之，中国法治中的中国特色，相当一部分源于中国古代的法治文化。这部分法治文化没有随着时间湮灭在历史长河中，它一直影响着传统中国的建设，并且在时间的前行中不断沉淀、更新。可以说，传统能为中国发展提供基础、动力和支撑。而法家传统就是中国法治建设的最宝贵的精神文化资源。

二、儒家传统

（一）儒家传统的"大格局"

从历史上看，儒家传统文化不断突破历史困境并完成身份重建，为传统中国提供了长期稳定的政治和社会秩序②。在中国古代文化传统中，儒家传统可谓一枝独秀。特别是自汉代实行罢黜百家、独尊儒术以来，儒家传统文化就一直牢牢占据着封建社会主流思想地位："中国的启蒙者从来都没有真正超出儒家的樊篱，而是以几乎天生的儒家的眼睛在对传统儒家作出挑剔和取舍，乃至加以全盘抛弃，而这种态度仍然是儒家的。"③ 鉴于此，有学者甚至指出：在中国这样一个受儒家思想浸染两千多年的国度，一个现代学者完全摆脱儒家精神几乎是不可能的。这从根本上来说还不只是一个思想影响的问题，而是一个生存方式的问题。儒家思想本身正是在这种几千年一贯的生存方式的基础上生长起来的。④ 事实如此，儒家传统几乎形塑了中国社会的基本框架，形成了一个以儒家文化为核心的"大格局"。儒家形成这种"大格局"的手段主要是礼

---

① 段秋关. 现代法治与古典法治——兼论中国法治的历史根基 [J]. 西北大学学报（哲学社会科学版），2016，46（4）：129.

② 杨国庆，郑莉. 韦伯"中国命题"与儒家传统文化研究——杜维明与黄宗智思想理路辨析 [J]. 中国研究，2014（1）：180.

③ 邓晓芒. 我与儒家 [J]. 探索与争鸣，2015（4）：29.

④ 邓晓芒. 我与儒家 [J]. 探索与争鸣，2015（4）：30.

学与德政，二者是儒家传统的精髓。儒家认为，道德礼教变人们的被动地守法为自觉地守法，使人们对守法的理解由知其然而进入知其所以然。德礼所要达到的社会治理境界显然要高出一个层次。①

礼是中国传统文化的核心。著名学者钱穆曾对一位国外学者谈道："要想了解中国文化必须站得更高来看到中国之心，中国的核心思想就是礼。"② 古代的礼以占领国家政治前沿为目标，以领导国家的政治生活和社会发展为指向，成为一种根深蒂固的模式存在。③ 春秋既处礼崩乐坏之时，亦逢首创礼学之际。如果说周公创建的礼乐更多地表现为制度的话，那么在孔子的时代，他的思想则发展为礼学，成为理论被后人继承和发展。④ 面对周代"礼崩乐坏"的局面，旨在维护并恢复以自身为代表的没落的奴隶主贵族所提倡的礼秩序。《论语·颜渊》篇提出："非礼勿视，非礼勿听，非礼勿言，非礼勿动"⑤，即要求人们严格依照礼的要求来行事。孔子在讲学的基础上提出并发展出礼学，这一学说也被后人继承。通过孔子的努力，至少在春秋之前，周代礼乐制度虽呈现出崩坏之势，但"礼"作为价值标准和道德体现的功能并未丧失，并推动了"礼"真正成为一门系统学问。

所谓"为政以德，譬如北辰，居其所而众星共之"⑥，这句话应该是关于德政模式最精辟的表述。儒家认为，从人们的常识世界出发，一个有道德品质的人所做出的事情大抵是符合正义的，当然也就容易获得人们的认同⑦。德政一词通常从两个方面进行理解，"一方面，从名词形式解读，认为德政是古代

---

① 马小红. 礼与法：法的历史连接 [M]. 北京：北京大学出版社，2004：223.

② [美] 邓尔麟. 钱穆与七房桥世界 [M]. 蓝桦，译. 北京：社会科学文献出版社，1998：9.

③ 刘玄龙，李龙. "礼治"的法学解读：基本内涵、历史定位及当今价值 [J]. 社会科学家，2020（6）：105.

④ 张焕君. 制礼作乐：先秦儒家礼学的形成与特征 [M]. 北京：中国社会科学出版社，2010：199.

⑤ 杨伯峻. 论语译注 [M]. 北京：中华书局，2009：121.

⑥ 论语·大学·中庸 [M]. 陈晓芬，徐儒宗，译. 北京：中华书局，2011：15.

⑦ 武树臣，武建敏. 中国传统治理模式及其现代转化 [J]. 山东大学学报（哲学社会科学版），2020（5）：4.

儒家的政治思想，主张为政以德，强调道德和道德教化在治国中的作用。另一方面，从动词方面进行理解，认为德政是指通过良好的道德品质与行为规范来治理国家和社会。"① 当下中国，动词意义上的德政被表述为以德治国，主张依法治国和以德治国相结合，两者相辅相成、相互促进。将道德作为一种重要的社会治理手段，突出道德在社会治理中的重要地位，倡导让道德成为全社会的共识而得以遵守。但在古代，德政既不在前述名词意义的范围内，也不在动词意义的范围内，其"实为仁政或善政之治，即能得到百姓拥戴的政权或执政方式，不属于思想或者精神文明建设"②。这里的"治"依然可以理解为治理手段或方式，但德政中的德可以理解为"按照大道的行为方式"③，"德"在这里充当的并非名字或动词，而是形容词，用以修饰后面的治理。因此，将两者相结合，古代的德政不再是国家治理手段，而是一种具有评判和引导国家治理方式变革的价值取向。可以说，德政是理想状态下的政治，在古代社会取得了良好效果。

（二）儒家传统在法治问题上的彷徨

传统儒家在中国传统文化中具有无可非议的统治地位，构筑了中国人独特的文化系统和不同于西方的社会文化。但是，在中国近两千年的封建大一统时期，任何一个朝代的国家治理模式几乎都是儒法结合。出现这种现象，原因在于儒家传统在某些治理领域有其局限，而法家理论则具有某些优势。如儒家传统追求"唯仁者宜在高位"的圣人担任君主，并且在此基础上用礼教与德政来辅助人治实现国家治理，最终实现天下大治的目标。儒家传统在中国传统社会中具有崇高地位毋庸置疑，但有学者就儒家学说与法家学说的关系指出："儒家学说未能为中国古代的政治和法制共一个完全超验性的裁判者，使王权事实上始终高于神权，缺乏驯服君主的强有力工具。这一切使儒家所能做的最

---

①　参见中国社会科学院语言研究所词典编辑室编. 现代汉语词典（第 7 版）[M].北京：商务印书馆，2016：272.

②　邓晓芒. 我与儒家 [J]. 探索与争鸣，2015（4）：30.

③　参见许慎. 说文解字 [M]. 徐铉，校定. 北京：中华书局，2013：146.

多只能是用'仁'来部分软化专制制度这头猛兽锋利的爪牙，而不能从根本上提供推翻这一制度的思想和学说，启迪民众走出专制统治的牢笼，故儒家最终也不能从根本上驯服法家豢养的这头猛兽。"① 换言之，儒家传统理论的不完整性，导致儒家在治国理政中必须借助其他力量获得保障，而且往往是在借助过程中可能导致儒家传统事实上被某种程度的边缘化。特别是在法治这一问题上，儒家传统显然具有局限性。因此，本书认为当下不少学者喜欢从儒家传统中找寻法治因素，有着本末倒置、主次不分的嫌疑。这种做法就好比要在一片汪洋中淘得一点珍珠，在一座大山里挖掘出一点宝石。事实上，在中国法治问题上，法家的地位不仅不弱于儒家传统，而且甚至要高出儒家传统的地位。

　　旨在推动儒家传统契合新的社会需求，近代以来兴起了一股"新儒家"②的国内热潮。新儒家用以指称宋元明时期的道学或理学，最初是冯友兰为方便西方汉学界认知中国哲学而使用的名词。20 世纪 70 年代中期以来，台湾与旅居美国的华人学者又用新儒家（学）指称新文化运动后旨在复兴精神性的儒家或儒学的思潮、流派与学者。为区别于宋明理学，后来人们一般以当代新儒学（家）指代后者。③ "新儒家"是对儒家思想的继承与发扬，但同时根据近代以来的新形势对所谓旧的儒家思想有所损益。从本质看，现代"新儒家"对现代化的思考，体现了"新儒家"对中国传统文化的高度认同感。在不断发展过程中，现代新儒家的观点不断走向体系化、逻辑化，然而，现代"新儒家"只是努力在传统与现代之间寻找一个平衡点。④ 这种主观上的努力，实际上非但没有超脱儒家创设的研究范围，反而是离儒家思想越来越远："如果我们把孔孟儒比作一个圆的圆心，那么其发展的不同阶段就是其圆圈。据我们观

---

①　何永军. 中国古代法制的思想世界［M］. 北京：中华书局，2020：360-361.

②　新儒家真正成为一股重要的思潮是最近十来年的事情。有学者对新儒家进行了三代的划分：梁漱溟、张君劢、冯友兰、钱穆等人为第一代；唐君毅、牟宗三、徐复观等人为第二代；余英时、刘述先、杜维明等人为第三代。参见刘述先. 儒家哲学研究：问题、方法及未来开展［M］. 上海：上海古籍出版社，2010：24.

③　郭齐勇. 当代新儒学思想概览［N］. 人民日报，2016-09-01（5）.

④　李春娟. 现代新儒家对现代化反思的意义与限度［J］. 河南社会科学，2015，23（11）：83.

察，宋儒离圆心最近，现代新儒家离圆心最远……现代新儒家与原始儒家，似水火不相容。"① 对于现代新儒家，国内学者多有批判。有的学者认为，所谓新儒家们多有长时间的海外经历，具有广博的知识储备，社会地位也很高。但是正是这种中西结合的知识结构，使得他们远离了中国本土孔孟的儒家精神，容易产生自说自话的嫌疑。鉴于此，有学者指出：现代新儒家关于现代化的反思存在一定的局限性……他们在儒学与马克思主义、西方文化之间的立场始终存在一定的模糊性，对于当代中国文化建设的方向缺乏清楚的认识。他们始终在传统与现代之间徘徊，既想守住传统，又倾心现代文明的成果，始终没有实现传统与现代的有机结合。②

综上所述，无论是儒家传统，还是后来出现的现代"新儒家"热潮，都没能在现代化中实现突破。儒家传统，再如何解释、如何更新，都无法体现其对中国法治文化上的价值。也就是说，因理论的局限，儒家传统在中国的法治现代化问题的处理上，始终找不到一个应对的好办法，一直处于彷徨的状态。

三、法家传统的归位

（一）被忽视的法家传统

法家传统是一个容易被忽视的传统，这种忽视来自对儒家传统的过分依赖和过度解读。目前，直接对法家传统进行研究的成果较少，主要有钱大军的《中国传统社会的法家传统》、王耀海的《法家传统的现代适域》、武树臣的《中国传统治理模式及其现代转化》、陈弘毅的《对古代法家思想传统的现代反思》、周炽成的《略论法家的智性传统——兼与余英时先生商榷》、陈松的《论宋代主流法律思想中的法家传统》等。这些文章认为法家传统没有在理论

---

① 孙业成，李伟宾. 现代新儒家不是儒家 [J]. 宁夏社会科学，2018（1）：40.
② 李春娟. 现代新儒家对现代化反思的意义与限度 [J]. 河南社会科学，2015，23（11）：83-84.

上获得足够重视，事实上法家传统在传统文化中占据着重要地位。

　　有学者指出："所谓法家传统，指法家思想在延续过程中，结合实践所形成的稳固可持续的普适性成分集成。"① 承此逻辑，结合前文对传统所作的基本界定，我们大致可以将法家传统定义为：历史上的法家代表所共同构建的、世代相传的、对法治具有理论价值的精神文化和物质实体。因此，法家传统是一个广义的概念，包括整体意义上的法家理论和法家实践，体现了如下特征：

　　第一，法家传统在时间上是世代相传的，它与国家的改革变法密切关联，故法家代表往往也是同期著名的改革家和政治家。在法家鼎盛时期的先秦，商鞅、韩非、李斯等法家代表走在理论前列，并用他们的理论实现了国家的振兴，并推动了法治进程。在中国古代大一统时期，法家传统并未中断，且表现为阳儒阴法的新形势，与儒家传统共同实现国家治理。该时期的孔稚珪、张斐、王安石、范仲淹、张居正等人，在变法改革或者修律注疏中体现了政治家的风貌，更展现了法学家的卓越风采。近代以来，更是有梁启超、魏源、沈家本、伍廷芳、宋教仁等人，为中国法治的转型殚精竭虑。

　　第二，法家传统的创造主体主要是历朝历代的法家代表。法家传统的理论出发点便是从先秦开始一直传承下来的"不别亲疏，不殊贵贱，一断於法"②的法治观，突出了法律在治国理政中的重要性。法家传统的目标，是通过以法治国的法治，实现富国强兵。法家坚持法治理论与法治实践相结合："战国名士有一个基本的特点，他们的治学和行动基本上是合一状态。"③

　　第三，谈到法治改革必然要涉及法家传统，中国法治的建设无法绕开法家传统。法家传统的内容主要为法家厉行法治、积极改革的思想。虽然法家学派的终极目标都是富国强兵，以维护帝王统治，但是法家传统并不仅限于加强君主集权："法家传统有三大部类，既包括中央集权的国家主义，也包括制度变

---

① 王耀海. 法家传统的现代适域 [J]. 社会科学战线，2016（1）：233.
② 钱大军. 中国传统社会的法家传统及其价值 [J]. 河南大学学报（社会科学版），2018，58（6）：46.
③ 孙皓辉，段秋关. 中国法治的历史根基 [J]. 西北大学学报（哲学社会科学版），2015（4）：55.

革的进步史观、垂法而治的法治主义。"① 法家代表们为了推行法治大无畏的精神,同样是法家传统的重要组成部分。如清朝末年戊戌变法失败后,在就义途中,谭嗣同喊出了"各国变法,无不从流血而成,今中国未闻有因变法而流血者,此国之所以不昌也,有之,请自嗣同始"② 的时代强音,这一英雄举动就深刻体现了敢为天下创制、敢为天下变法的法家精神。

(二) 法家传统的"小适域"

所谓"恺撒的物当归给恺撒,上帝的物当归给上帝"③。儒家传统对中国传统社会的影响很大,塑造了对中国传统文化进行统领的"大格局"。但是,如果从中国法治这个"小适域"来看,法家传统的影响无疑更大:"面对春秋以降天子失权,礼崩乐坏、政在大夫、战争频仍的纷乱局面,法家主张实行变法,重建国家秩序。"④ 战国时期,社会性质发生剧烈变化,各个阶层之间斗争非常激烈,经常发生直接冲突。面对这种局势,儒家所创立的道德秩序,显然无法对这些类型的冲突进行化解。因此,变法图强成为诸侯国化解冲突的唯一出路。商鞅、慎到和申不害等法家代表的主张获得了君主的认同与支持,虽然变法的结局有所差异,但这些变法都推动了变法者所在国的政治进步。尤其是商鞅在秦国的变法最典型,取得了巨大成效,为之后的秦朝建立奠定了基础:"面对秦国的内外冲突,商鞅的策略是首先解决内部的阶层冲突,以促使秦国强大起来。秦国强大以后,即不仅能够自保,甚至还能吞并其他国家,如此即秦国的外部矛盾也就迎刃而解了。"⑤

以上所说的变法图强、重建秩序,其实就是强调法治的作用。事实上,法

---

① 王耀海. 法家传统的现代适域 [J]. 社会科学战线, 2016 (1): 234.

② 董振瑞, 茅文婷编著. 中国梦·复兴路 (卷1) [M]. 北京: 中国民主法制出版社, 2016: 74.

③ [英] 马太·亨利. 四福音注释 (下册) [M]. 陈凤, 译. 北京: 华夏出版社, 2012: 213.

④ 武树臣. 中国法律思想史 [M]. 北京: 法律出版社, 2017: 140.

⑤ 吕福龙, 王处辉. 战国时期法家思想兴起的知识社会学逻辑 [J]. 理论月刊, 2018 (11): 178.

家传统的主要"适域"便是在对于中国法治这个问题的研究上。需要指出：通常情况下"适"和"域"二字不会连用，这里所说的"适域"是适用领域的简称，也就是某种事物所能适用的具体领域。① 由此出发，法家传统的适域即法家传统所适合的，能够发挥其指导作用的领域——中国法治。

中国传统法律制度整体上是依据法家思想来建构，虽然自汉代始吸收了一部分儒家思想从而具有了礼法成分，例如春秋决狱、亲亲相隐、存留养亲等，但法家思想作为传统中国法律制度思想支柱的地位从未动摇。② 也就是说，法家传统对中国法律制度产生了巨大影响，如果探讨中国法治问题时不探讨法家传统会犯主次不分、本末倒置的错误。中国历朝历代都十分注重法治建设，不乏有《开皇律》《唐律疏议》《宋刑统》这样的备受赞誉的法典。可见，虽然儒家传统是封建社会思想的主流，但是法家文化并未湮没在历史长河之中。基于此，有学者认为："商鞅变法为三代原生的礼治法律文化画上了一个休止符，并建立了在全新指导思想和法律原则基础上的法家法律文化。尽管汉以后礼治精神似乎复兴，但国家的法律制度和人民的法律意识中的法家因素再也无法消除，这种因素甚至在今天仍然影响我们的法律制度和法律思维。"③

法家传统对中国传统法律制度和法律思维的影响表现为：其一，从结构上看，中国传统法律制度的主要框架是法家传统赋予的，儒家理论中的礼的法律成分则只是一种次要的因素。其二，从表达上看，法家传统对于人的行为表达要求在各种类型的法律之中，而儒家传统则注重道德因素和内心所感，故对人的要求主要体现在各种包含道德因素的礼仪制度之中。其三，从目的上看，儒家思想主张限制统治者的权力，因而提出了"唯仁者宜在高位""民贵君轻"等观点；而法家则提倡强化君权与限制君权相统一，客观

---

① 《现代汉语词典》中"适"字通常作动词适用理解。"域"有两个意思，作国土疆域理解或者泛指某种范围。作范围的理解覆盖范围更广，也更合理。因此，"适域"一词的基本含义就是某种事物所能适用的领域。参见中国社会科学院语言研究所词典编辑室编. 现代汉语词典（第 7 版）[M]. 北京：商务印书馆，2016：1197，1198，1605.

② 钱大军. 中国传统社会的法家传统及其价值 [J]. 河南大学学报（社会科学版），2018，58（6）：46.

③ 徐昱春. 商鞅变法与中国传统法制的初次转型 [J]. 求索，2009（2）：217.

上有利于实现法律制度中的社会治理的整体目标。因此，法家传统相比于儒家传统，更能适应各项法律制度的理论及其实践问题，能为中国法治的发展提供理论支撑。

因此，每当中华民族面临大变局，往往都能在法家传统中寻找到解决现实困境的办法。春秋战国时期，先秦法家们首先总结了殷、商覆灭及周天子名存实亡的教训。然后结合诸侯争霸的现实环境，提出了"以法治国"的国家治理理论，试图通过法治实现维护君主统治和富国强兵的目的。秦朝的成功建立标志着先秦法家理论和实践的成功，也意味着法家"务为治"政治理想的最终实现。近代鸦片战争以后，中华民族面临着亡国灭种的危机。近代的思想家们，一方面引进西方的先进思想，另一方面把目光再次放回到先秦时期，寻求着同样是大变局之下的先秦治国之道。但是，由于传统法家理论中的某些局限以及对法家实践的曲解，使法家传统承受了很多不应该的指责。

（三）法家传统的科学阐释

本书提出的法家传统已在前文对其界定，即中国历史上的法家代表所共同构建的、世代相传的、对法治具有理论价值的精神文化和物质实体。另外，这种法家传统，体现了对原有法家理论的的创造性转化和创新性发展。作为中国法治的重要理论渊源，法家传统包括一切中国本土产生的对法治具有理论价值的精神文化和物质实体。经过转化后的法家传统既能符合马克思主义的指导，又能契合中国法治实践，能够在法治中国建设中发挥作用，体现出一定的"新"特征。

第一，指导思想新。法家传统作为一种重要理论渊源，要坚持马克思主义的正确指导，体现了马克思主义中国化时代化的重要特征："马克思主义中国化具有三重性，即马克思主义的民族化、时代化和大众化，三者的发展无法割离中国社会和中国文化的传统根基，这表明马克思主义中国化的基本问题是科学处理中国传统文化与马克思主义的关系问题，要求以中国文化创造性地改造马克思主义，将中华民族基因和优秀传统文化融入马克思主义，使其既能保持自身核心思想和理论本性，又兼具了本土特色和文化气韵。与此同时，以中国传统文化滋养马克思主义，是马克思主义理论本身发展的内在要求。"① 可以说，法家传统的本质特征就是坚持马克思主义的指导。进入新时代，法家传统还要坚持习近平法治思想的指导，要经过习近平法治思想不断丰富的内涵之洗礼。

第二，思维方式新。主要表现为：一是发挥了动态思维的优势。法家传统的使用，充分发挥了传统一词的重要作用，用动态视角去理解法家传统，以及法家传统与中国法治的关系问题，能够更好地理解中国法治的运行状态。事实上，人类对法治的探索一直都在进行时，没有完成时。我们所做出的一切努力，都在瞄着更好的法治不断前进。因此，法家传统的提出是对文化自信以及本土法治资源等命题的合理回应，体现了用动态思维或者发展思维去探究法家传统的重要价值。二是要用辩证思维看待法家理论。转化后的法家传统具有所有新传统所具有的守本和拓新的优势，立足于本土法治理论进行法治实践，有利于摆脱西方法治模式的桎梏。同时，对于法家理论（主要指秦法家）中存在很多严刑峻法的因素，我们必须坚决摒弃。三是法家传统与新时代的时代精神相契合。法家传统体现了对旧法家传统理论的扬弃和改造，转化后的法家传统更能符合新时代法治中国建设的需求。

第三，理论范畴新。指导思想和思维方式问题获得明晰后，法家传统能够产生很多新的理论范畴和研究命题。事实上，我们之前对法家学派的研究可能过于狭窄。后文中，本书在厘清法家的一些关键词后，提出扩张法家阵容的思路。主张法家学派不仅包括直接提出法治理论者，如诸子百家时期的管仲、商鞅、韩非等；也包括一些司法实践者，如张释之、孔稚珪、宋慈等；还包括历史上一些著名的政治改革家，如王安石、范仲淹、张居正等。在后文论述中，本书还提出要超越礼法关系的固有界限，释放礼中法的内容，使得大量关于民法、刑法和行政法的内容从礼中解放出来。因此，法家传统能为我们提供大量的理论新命题，继而为我们更好理解中国法治文化打开一扇新窗。

_____

① 刘同舫. 马克思主义基本问题的辨与思 [J]. 南京师大学报（社会科学版），2021（1）：12-13.

第三章　法家传统与中国法治的内在逻辑

法治具有三个重要维度，即法治模式、法治理论和法治实践。① 要弄清法家传统与中国法治的内在逻辑，需要分别从这三个角度进行展开。本书在中国知网分别以法治理论、法治实践和法治模式及其相关的关键词作为主题检索，以学术期刊为检索主要范围（筛除报纸、会议、学位论文等），绘制出近五年对中国法治研究的文献数量变化趋势图，如图 3-1 所示。

近五年理论界对法治问题学术论文发表维持在 9000 篇左右（2022 年达到峰值 9312 篇）。但通过图 3-1，本书发现如果对法治问题进行分类，如分成法治模式、法治理论和法治实践，那么目前对于中国法治的这三类问题研究成果尚显不够，从数量上看还有一定的提升空间。同时，从这三类问题本身来看，则出现研究不平衡的状况，主要表现为对法治理论的研究最多，法治实践次之，法治模式再次之。鉴于此，本书尝试从三个角度分别阐释法家传统与中国法治的内在逻辑，以求更全面地展现这种逻辑关系。本书还会对西方传统法治进行一些梳理和总结，从而进一步明晰历史传统对于法治的影响，真正厘清法家传统与中国法治的内在逻辑。

---

① 法治的研究应从哪几部分进行尚有争议。本书采纳了张文显教授的观点，即法治的三个重要维度包括法治理论、法治实践和法治模式。法治理论属于元理论层次的学术研究，是一些位居理论最前沿、学术反响最强烈的理论性著述；法治实践是针对民主、法治、宪法和其他具体法律制度设计及法律运作问题而开展的法治实践论题研究；法治模式的研究主题是西方以及中国周边国家各具特色的法治模式。参见［新加坡］约西·拉贾. 威权式法治：新加坡的立法、话语与正当性［M］. 杭州：浙江大学出版社，2019：总序 2.

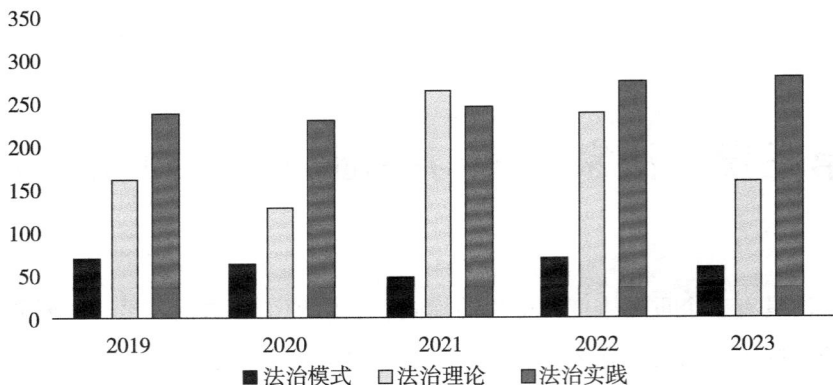

图 3-1 2019—2023 年法治三个维度学术期刊成果数量变化趋势

第一节 法家传统是中国法治模式的理想图景

中国法治模式的推进，经"理想图景论"① 得到进一步阐发。邓正来提出要建构"中国的法律哲学"，这一中国的法律哲学应建立在中国自己的理想图景之上。② 西方法治模式对后世影响很大，但因各国基本国情千差万别，不能也不可能作为普世性的模式对待。而国内的各种旧理论，为中国法治的发展间接提供了一种西方样态的"法律理想图景"，这种理论上的缺失尚未被认识。同时，在实践中，对西方法治模式的过分推崇，容易忽视"当代中国人生活秩

---

① 该观点由邓正来首先提出。这种"理想图景论"试图重新定义中国，也就是要根据中国本身，以一种自主的方式定义中国，并建构出中国自己的理想图景。在全球化时代，中国要基于自己的理想图景参与话语权争夺。参见刘小平 . 法治中国的理想图景——走向一个实质法治概念 [J]. 社会科学战线，2020（5）：205.

② 参见刘小平 . 法治中国的理想图景——走向一个实质法治概念 [J]. 社会科学战线，2020（5）：204.

序的正当性和可欲性问题"。① 事实上，各国法治模式的选择，都是基于本国或者本地域长期形成的传统。中国历史悠久，文化传统经历了漫长的发展过程。在这些优秀传统文化中，法家传统在中国法治问题上的影响和贡献最大，是中国法治模式的理想图景。

一、西方法治模式的再估量

立足于国内，也要具备全球视野。我们要将中国法治实践推向深入，对于本土法治经验的重视毋庸置疑，但我们也需要对西方法治模式进行一个更细致的考察，才能真正在比较的过程中建构具有世界影响力的法治话语体系。"虽然中国法治理论吸收了西方法治理论的许多有益要素，但如何从理论上准确地概括中国法治的实践，从而讲述'中国法治故事'形成一套符合中国法治实践并能指引法治发展方向的中国法治理论话语体系，始终是中国法学理论必须面对的重要问题。"② 强世功教授所说的讲述"中国法治故事"，建立在对全球视野的法治考察基础上。为了更好地理解西方法治理论的影响，我们需要对西方法治模式再次估量，从而得出一些更合理的结论。

（一）存在西方法治公式

"已成立的法律获得普遍的服从，而大家所服从的法律又应该本身是制定得良好的法律。"③ 这是几千年前，希腊先哲亚里士多德对法治的看法。前半句界定了法治的形式标准，即法律要被普遍服从。后半句界定法治的实质标准，即法律要符合良法的定义。亚氏的这种论述实际上创立了一个从形式到实

---

① 邓正来. 中国法学向何处去——建构"中国法律理想图景"时代的论纲［M］. 北京：商务印书馆，2011：12.

② 强世功. 中国法治道路与法治模式——全球视野与中国经验［J］. 行政管理改革，2019（8）：21.

③ ［古希腊］亚里士多德. 政治学［M］. 吴寿彭，译. 北京：商务印书馆，1965：199.

质去理解法治的框架。虽然后来学者对法治的著述浩如烟海，但是几乎没有人在这一问题上可以回避亚氏对法治所作的评述，很难跳出形式到实质的这么一个分析框架。事实上，在著名法学家戴雪、哈特、拉兹、皮文睿、富勒等的法治概念中，我们都可以明显看到这种框架的痕迹。然而，古希腊先哲提出的这些法治观点，是不是同现代人对法治的理解相一致，是值得怀疑的。希腊哲学家们基于他们当时所处的环境，开启了某个领域的思考。当时的古希腊，是典型的奴隶制城邦，哲学家们提出的法治设想在理论上是否站得住脚也是需要考证的。因此，我们可以把亚里士多德的法治观理解为大胆的想象。同时，对西方的理解，跟翻译西方著作的译者主观思想和水平有较大关系。另外，仅仅从法治字面含义来看，中国古代的《管子》早就提出了"以法治国"的法治方略，早就有了"法治"一词的记载。为何我们的先哲提出的法治论述不是法治，西方先哲提出的若干论述就被奉为圭臬？这都是文化不自信的表现，这种文化不自信与中国近代以来西学东渐思潮有关。

西方法治观点被各国争相援引，更多来自西方启蒙运动。欧洲 17—18 世纪的启蒙运动，产生了伏尔泰、卢梭、孟德斯鸠、洛克等著名思想家，他们提出了众多影响深远的资产阶级改良方案。他们提出的法治理论，是欧美国家进行政治变革的重要工具，逐渐成为世界各国法治改革的公式。启蒙思想家们提出的民主、自由、秩序、人权、平等、博爱、正义等理念，被很多国家法治追求与保护。2015 年 9 月，习近平总书记在联合国总部出席第 70 届联合国大会一般性辩论发表重要讲话并指出："和平、发展、公平、正义、民主、自由，是全人类的共同价值。"① 这些价值，都是一些基本价值，代表着所谓的启蒙理性。② 启蒙理性具有全人类性，是一种大众理性，它通过开发与培育人类自

---

① 习近平出席第七十届联合国大会一般性辩论并发表重要讲话 [N]. 人民日报，2015-09-29（1）.

② 作为现代性设计的支撑理念，启蒙理性培育了现代社会的许多观念要素，其伟大贡献自然不可磨灭，但我们的时代也有许多问题根源于启蒙理性，必须正视其导致的危机。正是在理性的自我分裂机制和资本逻辑的作用下，启蒙理性不断损害人的主体性价值，给人类社会带来了生存和发展的危机。参见刘同舫. 启蒙理性及现代性：马克思的批判性重构 [J]. 中国社会科学，2015（2）：9.

身的理性能力来彰显人的价值和目的，推动人类社会的不断完善。但是，启蒙理性的发展却背离了这种美好的初衷，从大众理性走向了精英理性。启蒙之后的现代社会虽然比中世纪世界更加自由、平等和民主，然而不同的个体或群体的生存始终受到政治体制、经济和社会条件的限制，也受到各种自然禀赋条件与不同社会地位深刻而持久的影响。①

受平等、自由、民主等理论的影响，近代中国开启了大肆宣扬西方理论，严厉批判中国本土文化的新文化运动。对于法治建设而言，存在将西方法治理论套用到我国法治建设实践上的问题，导致我们在中国法治问题研究上的一些错误理解。本书认为，这些错误理解不仅体现了文化不自信的问题，还从侧面反映了西方法治公式的存在。自由、公平、民主等基本价值，事实上是一些客观存在，是整个人类对于理想社会的不断追求。无论是西方学者，还是中国学者，都是在描述这些客观存在，而不是在发明和创造这些价值。因此，从这个意义出发，西方法治公式是存在的。需要说明的是：本书所提出的法治公式，绝非万能，不能用这种公式解决所有问题。因为其中的许多问题并不能归属于法治概念之下。如在这些目标或基本价值里，人权和自由实际上是社会哲学的问题，必须有深厚的哲学底子作为研究的前提。

（二）不存在普世性的法治模式

法治是当今世界的主流话语和共同愿景。在政治制度、价值理念、意识形态以及切实的国家利益争夺日益激烈的背景下，法治是少有的共同语言，已经成为当今国际最低限度的共识之一。② 从这个角度看，存在西方学者论述的某些客观法治公式，但绝对不存在具有普世性的法治模式："一般而言，真理具有唯一性和一元性，而价值主体之间的差异决定了价值是多元的、具体的、特殊的。作为价值主体的现实中的人，既有普遍的、共通的一面，但又是具体

---

① 刘同舫. 启蒙理性及现代性：马克思的批判性重构［J］. 中国社会科学，2015（2）：8.

② 支振锋. 法治建设的成败之道［J］. 马克思主义研究，2016（2）：121.

的、历史的,这就决定了不可能有适用于一切民族、一切时代和一切人的'普世价值'和'普遍主义'。"① 这里所说的"普世价值""普遍主义"等概念,违背了马克思主义唯物辩证法中矛盾的普遍性与特殊性的基本原理,没有认识到主观追求的价值与客观存在的真理之间的关系问题。人类社会是一个多元社会,每个人的思想都不尽相同,不可能实现对所有人的普世性。具体到普世性的法治模式,也就是任何国家都适用且必须具备的法治基本模式,这是一种空想。因根本不存在所谓的普世价值,那么建构于普世价值之上的普世性法治观和普世性法治模式也就成为无根之木、无源之水。

事实上,我国学者很早便开始了中国法治模式的理论探讨,如中国人民大学朱景文教授的《中国改革目标和西方法治模式》(《法律学习与研究》,1990)、武汉大学李龙教授的《法治模式论》(《中国法学》,1991)、上海交通大学郑成良教授的《论法治模式的理念型》(《天津社会科学》,1993)。随后,杨春福、汪太贤、汪进元、田成友、范忠信等学者分别撰文,在20世纪90年代提出了自己对建构中国法治模式的看法。上述学者对法治的理解具有一定的前瞻性,1997年召开的中共十五大作出了依法治国、建设社会主义法治国家的决定,这一重要决定离不开法学界对法治模式的思考。

近年来,《人民日报》《光明日报》等权威报纸对法治模式进行了比较深入的探讨。以此为阵地,国内一些学者开展了对法治模式的讨论。学者们从中国基本国情出发,提出了世界法治模式多元化的观点。张文显教授在《人民日报》的一次访谈中明确指出:"一些学者可能习惯用西方的法治标准来评判、格式化我们。我觉得他们是缺乏对国情的基本了解,对国外的了解也是肤浅的。在世界上没有唯一正确、普遍适用的法治模式。英美法系、大陆法系都有各自的法治模式。即使在一个法系内部,英国、美国、澳大利亚也不一样。所以把西方一种模式当做普遍模式来评价我们,这是一些学者在理论上

---

① 陈文旭,易佳乐.习近平"共同价值"思想的哲学解读与现实路径 [J].湖南大学学报(社会科学版),2018 (5):11.

的糊涂。"① 顾培东教授在《世界法治模式不会定于一尊》一文中指出："法治还必须与特定国家的政治、经济、文化以及其他社会条件相适应，从属于有效进行国家治理的客观需求。这些主观需求与客观条件上的差异决定了各国法治必须有其特定形态。"② 各国的法治实践千差万别，法治模式不存在优劣，只有相互借鉴。中央司法体制改革领导小组办公室负责人姜伟在国新办新闻发布会上指出："世界上并没有普世的法治模式，也没有最好的法治模式，只有最适合本国国情的法治模式。"③ 事实上，自中华人民共和国成立以来，虽然在法治道路探索中经历过一些曲折，但我们始终坚持走自己的路——中国特色社会主义法治道路。在这条道路上，我们取得了一个又一个法治建设成就，中国的法治模式获得了广泛赞誉。

概言之，中国的法治模式未必要按照西方法治理论设计的轨道去走，西方法治模式也不一定适合中国。同时，法治模式建基于一系列主观和客观条件，我们必须从中国本土文化出发去探求中国法治问题，找到中国法治道路的根或本。本书认为，我们应当使用习近平总书记提出的"共同价值"来代替"普世价值"的说法。从本质上看，"共同价值"超越了价值普遍主义与特殊主义的"两极对立"思维方式，实现了根本上异于"普世价值"的哲学革命，"普遍性特殊化、特殊性普遍化"成为"共同价值"理念的根本哲学遵循。④ 如前所述，现有的价值因素、法治观念、法治模式，三者是源与流的关系。因此，沿此思路，我们在法学领域所要追寻和建构的同样是"兼容并包"而非"标尺式"的法治模式。需要承认的是，不同国家在不同历史阶段和不同国情下，可以有不同的法治模式及其实现方式。法治概念中的一般性因子的形成，

---

①　魏哲哲，张璁.用正确法治理论引领法治实践——访中国法学会副会长张文显 [N].人民日报，2017-05-31（18）.

②　顾培东.世界法治模式不会定于一尊 [N].人民日报，2018-12-26（5）.

③　王逸吟.世界会认可法治建设的中国模式——中央司改办负责人姜伟谈十八届四中全会《决定》重大意义和司法领域重大举措 [N].人民日报，2014-10-31（4）.

④　陈文旭，易佳乐.习近平"共同价值"思想的哲学解读与现实路径 [J].湖南大学学报（社会科学版），2018（5）：11.

不是也不应是一个从一般到特殊的过程，即由某一个或几个发达国家能提前预设而形成。而是由世界各国在基于本国法治实践的基础上进行提炼，进而成为全世界法治的共同价值。

二、法家传统与中国法治模式的选择

学者们提出了基于本土的一些思路。但这些研究或许只是指出了一个大致的方向，但并没有指出如何基于本土，没有勾勒基于本土后，如何去走的具体路线图。因此，中国法治模式的选择，仍是需要进一步探讨的话题。

（一）基于传统的第三条道路

一般来说，根据法治现代化的形成条件可以分为内发型和外发型两种法治现代化进路。内发型和外发型这种中国法治模式的理论分类，是分析法治现代化进路的主要工具。① 但是，有学者指出："从总体上看，流行的现代性理论对中国法治实践的骨架没有实质性的影响，因为，实践中的法治遵循的逻辑主要是实践的逻辑。"② 换句话说，中国的法治模式必须是针对中国复杂的社会生活实际的"定制"方案。本书认为，对于中国法治模式的选择，当基于马克思主义实事求是的基本观点，即从中国法治实践中进行考察，从而寻找出更客观的道路。整个世界法治发展的历史，都基于各国或者各个特定地区的历史传统而进行，即为此处所论及的区别于前两种旧径的第三条道路。

"在一定意义上可以说，从古希腊、古罗马，经中世纪，到近代、现代的所有法治思想的进路都只不过是对这一法治思想的发挥和阐释而已。"③ 西方

---

① 有观点认为，通过梳理中国法治模式理论，有"外来型抑或本土型""政府主导型抑或社会促进型""法律主治型抑或综合治理型"三组主要讨论。参见贡太雷. 从法治模式对话到法治中国理论的再思考［J］. 山东大学法律评论，2016（00）：116. 但后两种分类，其实都是从外来型或本土型而来，故不单独进行论述。

② 喻中. 法的现代性：一个虚构的理论神话［J］. 法律科学（西北政法大学学报），2013，31（5）：26.

③ 吴情树. 法律的断章［M］. 北京：中国民主法制出版社，2013：14-15.

法治其实有不同时期的三大传统，即罗马法、日耳曼法和教会法，这些传统又表现为各国各地区的具体传统。

第一，罗马法传统。古希腊虽然是欧洲文明的发祥地，产生了像苏格拉底、柏拉图、亚里士多德等哲学家，但古希腊并没有一个法律职业阶层，故西方法治传统不能追溯到古希腊。相对于古希腊人，罗马民族更像是一个法律民族，也确实为现代西方法治传统的形成做出了重大贡献。① 古罗马五大法学家提出了诸多具有建构意义的法治思想，《学说汇纂》则缔造了庞大的罗马法体系。罗马法复兴后，对罗马法学家所建立起来的私法体系被西欧一些国家效仿，成为西方法治传统之一。

第二，日耳曼法传统。诺曼征服开启了威廉一世在英国的统治。但无论是威廉一世，还是后面的亨利二世，均遵循盎格鲁·撒克逊（日耳曼一支）的本土习惯推行切合实际的改革。特别是关于法律的权威大于王权这种"王在法下"的传统。对于这种传统的维护最典型的事件就是《自由大宪章》的签订。因约翰王践踏"王在法下"原则，这直接导致了英国男爵阶层的叛乱。贵族集团指责国王施行暴政，宣布放弃对国王效忠，并要求国王遵守爱德华时期良好的法律。②

第三，教会法传统。在中世纪，几乎所有的基督教徒都信奉一种共通的宇宙观，亦即《新约全书》中和早期基督教著作家的教义中所确定的观念。像其他科学和思想的分支一样，法律哲学也会为教会及其教义所支配。③ 这段话所陈述的便是教会法所确立的传统。事实上，教会法中涉及婚姻家庭、继承等内容对现代西方法律仍起着重要作用，是西方法治不可忽视的传统之一。因此，西方法治的建立，其实都是源自对西方传统的继承。

与西方法治传统一样，中国社会有着丰富的治理资源。事实上，如何治理

---

① 泮伟江. 当代中国法制的分析与建构［M］. 北京：中国法制出版社，2012：121.

② Caroline Eele. Perceptions of Magna Carta：Why Has It Been as Significant? ［J］. University of Durham，2013（1）：3.

③ ［美］E. 博登海默. 法理学：法律哲学与法律方法［M］. 邓正来，译. 北京：中国政法大学出版社，2004：27.

国家与社会，早已成为中国古代先哲重点思考的问题。对此，有学者指出："传统治理模式的理论形态在先秦时代的思想体系中即已生成，而其实践样态在汉代则粗具规模。后世主要朝代虽有差异，但在总体上仍然保持了汉代所生成的治理模式及其实践样态。传统治理模式在中国古代社会是有效的，它对维护国家的稳定与社会的协调发挥了重要功能，同时对平衡国家与社会之间的关系也起到了良好效果。"① 先秦时期各家学派在治理方面多有论述，但影响较大的治理流派主要是儒家、道家和法家。三个流派的理论从不同的角度表达了国家治理的侧重点，对后世社会产生了深远影响，故分别形成了儒家传统、道家传统以及法家传统。近代以来，随着西方法学理论的冲击，中国开启了西学东渐的法治进程。以陈启天、常燕生为代表的近代学者，开始尝试借鉴或者移植西方的法治思想。但在这些理论指导下的法治实践尝试，最终以失败告终。究其原因，很大程度都在于没有充分认同中国法治的传统，而盲目模仿西方法治模式。

（二）法家传统与中国法治的合理进路

"中华民族有着深厚文化传统，形成了富有特色的思想体系，体现了中国人几千年来积累的知识智慧和理性思辨。这是我国的独特优势。"② 法家传统，在这些文化传统中具有重要地位，为中国法治的实现做出了巨大贡献。如法家传统中的"以法治国"理念，便是法家传统中的重要因素，是先秦法家立足于春秋战国时期特殊的时代背景，对国家治理模式展开思考后得出的有益成果。这不仅是法家治国理论的精髓所在，更是法家对中国和世界法治文明作出的巨大贡献。从法治方面讲，能够做到由法家提供的"最低限度"的法治概念所要求的，就是一个了不起的进步。正如《管子》所言，以法治国，则举

---

① 武树臣，武建敏. 中国传统治理模式及其现代转化［J］. 山东大学学报（哲学社会科学版），2020（5）：1.

② 习近平. 在哲学社会科学工作座谈会上的讲话［N］. 人民日报，2016-05-19（2）.

措而已。真正做到"依法而治"也就是法治了。①"以法治国"的提出标志着中国古典法治文明的兴起。同时，以法治国，也正是中华文明自我突破、自我超越的崭新文明主题。以法治国超越中华传统文明的血缘性文明定位，② 使法治作为全新的文明因子开始植根于中华文明的内部。换句话说，"以法治国"的提出催生了中国法治文明，是中华文明一个重要的自我超越。具体而言，一方面，"以法治国"重塑了中国的政治文明，法治替代礼治成为治国理政方式的主流。即便是在汉代以后，中国封建王朝在政治上实行阳儒阴法的治国之策。但是以法治国作为重要的治国方略始终活跃在中国政治前沿，是国家治理的主流方式。另一方面，"以法治国"丰富了中华精神文明的内容。法家先贤几乎没有与公平、正义等现代价值直接相关的论述。但是，由于法本身的特点，以及立法、执法、司法、守法的内在要求，使得这些价值能够通过法治对中华文明产生潜移默化的影响。如"君壹置其仪，则百官守其法；上明陈其制，则下皆会其度矣"③。可以说，中华文明中，公平和正义等因子的产生和培育离不开"以法治国"的重要作用。

此外，在立法环节中，法家传统坚持"法与时转则治，法与时宜则有功"④ 的思路，塑造了中华民族求真务实、实事求是的精神品质。历代法家学者立足于所处的具体时代，不断思考着如何通过构建与完善法治来维护国家秩序的稳定，进而实现国家富强的目标。当下，我国正在推进全面依法治国重大战略，这是国家治理的一场深刻革命。张晋藩教授指出："依法治国是马克思理论与社会主义实践相结合的伟大创新，是对传统法文化有关法治学说的科学总结，也是具有中国特色的社会主义国家的法治典范。"⑤ 为此，要把握好全

---

① 王人博.一个最低限度的法治概念——对中国法家思想的现代阐释 [J].法学论坛，2003，18（1）：26.

② 任剑涛.以法治国与中华文明的自我超越 [J].马克思主义与现实，2014（6）：149.

③ 管子 [M].李山，轩新丽，译注.北京：中华书局，2019：255.

④ 韩非子 [M].高华平，王齐洲，张三夕，译注.北京：中华书局，2010：759.

⑤ 张晋藩.鉴古明今——传统法文化的现实意义 [M].北京：中国政法大学出版社，2018：46.

面推进依法治国的重要契机，继而实现对法家传统中的法治理论进行创造性转化和创新性发展。

第二节 法家传统对中国法治理论基础的建构

前文已论述法家传统对中国法治模式选择的重要影响，并得出了若干初步结论。本节将尝试对法家传统如何建构中国法治理论基础这一问题，并展开相应论述。本部分充分借助了如《管子》《商君书》《韩非子》等法家传统经典作品，并结合《史记》《汉书》《盐铁论》等史学名著，对法家传统与中国法治理论基础建构之关系进行某些探讨。

一、现代基本价值的隐性植入

学界持有一种观点，即法家的目标在于追求富国强兵，对于个体发展的关注较少。其实，对于这个问题采取何种视角，可能决定了最终结论。诚然，如果将较多精力放在《管子》《商君书》《韩非子》是否有关于人权保障的章节，估计找不到现成的答案。法家对民主、正义、公平等现代基本价值几乎没有用显著标题进行阐释。但是，如果从这些治国理论的具体内容以及实际取得的效果着眼，我们便会间接发现许多涉及人权保障的具体规定。国内学者孙隆基在《中国文化的深层结构》一书中，提出了中国人的"良知系统"和"人心逻辑"的理论，认为中国文化对中国人的人格和行事风格进行了设计。① 承此逻辑，从法家的"伦理观"和"人性论"中去探析中国法治，体现了法家对人的价值的发现，以及对现代基本价值隐性植入的特点。

---

① 参见孙隆基. 中国文化的深层结构 [M]. 桂林：广西师范大学出版社，2011：15-85.

（一）人性关怀的不同表现方式

先秦时期的先哲们早就已经开始了对人之本性的探索，寻求发扬人性中的善，避免人性中的恶。为此，儒家传统选择用德、礼的方式，注重对于人之本心的培养，强调"修身、养性、齐家、治国、平天下"①。为此，有学者指出："中国文化将'人'设计成为一个以'心'为主导的动物，而又用别人的'心'去制约他的'心'。"② 法家传统，则选择了与儒家传统近乎相反的另一种方式，即用法律来规制人的行为，进而压制或者祛除人性中的恶。需要指出，法家传统同样强调道德在调整社会关系中的重要作用，不同的是，法家传统认为法律比起道德，更具社会效果，必须居于主要地位。此外，法家传统虽然注意到人性中具有恶的成分，但是比起儒家传统，法家传统更显出一种冷漠的态度。尤其在对君主的要求这一向度上，两者的区别非常明显。儒家追求圣王之治，主张君主应由圣人来担任或者君主以圣人的标准要求自己。《孟子·离娄》认为："君仁莫不仁，君义莫不义，君正莫不正。一正君而国定矣。"③也就是说，儒家一方面承认君主在国家治理中的重要地位，但另一方面，儒家希冀君主增强自我的道德修养，凭借主动的道德约束，进而实现有效的国家治理。法家代表人物韩非则构建了"中主"的君主形式。也就是说，法家认为君主应该通过官吏体系、制度体系的构建将国家治理事务分散下去。君主本身应该是"少为"甚至是"无为"的形象，这样就可以最大限度地避免因君主个人品行的好坏而影响国家治理的实际效果。法律和制度的建立和完善，完全可以实现国家治理和社会稳定。

另外，部分学者认为，中国传统封建社会下的小农经济与专制政治的结构很难衍生出现代法治内含的价值因子。但是，通过对先秦法家法治理论的梳理，可以看出：很多现代基本价值已经在实质上被植入中国传统社会文化的深

---

① 论语·大学·中庸［M］.陈晓芬，徐儒宗，译注.北京：中华书局，2011：265-282.

② 孙隆基.中国文化的深层结构［M］.桂林：广西师范大学出版社，2011：35.

③ 孟子［M］.方勇，译注.北京：中华书局，2010：144.

处。如王子犯法与庶民同罪的平等思想已经作为一种谚语流传在中国社会。又如秩序一词在法家经典中几乎未曾出现，但无规矩不成方圆的谚语同样深入人心，遵守规则、维护秩序几乎是每一个中国人的共识。此外，法家经典《管子》中就有直接阐释公正、正义的论述，《管子·法法》中记载："政者，正也。正也者，所以正定万物之命也。是故圣人精德立中以生正，明正以治国。故正者，所以止过而逮不及也。"① 当然，《管子》中论述的公正主要是指正确的给予万事万物名称与名分以名实相符，与现代意义上的公平与正义相距甚远。但是，当现代意义的公正、正义的基本价值真正需要进入中国社会时，这些与之形式相同、但实质完全不一样的词汇反而替前者铺平了道路。

(二) 人本思想在法家传统中的意涵

"以人为本"是中华传统法治文化中的精华。《管子·霸形》篇记载了管仲与齐桓公的一段对话，管仲曰："君若将欲霸王举大事乎？则必从其本事矣。"桓公变躬迁席，拱手而问曰："敢问何谓其本？"管子对曰："齐国百姓，公之本也。"② 随后，《管子·霸言》中直接提出了"以人为本"这个概念："夫霸王之所始也，以人为本。本理则国固，本乱则国危。"③ 换言之，法家传统并非是人们固有印象下的严酷和苛责。反而在法家传统中，特别是齐法家一脉为法家传统贡献了很多具有人文主义光辉的理论。当然，法家传统中的以人为本，受到历史条件的局限，其含义不可避免地带有一定的局限性。但《管子》提出的"以人为本"体现了对人性价值的思考，是一种古典的人本主义观。《管子》明确指出："明主不用其智，而任圣人之智；不用其力，而任众人之力。"④ 认为国家和君主只有广开言路，赋予民众更多的发言权，并对这些已提出的不同观点进行认真分析，才能更好地推动政策的制定，让政令更具有可执行性，从而更有利于国家的治理和社会的发展。为了保障老百姓更好地

---

① 管子 [M]. 李山，轩新丽，译注. 北京：中华书局，2019：296.
② 管子 [M]. 李山，轩新丽，译注. 北京：中华书局，2019：412.
③ 管子 [M]. 李山，轩新丽，译注. 北京：中华书局，2019：434.
④ 管子 [M]. 李山，轩新丽，译注. 北京：中华书局，2019：858.

建言献策，法家先驱管仲提出在齐国都城临淄设立"啧室"① 这个体现言论自由的重要机构。因此，从个体发展维度去探讨法家传统下的中国法治的当代应用也是具有现实意义的。

事实上，法家传统非常注重对公平、正义等价值的实现。由于法家传统追求的公平和正义等价值偏向实质，因此在具体个案中更能凸显作为司法官吏的法家代表对公平、正义等价值的追求。对于这些案件的审理，充分体现了当时的司法工作者对公平正义观念的维护和充分保障百姓利益的人本主义关怀。下面仅举《折狱龟鉴补》中记载的两个典型案例予以说明：

案例一：荆抚军道乾初任湖南慈利县时，市中有甲乙二人相殴。值日差役扭至公堂，呈刀一把，云不知谁物。公问之，甲供乙负债不还，反持刀行凶；乙供甲持刀讨债，势甚凶恶。彼此争论，俱不认刀。公问明乙欠甲一千二百文铜钱是实，当断令缴完。两家各服，叩头去。未行十步，随令差唤伊等领刀去，二人俱不顾。公大言曰："必欲吾再审持刀事耶?"甲闻言，转身上堂领刀。公曰："汝讨债，原无不是，但因何持刀?"甲语塞，责二十。公听讼之明类如此。② 甲乙二人因民间借贷纠纷大打出手，无法判定激斗中刀的纠纷问题。抚军荆道乾在断案时，先明确了甲乙之间借贷关系，再去解决刀之归属问题，体现了古代司法官员善于分清主次的高超断案技巧。这种处理方式，也反映了古代司法工作者结合情理，充分保障百姓利益的良好素质。

案例二：吴宫保熊光，由河南巡抚赴楚督任。未出豫境，遇协防陕西兵二百余人，以缺饷两月逃回本营，而陕营公牒亦至。公命集讯，或言是皆当死法。公仁人，且已非豫抚，可弗理。公曰："察其情形苦累，缺饷必矣。协防非临阵，回本营非避匿山海，岂可同论哉?"遂杖首谋者二人，悉分拨豫边防

---

① 全称"啧室之议"，即可以讨论君王过失，随意论政之处。啧室的设立，可以看作一项政治制度，主要作用是议论时政，并为君主提供政治咨询。为了更好地发挥"啧室之议"的作用，管仲建议齐桓公任命东郭牙主管"啧室之议"的有关事宜，并给予贤士优厚的物质待遇。参见管子 [M]. 李山，轩新丽，译注. 北京：中华书局，2019：785.

② 陈重业主编. 折狱龟鉴补译注 [M]. 北京：北京大学出版社，2006：917.

堵，诸镇将给予口粮。① 这一案件按照当时的刑律，对所有的肇事者都应当判处死刑。但总督吴熊光出于情理，将这一案件定性为旨在活命、情有可原的抢粮行为，对相关人员进行了从宽处理。

此外，公平正义还体现在对弱势群体的特别保护上。如对于没有法律责任能力的违法人员不用承担法律责任。在秦朝官方编撰的普法书籍《法律答问》中记载：甲年龄尚小，身高不及六尺，他有一匹马并自己放牧，该马被别人惊吓而吃他人的禾稼，判处甲不必赔偿禾稼。② 六尺是判断违法人员是否需要承担法律责任的标准，不足六尺的人不必承担法律责任。而且，秦之后的封建王朝也多在法律上对弱势群体做了特别保护。有学者指出："在以后的汉、唐时期，老幼犯罪减免刑罚的制度在传统法典中进一步规范化。其追求公平公正的目的，被传统的伦理身份等价值的迷彩所包裹。直到民国时期的刑法典中，仍有'八十以上及喑哑人，得减轻其罪'的规定。"③

二、治国理政思路的升级再造

习近平总书记指出："每一种法治形态背后都有一套政治理论，每一种法治模式当中都有一套政治逻辑，每一条法治道路底下都有一种政治立场。"④也就是说法治与政治关系密切，法治内涵深受政治的影响。法家传统下的法治理论必然也离不开对治国理政的思考。"要治理好今天的中国，需要对我国历史和传统文化有深入了解，也需要对我国古代治国理政的探索和智慧进行积极总结。"⑤ 法家传统法治理论，是我国古代法家学派对治国理政进行探索后得

---

① 陈重业主编. 折狱龟鉴补译注 [M]. 北京：北京大学出版社，2006：561.

② 转引自赵晓耕. 大衙门 [M]. 北京：法律出版社，2007：32.

③ 赵晓耕. 大衙门 [M]. 北京：法律出版社，2007：35.

④ 中共中央文献研究室编. 习近平关于全面以法治国论述摘编 [M]. 北京：中央文献出版社，2015：34.

⑤ 习近平. 牢记历史经验教训历史警示为国家治理能力现代化提供有益借鉴 [N]. 人民日报，2014-10-14（1）.

到的重要智慧结晶。虽然以法治国因为更加强调法治的工具属性而被现代学者诟病,甚至将其逐出法治的大门之外。但是,法家传统看到了商周时期礼治带来的弊端,因而主张用法代替礼以调整社会秩序,可以说是中华文明的巨大进步,是对中国古典治国理念的升级再造。

(一) 一个目标

在弱肉强食的战国时代,要使自己的国家生存下去,必须尽快使自己的国家迅速富强起来,而要迅速富强起来,则治国时就有可能采取功利主义的策略。法家的功利主义就是这种现实要求在治国理论上合乎逻辑的反映。① 法家论政,多在图谋治强,唯务实力。面对春秋战国乱世,法家通过"以法治国"的改革,来实现富国强兵的目的。因此,富国强兵是法家理论的中心,所有法治理论都是围绕富国强兵这个目的展开。法家一切改革措施、赏罚手段都是以是否有利于富国强兵作为宗旨,故法家传统天生就具有功利务实的精神。围绕富国强兵,齐法家推出了"相地而衰征"等土地改革举措,不与民争利,大力支持农业生产;秦法家则奖励"农战",将农业生产的积极性与战争的胜负结果与赏罚直接挂钩。法家传统的这种富国强兵的思路在法家代表思想中得以较多体现,事实上这种以富国强兵的目标在法家典籍中可谓比比皆是,只是其具体做法因面临形势不同有所区别。

《管子》强调在经济上发展生产,才能实现富国强兵。《管子》认为,国家的任务是大力发展经济。其中,农业生产是保障百姓安全,实现国家政治稳定的重中之重:"所谓兴利者,利农事也。所谓除害者,禁害农事也。农事胜则入粟多,入粟多则国富。"② 后来的《商君书》也特别强调国家实力对社会统治的重要作用,并将《管子》的这种思想发展为农战。商鞅变法将富国强兵作为国家的唯一任务,认为不仅要发展生产,而且要注意到兼并战争的残酷性,故主张在战争中获得胜利:"所以兴者,农战也……国不农,则与诸侯争

---

① 时显群. 法家的富国强兵的价值观 [J]. 社会科学战线,2011 (7):256-257.
② 管子 [M]. 李山,轩新丽,译注. 北京:中华书局,2019:719.

权不能自持也，则众力不足也。故诸侯扰其弱，乘其衰，土地侵削而不振。"①《韩非子》与前两者的富国强兵思路有一些差别，更加突出法治在富国强兵中的作用："圣人之治也，审于法禁，法禁明著，则官法；必于赏罚，赏罚不阿，则民用官。官治则国富，国富则兵强，而霸王之业成矣。"② 归根结底，法家富国强兵的目标没有改变，并在这个目标的基础上，提出了各种重要原则和改革思路。

（二）　两项原则

1. 刚性的"以法治国"

"以法治国"是法家传统的底色，也是法家思想的主线。"以法治国"一词最早出自《管子·明法》："威不两错，政不二门。以法治国，则举错而已。"③ 这里的"以法治国"是一种国家治理的方式。先秦法家的代表人物韩非对"以法治国"含义的论述要更直接："故曰：巧匠目意中绳，然必先以规矩为度；上智捷举中事，必以先王之法为比。故绳直而枉木斫，准夷而高科削，权衡县而重益轻，斗石设而多益少。故以法治国，举措而已矣。"④ "以"表达的就是使用的意思。易言之，用法律来治国，就是将法律作为衡量事物的标准。君主作为封建国家的权力核心，自然拥有这种工具的最高使用权。韩非在论述法对维护君权的重要性时就指出："刑重，则不敢以贵轻贱；法审，则上尊而不侵。上尊而不侵，则主强而守要，故先王贵之而传之。人主释法用私，则上下不别矣。"⑤ 法律是维护君主最高统治者地位以及国家秩序的重要工具。君主使用这种工具的具体方式就是牢牢把握最高立法权和最高司法权，前文已有详细论证，这里不再赘述。君主虽然把控着最高立法权，但是并不意味着君主可以随意立法。法律仍需要具备全面、成文、公开、通俗、易行、稳

---

①　商君书 [M]. 石磊，译注. 北京：中华书局，2011：31.

②　韩非子 [M]. 高华平，王齐洲，张三夕，译注. 北京：中华书局，2010：657.

③　管子 [M]. 李山，轩新丽，译注. 北京：中华书局，2019：707.

④　韩非子 [M]. 高华平，王齐洲，张三夕，译注. 北京：中华书局，2010：50.

⑤　韩非子 [M]. 高华平，王齐洲，张三夕，译注. 北京：中华书局，2010：50.

定、因时而转等特点。在内容上以奖赏和惩罚为主要部分。首先，法的内容要全面。任何事都需要在法律的框架内运行，"法者，天下之程式也，万事之仪表也"。① 天下万事都需要用法律来分辨疑难、判明是非。用全面的法律来对社会秩序作出有序调整。其次，法律制定要符合法的一般特征"故圣君失度量，置仪法，如天地之坚，如列星之固，如日月之明，如四时之信，然故令往民从之"。② 换言之，法家认为法律制定完成后，不仅不能被随意解释，更不会被任意废除，而且要像日月一样，让任何一个百姓都能看到和了解法律。最后，法律制定要因时而转，这可以说是以法治国或者说是法家立法思想的最大亮点。

2. 柔性的"以人为本"

"以人为本"的提出，是齐法家对中国法治思想所作出的巨大贡献。这也是齐法家法治观念中最值得为人称道的地方，包括儒家在内的一些学派对《管子》提出的"以人为本"给予了高度评价："管仲相桓公，霸诸侯，一匡天下，民到于今受其赐。微管仲，吾其被发左衽矣"。③ 齐法家所处的时期正处于奴隶社会与封建社会交替之际。齐法家虽然维护君权，但并没有因此轻视民众，反而将其视为国家之本。据《管子·霸形》篇记载，管仲对齐桓公说："君若将欲霸王举大事乎？则必从其本事矣。"齐桓公变躬迁席，拱手而询问管仲："敢问何谓其本？"管子对曰："齐国百姓，公之本也。"④ 这种"以人为本"理念并不仅存于抽象意义上，而是有具体的实现手段。《管子》进一步指出："人甚忧饥，而税赋重；人甚惧死，而刑政险；人甚伤劳，而上举事不时。公轻其税赋，则人不忧饥饿；缓其刑政，则人不惧死；举事以时，则人不伤劳。"⑤ 简言之，减税赋、宽刑政、轻劳役的三项建议正体现了管仲或者齐法家以人为本的价值准则。《五辅》篇中甚至提出："人不可不务也，此天下

① 管子 [M]. 李山，轩新丽，译注. 北京：中华书局，2019：100.
② 管子 [M]. 李山，轩新丽，译注. 北京：中华书局，2019：101.
③ 论语·大学·中庸 [M]. 陈晓芬，徐儒宗，译注. 北京：中华书局，2011：170.
④ 管子 [M]. 李山，轩新丽，译注. 北京：中华书局，2019：412.
⑤ 管子 [M]. 李山，轩新丽，译注. 北京：中华书局，2019：412.

之极也。"① 强调争取民心对国家政权的极端重要性。齐法家提出的这种"以人为本"的思想,在秦法家也得到了继承与弘扬。对此,韩非指出:"治世使人乐生于为是,爱身于为非,小人少而君子多。故社稷常立,国家久安。"② 从客观层面说,我们对秦法家的理解多为刻薄寡恩,而这种误解影响了我们的判断。对法家理论上的割裂,以及对法家"以人为本"的忽视,导致了我们不能从整体层面去看待法家理论。

刚性的"以法治国"与柔性的"以人为本"相结合,使得法家传统有了刚柔相济的特点,形成了"德法兼修"的基本格局。如前文中论述的法家合流,是理论上的合流。秦朝的法治实践并没有吸收"以人为本"的理论,从而因过于重刑辟而缺少柔性的因素。历史上有些朝代严格贯彻"以人为本"的人本理念,而忽略了"以法治国",最终导致了国家的动荡和社会秩序的紊乱。因此,法家提出的"以法治国"和"以人为本"是法家治国理政的两个基本原则,二者不可偏废、缺一不可。

(三) 三种品格

1. 因事而举

在国家治理目标上,法家认为:"明主者,有术数而不可欺也,审于法禁而不可犯也,察于分职而不可乱也。故群臣不敢行其私,贵臣不得蔽贱,近者不得塞远,孤寡老弱不失其所职,竟内明辨而不相逾越。"③ 这段话突出了法家传统因事而举的特点,即法家非常务实,突出了"务为治"的品格。春秋战国时期,周天子王室日渐式微,各诸侯国为了实现称霸的目标先后开启变法改革。管仲、商鞅、韩非等改革家秉承着"务为治"的治国理念,坚持富国强兵的目标,着眼于本国的具体实际,分别构建了不同的法治理论体系。

---

① 管子 [M]. 李山, 轩新丽, 译注. 北京: 中华书局, 2019: 174.
② 韩非子 [M]. 高华平, 王齐洲, 张三夕, 译注. 北京: 中华书局, 2010: 289.
③ 管子 [M]. 李山, 轩新丽, 译注. 北京: 中华书局, 2019: 889.

这种务实主要表现在：法家通过具体事例来突出法治的作用，来逐步实现法治的功能，这是国家治理得当的基本体现。要实现这一治国的目标，就需要"所谓治国者，主道明也"①。换句话说，法家认为君主能够懂得法律的作用，并且执行好法律是国家治理的必要前提。在这种务实的品格下，法家大力倡导秉持法律的平等性和严肃性，强调必须进行公正无私的行法，这是确保法律能够有效实现国家治理目标的重要要求。法家传统不仅要求"法不阿贵，绳不绕曲。法之所加，智者弗能辞，勇者弗敢争。刑过不避大臣，赏善不遗匹夫"，②而且要"不辟亲贵，法行所爱"③。也就是说，法律在运行时，避免因权势、地位、感情的亲疏远近等与案件无关的因素影响审判结果。另外，法家所强调的这种务实，还体现在既讲全面也讲重点上："人主者，守法责成以立功者。闻有吏虽乱而有独善之民。说在摇木之本与引网之纲。"④ 法家强调君主和各级官吏带头守法的重要性。法律治理针对所有人（包括君主、官吏和普通民众），但是官吏是维持社会秩序的中坚力量，是连接民众和君主的桥梁和纽带。所以"以法治国"重点关注对官吏的有效治理，以法治吏是"以法治国"的关键。

2. 因时而新

"法与时转则治，治与世宜则有功。"⑤ 习近平总书记指出："纵观历史，中华文明具有独特文化基因和自身发展历程，植根于中华大地，同世界其他文明相互交流，与时代共进，有着旺盛生命力。"⑥ 与时俱进、因时更新是中华文化重要的优秀品格，也是中华民族能够在世界历史长河中的绝大部分时间独领风骚的重要原因。回顾历史，中华文明有数次重要的自我超越，发生时间几乎都是在社会转型的大变革，或者是中华民族遭遇重大危机的时期。第一次

① 管子 [M]. 李山，轩新丽，译注. 北京：中华书局，2019：889.
② 韩非子 [M]. 高华平，王齐洲，张三夕，译注. 北京：中华书局，2010：50.
③ 韩非子 [M]. 高华平，王齐洲，张三夕，译注. 北京：中华书局，2010：496.
④ 韩非子 [M]. 高华平，王齐洲，张三夕，译注. 北京：中华书局，2010：516.
⑤ 韩非子 [M]. 高华平，王齐洲，张三夕，译注. 北京：中华书局，2010：75.
⑥ 习近平. 建设中国特色中国风格中国气派的考古学 更好认识源远流长博大精深的中华文明 [J]. 求是，2020（23）：3.

是在先秦时期。周天子地位的没落和诸侯群雄的并起促使先秦诸子纷纷展开了对时局的思考。百家争鸣之下成就了中华文明第一个文化繁荣的高点。其中，法家先贤们提出的"以法治国"开启了中国历史上治国理政模式第一次重大变革，奠定了此后两千余年来中国治国模式的基础。殷商至西周时期，统治者用以宗法分封制度和礼作为国家治理的主要手段。血缘关系是国家治理制度建构的基础，国家制度的建构又以回应和解决血缘关系的衍生问题为己任。如周代王制以嫡庶之制处理统治家族集团的父子关系，而用宗法与封建处理统治家族集团的兄弟关系。① 但是，当生产力得到充分发展，人口不断增加，井田制的崩溃，资源愈发匮乏，新兴地主阶级地位不断提高等新情况的出现，使"对于社会风俗习惯和伦理道德之礼德维护，主要采取教化的方式，而辅之以刑罚；对于国家制度方面根本性大礼的维护，主要采取刑罚的方式，而辅之以教化"② 的礼治逐渐难以应对。《韩非子》记载："古者丈夫不耕，草木之实足食也；妇人不织，禽兽之皮足衣也。不事力而养足，人民人少而财有余，故民不争……今人有五子不为多，子又有五子，大父未死而有二十五孙。是以人民众而财货寡，事力劳而供养薄，故民争。"③ 而这种经济上的矛盾仅仅是复杂社会矛盾的一小部分。在这种背景下，法家主张将法从礼的范围内脱离出来，推行"以法治国"的新型治国方式。

　　法家传统因时而新的理念对当今仍有重要价值。2021 年，在建党 100 年之际，我们完成了全面脱贫的重要胜利，在北京隆重举行了全面脱贫攻坚总结表彰大会。在这一基础上，乘势而上开启全面建设社会主义现代化国家新征程，向第二个百年奋斗目标进军。改革开放后，经过近 40 年大变革大发展，中国已经走到了一个新的重要关头。速度与质量的权衡、活力与有序的把握、中央和地方的博弈，两难甚至多难情况考验着党的执政能力、国家治理

---

① 陈赟."殷唯有小宗，而周立大宗"：关于商周宗法的讨论——以王国维《殷商制度论》为中心 [J]. 学术月刊，2014，46 (11)：129.

② 时显群. 法家"以法治国"思想研究 [M]. 北京：人民出版社，2010：35.

③ 韩非子 [M]. 高华平，王齐洲，张三夕，译注. 北京：中华书局，2010：700.

能力。① 出现如此多的复杂情况，如何改革创新，平稳地将各项改革成果有序落地成为不可回避的现实问题。基于此，秉承法家传统中趋时更新、与时俱进的理念，能够为当下全面建设社会主义现代化国家提供思想和动力上的支持。

3. 因需而进

法家传统能够在中国历史长河中绵延千年而从未断绝，得益其因需而进，即能够与时俱进、兼容并蓄的优秀品格。

一方面，与时俱进是一种典型的"进"。法家会根据时代的变化以及统治者的需求，与时俱进地提出因时因地制宜的方案。历朝历代都会产生一批著名的法家代表人物，提出著名的法学思想。如以管仲为代表的齐法家在"以法治国"的基础上，吸收了西周以来的道德元素，并将其发挥为"爱民无私曰德"，认为必须做到爱护老百姓，不谋私利，便可实现"德"。基于此，管仲提出了"四维"这一道德建设方案，要求开展礼、义、廉、耻的思想教育。又如秦法家吸收儒家的办学经验，将儒家私学教育发展为国家公办法学教育。秦始皇采用李斯等法家代表的观点，在全国范围内掀起了"以法为教，以吏为师"的普法教育。在此基础上，秦朝还特别公布了《法学问答》这一法学教材，使之成为老百姓学习法律的重要参照。同时，他们强调将法学由私学统一为官学，要求各级官吏必须熟谙法律，并带头学法、尊法和守法。秦国法学教育的规模之大、范围之广都是空前的，这体现了法家兼容并包的优秀品格。

另一方面，兼容并包也是一种"进"，就是兼采众家之长来实现自身理论的进步。从整体上看，法家构建的治国理论是以法治为主的综合治理体系，而不是唯法治论。这在各个阶段的法家理论中均有体现。春秋时期，齐国管仲是我国乃至世界上最早提出"以法治国"思想的改革家。但是管仲在强调"以法治国"的同时，其理论也吸收了很多德与礼的元素。一方面，管仲提出"国之四维"②，强调"守国之度，在饰四维"。重视道德在国家治理中的作

---

① 谱写新时代改革新篇章——以习近平同志为核心的党中央全面深化改革启示录 [EB/OL]. [2018-02-21]. http：//www. xinhuanet. com/politics/leaders/2018-02/21/c _ 1122433873. htm.

② 参见管子 [M]. 李山，轩新丽，译注. 北京：中华书局，2019：4-5.

用，将以法治国和以德治国相结合。管仲对君主特别强调"唯夜行者独有也"①，只有内心认真行德的君主才可能在治国理政上取得成效。另一方面，管仲认为"顺民之经，在明鬼神、祇山川、敬宗庙、恭祖旧"。② 换言之，德与礼在齐法家的法治体系中是可以实现并存的。秦法家一支则吸收并超越了部分儒家思想。有学者指出："孔门事功思想的特点是在道德优先的框架中承认功利的重要性，而师承儒家的李悝、吴起等则开始突破儒家道德优先范式，强调功利之于道德的优先性，具备了法家特色。"③ 李悝、吴起等早期秦法家代表人物的法家理论缘起于儒家思想。他们在借鉴儒家思想中有益部分的基础上，对儒家思想进行改造和超越从而形成了法家思想的雏形。因此，法治、德治相结合的综合治理可以说是早期法家理论的重要特征。

但是在战国时期，秦法家随着秦国的日渐强大逐渐成为法家内部的主流分支。在秦朝建立以后，法家内部完成合流，逐渐自成一派。韩非是后期先秦法家的代表人物，被誉为法家理论的集大成者。韩非在融合了商鞅的"法"、申不害的"术"和慎到的"势"之后，形成了以法为主的法术势相结合的国家治理思想。被人诟病最多的秦朝法治实践，其实也具有一些兼容并蓄的影子。如在秦朝法治教育的实践中，同样总结和吸收了儒家的办学经验，进而将私学教育转变为国家公学教育。在全国范围内，实行"以法为教，以吏为师"的普法教育，要求各级官吏必须学法、尊法、守法，并且促进百姓学习法律知识。秦朝的中央政府还编写了专门的法学教材《法学问答》。但是秦朝建立后，统治者没有坚守兼容并包的品格，反而继续实行这种严苛的战时法治。

近代法家对西方法治理论的宣传和借鉴，充分体现了法家兼容并包的优秀品格。可以说，近代法家法治理论的最大特色是融入西方法治理论。面对国家危机状况的出现，法家就已经开始注意到西方法治理论，并通过引入西方法治理论来赋予法治概念新的内涵。因此，有学者指出：晚清法家"一方面通过原

---

①　管子 [M]. 李山，轩新丽，译注. 北京：中华书局，2019：15.

②　管子 [M]. 李山，轩新丽，译注. 北京：中华书局，2019：2.

③　赵滕，王浦劬. 早期法家由儒入法的学理进路论析 [J]. 学海，2020 (6)：74.

始法家的'以法治国'来定义'法治'概念，另一方面，又引入'法治主义'这一崭新的概念，以张扬其新思想。"①

三、国家制度设计的秩序根柢

（一）作为前提的秩序

近代以来，西方法治思想的传入极大地推动了我国法治建设由古典型法治转向现代型法治的进程。但是，在这一过程中，部分学者深陷西方法治中心主义，将先秦法家的法治定性为"充其量不过是一整套构建君主个人集权专制的手段，是最大最典型、也是最极端的人治"。② 但是，通过前文对先秦法家法治思想的梳理，可以看到先秦法家构建了将以法治国思想作为基点的一整套法治思想体系。并且"法家'以法治国'治国方略的合理性不仅为中国历史所证明，即使是将其放在世界政治法律文明这一大背景下来考察也是如此"。③ 也就是说，法家传统中的"以法治国""以人为本"等理念，既是全面依法治国的历史渊源，也是极重要的中国法治本土资源，具有深刻的文化底蕴。

事实上，现代法治理论可以在我国思想史的长河中探寻到栖息的沃土。换言之，以法治国的法治文化传统有利于中国现代法治理论的构建，并进而推动全面依法治国重大战略的顺利实施。随着市场经济的不断发展和人民生活水平的日益提升，我国对法治建设的要求也不再仅仅满足于维持秩序。人民群众对人权、民主、自由、正义等价值因素愈发关注，良法善治成为新时代法治建设的重要目标。值得注意的是，对其他价值的关注有可能引发对法治基本价值——秩序关注不足。法学家富勒曾指出："当我们试图首先追求良好的秩序

---

① 程燎原. 重新发现法家 [M]. 北京：商务印书馆，2018：149.
② 马作武. 中国古代"法治"质论——兼驳法治的本土资源说 [J]. 法学评论，1999，93（1）：49.
③ 时显群. 法家"以法治国"思想研究 [M]. 北京：人民出版社，2010：352.

时，我们要提醒自己注意，没有秩序，正义本身也难以实现，在追求良好秩序的同时，不要失去秩序本身。"① 换言之，秩序是实现其他价值的基础与前提。而以法治国这一法治思想虽然没有将人权、民主、自由、正义等价值因素纳入其内涵中。但是这种"仅仅意味着公共秩序的存在"② 的单薄法治定义恰好时刻提醒着我们关注秩序价值。

　　一般而言，秩序是指"在自然界与社会进程运转中，存在着某种程度的一致性、连续性和确定性"。③ 换言之，稳定和可预见性是秩序的重要特征。但春秋战国时期礼乐崩坏、诸侯争霸、战争频发，人民生活充满了不确定性。在这一时代背景下，以实现"务为治"为目标的诸子百家纷纷开展了对治国理政模式的思考。虽然各学派的思考方式迥异，给出的治世方案也各有特点，但"天下一致而百虑，同归而殊涂"④。这里的"同归"就是指结束频繁战乱的无序状态，恢复或者重新建构国家秩序。当然，相比于儒家等学派，法家对稳定秩序的强调和追求则显得尤为突出。德国学者赫尔佐克认为："在他们的心目中，使自己的国家强盛起来很难说是最终目的，而是为达到当时那个高于一切的目的的手段，这目的就是：结束战国时代、在几百年的混乱和自相残杀之后终于又能致力于建立外部和平和内部秩序。我们必须看到，做到了这些，他们同时很可能也就实现了各族人民最迫切的愿望。"⑤ 法家最强调用法律来治理国家，"以法治国"是法家思想的出发点与落脚点。而法治告诉人们，它作为规则之治，要求法律对事不对人。其优点之一就是能克服人性的弱点，可以在国家制度运行中，避免私人感情，公正对待人与事，反对以言代法、以权压

---

① 　参见强世功. 法律的现代性剧场 [M]. 北京：法律出版社，2006：170-181.
② 　转引自 [美] 富勒. 法律的道德性 [M]. 郑戈，译. 北京：商务印书馆，2005：126.
③ 　[美] E. 博登海默. 法理学：法律哲学与法律方法 [M]. 邓正来，译. 北京：中国政法大学出版社，2004：207.
④ 　司马迁. 史记 [M]. 韩兆琦，译注. 北京：中华书局，2010：7636.
⑤ 　[德] 罗曼·赫尔佐克. 古代的国家：起源和统治形式 [M]. 赵蓉恒，译. 北京：北京大学出版社，1998：275-276.

法、徇私枉法。① 换句话说，相比于德治、礼治等其他治理方式，法治能够通过相关法律和制度的建立避免由人性给国家治理带来的不稳定因素。同时，由于拥有强大的国家强制力作为后盾，法治能够实现最快速、有效的治乱和维稳。因此，对秩序的追求使得法治成为法家治国理政的首选模式。《韩非子》记载："峻法，所以禁过外私也；严刑，所以遂令惩下也。"② 也就是说，法家认为严刑峻法是避免失序甚至无序的有效手段。当然，通过严刑峻法去维护秩序是历史糟粕，但法家通过法律来维护社会秩序和规范人的行为是完全合理的。

（二）法家传统强调秩序价值

法家非常重视秩序价值的维护，认为秩序是一切价值的前提。从法理上来看，这显然是一个正确的命题。只有实现国家和社会的秩序，才能保障其他价值得以实现。没有秩序价值这个前提和条件，自由、公平、正义等其他价值都只能停留在空想阶段。因此，有学者认为："商鞅的治国方略是一种农战目的指导下的刑赏之治，也许我们不能认同商君那种生力、耗力并行的冷酷理论，但仍应当肯定他所构想的秩序优先性'法治'国家。如果我们试图概括商鞅的治国方略，那么《商君书·赏刑》已经给出了一个完整的答案。"③

法家追求的秩序不仅包含稳定和可预见性，而且还应该有合理性的特征。如，在政治秩序中，以维护君权为目的之一的法家认为："万乘之患，大臣太重；千乘之患，左右太信；此人主之所公患也。"④ 基于此，君主和大臣之间，君主应当注重将权势把握在自己手中，避免位高权重的大臣因掌握了过度的权势而威胁到君主的地位，使君臣之间的秩序与常理不符。此外，《韩非子》中强调："是故乱国之俗：其学者，则称先王之道以籍仁义，盛容服而饰辩说，

---

① 李龙，刘玄龙. 论坚持和完善国家制度的三大关系 [J]. 理论月刊，2020（2）：54.

② 韩非子 [M]. 高华平，王齐洲，张三夕，译注. 北京：中华书局，2010：49.

③ 崔永东. 思想家的治国之道 [M]. 北京：中国政法大学出版社，2007：164.

④ 韩非子 [M]. 高华平，王齐洲，张三夕，译注. 北京：中华书局，2010：49.

以疑当世之法，而贰人主之心。其言古者，为设诈称，借于外力，以成其私，而遗社稷之利。其带剑者，聚徒属，立节操，以显其名，而犯五官之禁。其患御者，积于私门，尽货赂，而用重人之谒，退汗马之劳。其商工之民，修治苦窳之器，聚弗靡之财，蓄积待时，而侔农夫之利。此五者，邦之蠹也。人主不除此五蠹之民，不养耿介之士，则海内虽有破亡之国，削灭之朝，亦勿怪矣。"① 也就是说，法家认为统治者应该注意包括这五类人在内的一切影响秩序的潜在因素，避免法治受到侵害。进而通过法治维护秩序是保障国家长治久安的基础。法家传统突出秩序，对稳定中国大一统局面起到了非常重要的作用，这种思路对当代也有着深刻影响。承此逻辑，从秩序出发，再去追求其他价值，确实是一个今后需要长期关注的问题。西方一些国家标榜自由，但酿成了冲击国会山②等暴乱事件。这种名义上的民主，事实上却构成了对大多数人生命安全等自由的严重威胁。因此，法家传统强调的这种秩序下的理性人权，不失为一种重要人权构建方式。

法家传统注重秩序价值，但是其也并非仅注重秩序而不注重其他价值。《管子》认为："勇而不义伤兵，仁而不法伤正。故军之败也，生于不义；法之侵也，生于不正。"③ 换言之，秩序、公平、正义三者呈现出紧密结合的状态。其中一者受到破坏，势必会影响其他两者的状态，进而损害国家的统治。因此，在维护秩序这一前提之下，也需要对公平和正义加以关注。

第三节　法家传统与中国法治建设脉搏同频共振

法家传统与中国法治是一种同呼吸、共命运的关系。本书第二章已经对法

① 韩非子［M］.高华平，王齐洲，张三夕，译注.北京：中华书局，2010：722.
② 2021年年初，美国遭遇震惊世界的"至暗时刻"。美国国会遭遇暴力冲击，四名抗议者死亡，一名警察重伤后不治身亡。国会依照宪法正在举行的确认大选结果的程序也被中断。参见张红.海外版观察台："民主楷模"何以如此沦落［N］.人民日报海外版，2021-01-14（6）.
③ 管子［M］.李山，轩新丽，译注.北京：中华书局，2019：296.

家传统的历史演进进行了细致剖析。整个法家学派从产生到兴起的历史，其实就是中国法治不断发展的历史。先秦是法家的诞生时期，先秦法家推行变法图强、为推行"以法治国"的法治提供了基本范式。随后，进入以儒家文化为主导的封建帝制时期，整体而言法家学派的发展受到了影响。但是，法家仍以"阳儒阴法"的形式为国家治理发挥作用。近代以来，以魏源、龚自珍、康有为、梁启超、洪仁干、宋教仁为代表的近代法家，为救亡图存建言献策。中华人民共和国成立以来，开启了社会主义中国法治的建设，产生了谢觉哉、沈钧儒、董必武、梅汝璈、李达等著名法学家。在中国共产党的坚强领导下，在一代又一代法学家的共同努力下，中国法治建设取得了一系列标志性成果。

一、法家传统与古典法治的产生

（一）中国古代法治释疑

鸦片战争以后，中华民族步入了充满惨痛和屈辱的近代史。以救亡图存为最高目标的有识之士一边将目光投向先进的西方国家，另一边将视线拉回到同样是战国时代的先秦时期，试图从中国和西方、古代与近代两组碰撞中寻找到能够帮助中国破解大变局的方法。自亚里士多德后，西方法治理论在数代西方学者的努力下逐渐趋于完善。受西方法治理论的影响，近代学者试图从中国历史中挖掘本土资源的同时，几乎都以西方视角来审视中国传统文化。以法治思想为例，梁启超、冯友兰、萧公权等学者都对先秦法家的法治思想进行过论述。自此以后，似乎用西方法治来解读中国法治成为一个固定样式，而得出的结论几乎都是中国古代仅有专制没有法治："在中国，近代法治学说是绝不可能在法学理论的土壤中成长起来的。以现代立场观之，法家之主张人治，绝不亚于儒家。"① 梁启超、萧公权等学者在对先秦法家的法治思想进行阐释时，

---

① 梁治平. 法辩——中国法的过去、现在与未来 ［M］. 贵阳：贵州人民出版社，1992：98.

西方法治的概念似乎成为一个参考标准。梁启超的法治思想前文已有详细阐释，此处不再赘述。与以梁启超为主将的"肯定派"不同，作为"否定派"代表的萧公权，对法家"法治"思想的真实性，则从根本上予以"证伪"。① 甚至，有学者认为："在中国，近代法治学说是绝不可能在法学理论的土壤中成长起来的。"②

事实上，以先秦法家为代表的法家学派，有法治的理论和法治实践，只是说在不同阶段的法家对于国家的理解存在较大差异。国家是法家思考治国理政之策的出发点和落脚点，国家本位可以说是法家思想的重要特征。有学者认为："在先秦法家思想所处的时代背景下，国家与政府、君主之间并不存在概念上明确的界分，概念上的不明晰使国家与君主容易发生混淆……韩非子更是直接以君主取代国家，这也导致了先秦法家思想的国家主义不可避免地滑向了极端，并最终走向崩溃。"③ 换言之，在先秦时期国家、政府、君主之间的差异较小，尤其是君主几乎可以与国家等同。然而，人民作为国家的重要组成部分，在法家传统中呈现出两种完全相反的境遇。齐法家代表管仲提出"以人为本"的民本思想。国家、君主、人民被视作一荣俱荣，一损俱损的整体："人甚忧饥，而税敛重；人甚惧死，而刑政险；人甚伤劳，而上举事不时。公轻其税赋，则人不忧饥；缓其刑政，则人不惧死；举事以时，则人不伤劳。"④ 换句话说，齐法家认为国家高于人民，人民是国家强盛的手段而并非目的。秦法家则完全将国家与人民放置于完全对立的两个方面。其中，商鞅主张"民弱国强，民强国弱"⑤。秦法家将法家学派的国家本位观念推向了极端，百姓彻底沦为国家实现富强的工具。在春秋战国时期，极端的国家本位思想，使秦国的

---

① 程燎原. "洋货"观照下的"故物"——中国近代论评法家"法治"思想的路向与歧见 [J]. 现代法学，2011，33（3）：9.

② 马作武. 中国古代"法治"质论——兼驳法治的本土资源说 [J]. 法学评论，1999，93（1）：51.

③ 魏治勋，刘一泽. 从先秦法家到近代新法家：国家主义及其当代价值 [J]. 吉首大学学报（社会科学版），2018，39（6）：49.

④ 管子 [M]. 李山，轩新丽，译注. 北京：中华书局，2019：412.

⑤ 商君书 [M]. 石磊，译注. 北京：中华书局，2011：148.

统治者不顾百姓的权利，使用严刑酷法迫使民众为国家进行耕战。短时间内，秦国国力迅速增强；从长期来看，秦国实现大一统后，极端的国家主义也为其覆灭埋下了伏笔。但是，无论是齐法家还是秦法家，均通过法治将国家本位的思想深深烙在百姓心中。在国家本位思想的影响下，大一统理念逐渐成为历朝历代统治者和百姓的共同思想。大一统的理念根植于我国各族人民内心深处，长久地渗透在中国两千多年来的政教体制、社会习俗、心理习惯和人们的思想行为上，转化为各民族人民的共同心愿和心理定式，并且作为一种政治理想历经传承，成为我国重要的政治历史传统。①

因此，中国古代是否具有法治显然是一个伪命题。究其本质，按照马克思主义发展来看，法治是一个动态发展的概念。同时，根据马克思主义普遍性与特殊性的原理，受制于地理环境、政治传统甚至风俗习惯等因素的影响，不同地区的法治样态呈现出很大区别。同样，即便是在同一地区，对于不同的历史阶段，法治内涵可能完全不一致。对此，习近平总书记指出："一个国家选择什么样的治理体系，是由这个国家的历史传承、文化传统、经济社会发展水平决定的，是由这个国家的人民决定的。我国今天的国家治理体系，是在我国历史传承、文化传统、经济社会发展的基础上长期发展、渐进改进、内生性演化的结果。"② 有鉴于此，用西方法治的定义做中国法治的紧箍咒是不合理，更是不科学的。

（二）"古典法治"的理论回应

从前文所述的"法治是一种国家治理模式"这一理论前提出发，从空间向度来看，世界上几乎所有国家都有法治。从时间向度看，在中国先秦时期就已经出现了"以法治国"的国家治理模式。需要指出的是：并非所有国家的法治都是良法善治，先秦时期的法治理论与现代法治理论相比也有很多不足之

① 商莹，蒋满娟. 新时代统一战线思想的中华优秀传统文化基因［J］. 社会科学家，2020（5）：135.
② 习近平. 习近平谈治国理政［M］. 北京：外文出版社，2014：105.

处。但是，一方面，先秦法治与现代法治之间并非毫无联系可言。无论是从凯尔森、弗里德曼等分析法学派对法治所作的定义出发，还是从皮文睿提出的双层理论框架出发，法家论证的法治都找到了与现代法治相勾连之处。另一方面，实现社会主义法治建设的目标，需要从我国历史上寻找可以为中国当代法治建设提供理论和传统支持的元素。对此，中国政法大学王人博教授提出了一个最低限度的法治概念："这种可能性就在于，一个国家的人民（不管其代表是党员还是议员）依据自己的文化和社会哲学传统，有权根据理性规则创制自己的法律，这些法律在满足了一些客观的条件以后确实能得以普遍地执行和遵守——这样一个'最低限度'的法治概念——可以为法律'发展中'的国家所接受。这也说明，一个国家对待自己的法律思想传统，最重要的是超越那些思想生成中的历史场景去探寻能与现代发生关联的符号和意义，使古老的思想传统在现代能有转生的机会。"①

王人博教授提出的最低限度法治的概念，是 21 世纪初提出的一个对中国古代法治问题最有力的思考。时隔数载，段秋关教授展开了他对"古典法治"观点的阐述，对法家传统有关法律治理国家的相关理论进行了正确定位："进行历史研究，如何定性大秦帝国与秦代社会，是'人治'还是'法治'，属于仁智互见的学术问题。"② 在法家治理理念的定性上引发了很多笔墨官司。如前所述，本书已经给法治进行了可操作性概念的界定。在这一法治概念下，先秦法家的治理理念无疑是属于法治的。但是，先秦法家论述的法治和中国当代法治之间有质的差别。为此，段秋关教授认为："为了不与现代法治相混淆，在学术研究中宜称之为古典法治。"③ 可以说，"古典法治"的提出为界定先秦法家法治理论的性质提供了学理上的有力支撑。段秋关教授虽然本意仅想用

---

① 王人博. 一个最低限度的法治概念——对中国法家思想的现代阐释 [J]. 法学论坛，2003，18（1）：16-17.

② 段秋关. 现代法治与古典法治——兼论中国法治的历史根基 [J]. 西北大学学报（哲学社会科学版），2016，46（4）：128.

③ 段秋关. 现代法治与古典法治——兼论中国法治的历史根基 [J]. 西北大学学报（哲学社会科学版），2016，46（4）：128.

古典法治这一概念来为先秦法治理论冠名。事实上，法家的法治理论从秦朝建立以后，几乎没有实质上的改变。直到晚清，沈家本、黄宗羲等人开始思考和引入西方法治理论，以丰富和改造古典法治理论时，中国法治发展才进入了由古典法治向现代法治的转型期。古典法治虽然围绕的并非民权而是君权，但从形式法治和实质法治这一分析范式出发，它无疑可以与现代法治相勾连。一方面，从形式上来看古典法治具有法治外观；另一方面，现代法治的实质要素可以从古典法治的理论和实践中寻找到踪迹。如果说现代法治复兴于罗马法，那么中国现代法治也同样应该回归到中国传统法治理论中寻求本土法治资源。

　　因此，用古典法治这一概念来界定从先秦至大一统时期的法家。但是，段秋关教授论证古典法治这一概念时认为："中国最早的'法治'思想与学说虽然是先秦法家提出的，在秦代形成了系统的制度。但法家'以法治国'的主体是君主，'法治'学说成为中央集权、君主专制的理论依据；秦帝国奖励耕战乃农业社会，秦法虽多却并未体现公民权利，因此，秦代法治的实质仍属人治范畴，准确一点可称为'君主法制'。"[①] 换句话说，段秋关教授论证的法治实质上仅指法的统治。本书认为先秦法家的"以法治国"和"法的统治"都是法治的具体模式，两者都从属于法治概念的内部。是否服从于特定个人意志及为特定个人谋取利益是先秦法治和现代的法治的最大区别。因此，虽然本书将先秦法治称为古典法治，但是原因与段秋关教授所见略有不同。先秦法治之所以为古典法治，是因为先秦法治在实质上确实有维护君主的成分，这是与以人民为中心的新时代社会主义法治具有本质上的区别。然而，以古典法治为源头的法家传统仍然对当代中国法治建设具有重要的影响，先秦法治对现代法治也有一定的借鉴意义，古典法治不能完全被当代中国法治的建设摒弃。一方面，在春秋战国时期的时代背景下，国家需要通过高度集权的体制来迅速整合资源，实现资源的有效调配，以最快速度实现富国强兵的目标。在缺乏市场经

---

　　① 段秋关. 现代法治与古典法治——兼论中国法治的历史根基［J］. 西北大学学报（哲学社会科学版），2016，46（4）：128.

济的基础下，法家选择构建集权式的国家制度和古典样态的法治模式，可以说既要承认其有时代的局限性，也要看到这是当时法家在"务为治"思想指导下能做出的最优选择。另一方面，君主并非是先秦法治构建的唯一关注点。除了维护君主专制以外，国家主义是法家法治思想构建的最高出发点。甚至通过对整个法家思想史的考察，可以说，国家在法家思想中的地位要高于君主。原因在于近代法家意识到君主专制已经无法抵挡帝国主义的侵略时，马上将目光转向西方，从西方法治思想中寻找救亡图存的手段。常燕生、陈启天等人就是最好的例证。此外，人治理论要求圣人担任君主以实现天下大治。在国家治理中，韩非认为应该推行"中主"理论，即君主最好由位于贤明和残暴之间的人来担任。并且君主应该通过建立相应的制度和任用法术之士来治理国家。可以说，仅从韩非的思想出发，将法家的法治思想简单归于人治的说法是有待商榷的。

　　就中国法治而言，最低限度的法治概念的论述，以及随后古典法治观点的提出显得弥足珍贵。对此，有学者指出："往往一些粗浅的创意，却能够成思想的先驱。无论它合理与否，是否荒谬，却均值得追究。大凡思想的创意，起初多半是粗略宽泛而具有新意境。他的特色在表现多样矛盾、杂驳而富有包容性，尤其具有潜在发展趋势。嗣后的发展延续，多恃神秘思考的学者继承，可以笃信而专致地加以系统化，终于建立一套体系。"① 换言之，古典法治和现代法治不是二元对立关系，而是源与流的关系。一个国家在不同的历史时期，随着生产力的发展以及相应政治制度的变化，法治模式也会逐渐变化以适应时代需求。需要指出的是，王人博教授所说的最低限度的法治，本质上属于"古典法治"论说的一部分。从学理上看，"古典法治"理论事实上具备了最低限度法治的一切条件。因此，无论是从最低限度的法治概念出发，还是从"古典法治"角度去分析，都是对中国古代法治存在的理论回应，是值得推崇的学术探究。

---

　　①　王尔敏. 中国近代思想史论 [M]. 北京：社会科学文献出版社，2003：2.

二、法家传统与近代法治的转型

（一）困境：近代法治转型的迷失

正确的法治实践，需要依靠正确的法治理论来引领。正确的法治理论又离不开科学的世界观和方法论的指引。中国法治近现代化转型中，法治理论构建主要有两条进路：一是主张引入国外先进法治理论指导中国法治建设，二是尝试用从传统法治文化中探寻救亡图存之道。

一方面，对西方法治理论的引入。政治、经济、法治是国家走向富强最需建设的三个方面。欧洲各国在政治与法治先后进入现代化的基础上，开展工业革命发展经济，实现了国家的富强。法治作为整个社会系统中重要的子系统之一，为国家发展起到了引航、护航、助航的作用。近代有识之士看到了法治在西方国家发展与变革中发挥的巨大作用，希冀用革命摆脱农耕文明的政治制度桎梏，制定宪法，建立共和政体或君主立宪政体，通过立宪实行法治，继而在市场经济体制下向工业化迅速迈进。① 但是，近代法家代表人物没有从社会整体出发，过于强调法治这一子系统的独立性。他们并不明白西方的工业文明是一个完整的文明形态，不懂得它是一个由思维方式到价值理念、由工具技术到交换规则、由组织形式到法律制度构成的一个环环相扣的组织系统，而只是一厢情愿地希望采西方法治之精华补华夏法治之欠缺，以至于"中学为体、西学为用"的思想在中国法治建设领域也被奉为圭臬。②

另一方面，以梁启超、章太炎等为代表的近代法家看到了中华传统法治文化的价值，但是没有意识到对旧式法家传统的简单赓续已经不适宜近现代国家发展对法治的需求，近代"新"法家在本质上并没有创新。因此，随着近代

---

① 参见张恒山. 文明转型与中国特色法治发展之路［J］. 中共福建省委党校学报，2017（1）：5.
② 参见张恒山. 文明转型与中国特色法治发展之路［J］. 中共福建省委党校学报，2017（1）：5.

法治实践的推进，中国法治面临困难时无法寻求到合理、正当的理论依据。面对这种窘境，近代法家无法自圆其说，并在随后修正了自己的观点，继而又转向了向西方法治模式取经的老路子。

两条法治现代化进路的失败原因在于近代法治变革缺乏正确的指导思想。一般而言，哲学是社会变革的先导。真正的哲学可以把握时代的脉搏，反映时代的任务和要求，为社会变革提供科学的世界观和方法论。哲学思想中的精华——辩证法和唯物主义本来应该是一家，但在中国古代哲学史中却长期分离。往往辩证法与唯心主义结合在一起，一些唯心主义哲学家有着丰富的辩证法思想，而其辩证法思想又为唯心主义体系所闷死。有些唯物主义哲学家兼有辩证法的思想，而有些较坚决的唯物主义哲学家却又往往陷入形而上学的泥坑。① 哲学发展的受阻也使得法治建设长期处于迷惘之中。承此逻辑，没有科学的世界观和方法论的指导，近代法治转型进入了一个迷失的阶段。事实上，只有站在马克思主义经典作家所判断的大的历史时代的广阔视野上，站在中国特色社会主义进入新时代的特定角度上，将两种观察角度结合起来，才能牢牢把握中华思想的过去、现在和未来，才能充分认清源远流长的中华思想的伟大意义，才能深刻理解研究中华思想史的历史和现实价值。②

（二）疏解：法家传统的马克思主义面向

2018 年 5 月，习近平总书记在纪念马克思 200 周年诞辰上讲话中指出："中华民族要实现伟大复兴，也同样一刻不能没有理论思维。马克思主义始终是我们党和国家的指导思想，是我们认识世界、把握规律、追求真理、改造世界的强大思想武器。"③ 可以说，近代中国能够摆脱被帝国主义侵略，重新走

---

① 王伟光. 构建中华思想史当代中国马克思主义学派——关于研究编撰中华思想通史的若干问题 [J]. 中国社会科学，2019（11）：200.

② 王伟光. 构建中华思想史当代中国马克思主义学派——关于研究编撰中华思想通史的若干问题 [J]. 中国社会科学，2019（11）：173-174.

③ 习近平. 在纪念马克思诞辰 200 周年大会上的讲话 [N]. 人民日报，2018-05-04（2）.

上繁荣富强的发展道路，离不开中国共产党和全国人民的艰苦奋斗以及马克思主义的正确指导。随着五四运动的爆发，马克思主义逐渐传入中国。以李大钊、毛泽东、李达为代表的中国共产党人，认识到马克思主义理论的科学性与先进性，并且选择将马克思主义作为党的指导思想。马克思主义法学开始在中国大地上植根，中国法治转型开始走上正轨："只有真正弄懂了马克思主义，才能在揭示共产党执政规律、社会主义建设规律、人类社会发展规律上不断有所发现、有所创造，才能更好识别各种唯心主义观点、更好抵御各种历史虚无主义谬论。"① 中国共产党运用马克思主义法学进行革命探索和改革实践，开启了一条符合中国国情、有利于中华民族伟大复兴的社会主义法治道路，为马克思主义法学的进一步发展提供了中国方案。② 其中，对于中国传统文化的思考，也是中国共产党立足于中国本土文化，发掘中国传统精华的重要组成部分。

中国共产党历来高度重视中华优秀传统思想。毛泽东同志指出："学习我们的历史遗产，用马克思主义的方法给以批判的总结，是我们学习的另一任务。我们这个民族有数千年的历史，有它的特点，有它的许多珍贵品格。对于这些，我们还是小学生。"③ 受到法家传统的影响，毛泽东同志在青年学生时代就开始进行调查研究。从 1917—1918 年，毛泽东先后到了湖南的长沙、宁乡、安化、益阳、沅江、浏阳等地进行实地考察，加深了他对中国国情的认识，并激发了革命热情。在马克思主义传入中国后，毛泽东同志自觉运用马克思主义理论指导调查研究，创作了《中国社会各阶级的分析》《湖南农民运动考察报告》等优秀调查文献，④ 为党正确开展工作提供了第一手的调查材料。可以说，马克思主义的正确指导和法家传统中蕴含的现代因子双向互动，为法

---

① 习近平. 在哲学社会科学工作座谈会上的讲话 [M]. 北京：人民出版社，2016：11.

② 李龙，刘玄龙. 马克思主义法学中国化的百年历史回顾与时代展望 [J]. 社会科学战线，2021（3）：25.

③ 毛泽东选集（第 2 卷）[M]. 北京：人民出版社，1991：533-534.

④ 参见何成学. 毛泽东重视调查研究 [N]. 人民日报，2017-7-18（18）.

家传统实现由古代向近现代的成功转型提供了指导和奠定了基础。

第一，从先秦至清朝末期，"以法治国"的古典法治思想一直是中国法治构建的主要渊源。从古典法治向现代法治转型的过程中，西方法治理论的注入为中国法治带来了新的发展活力。但事实上，中国古典法治能转型成功，根本原因在于马克思主义的传入和对法家传统的转型指导。有学者认为："从文化传承的角度来看，当代中国的依法治国是一种源于先秦法家的文化形态；从文化交往的角度来看，当代中国的依法治国是先秦法家文化吸纳了西方法治文化的产物。"① 也就是说，中国现代法治实际上是在中国共产党的领导下，以马克思主义为指导，立足于中国革命、改革、建设时期的具体实践，通过对中国古典法治进行创造性转化和创新性发展并且借鉴了西方法治的有益元素，走出的一条符合中国国情，适合中国发展的中国特色社会主义法治道路。可以说，法家传统缘起的时代与马克思主义的产生时间相距甚远。但是，马克思主义对法家传统蕴含的国家主义、重农思想进行指导与改造，以及对其中固有的辩证法因子激发与整合。两者结合实现了中国法治在近现代的成功转型，用法治建设为中国的革命、建设、改革事业提供了强有力的保障。

第二，中国共产党成立后，在马克思主义的指导下，对传统国家-人民关系进行了创造性发展。习近平总书记指出："中国共产党人的初心和使命，就是为中国人民谋幸福，为中华民族谋复兴。"② 因此，人民不再是国家的手段，而是国家的目的。抗日战争时期，党就在根据地积极进行法制建设，保护农民、妇女和儿童等弱势群体利益。毛泽东同志还就人权问题作出指示，强调："应规定一切不反对抗日的地主资本家和工人农民有同等的人权、财权、选举权和言论、集会、结社、思想、信仰的自由权。"③ 可以说，中国共产党运用马克思主义对法家传统的创造性发展使人民真正成为国家的主人。在此基础上，我国的法律体系建设也转向以人民为中心，为发挥人民的巨大力量创造了

---

① 喻中．法家三期论［M］．北京：法律出版社，2017：103.

② 习近平．决胜全面建成小康社会 夺取新时代中国特色社会主义伟大胜利——在中国共产党十九次全国代表大会上的报告［M］．北京：人民出版社，2017：1.

③ 毛泽东选集（第2卷）［M］．北京：人民出版社，1991：768.

法律保障。

第三，重农思想是法家传统另一个重要思想。中国古代受制于地理条件和生产力的关系，农业与国家粮食安全息息相关。因此，历代统治者都重视对农业生产的保障。法家一直重视农耕对国家富强产生的基础性作用。商鞅提出"国待农战而安，主待农战而尊"①的观点，强调农业和战争是国家富强的根本之策。当然，在封建社会的发展过程中，重农思想由保障国家粮食安全，巩固国家基础逐渐发展成为君主束缚人民发展和压制人民的工具。中国共产党成立后，以马克思主义为指导，结合中国农业国的历史传统和具体实践，开辟了中国特色社会主义经济模式："毛泽东同志在领导中国社会主义经济建设实践中，形成了一系列关于社会主义经济建设的思想，构成毛泽东思想的重要组成部分。"②

此外，法家传统之所以能够与马克思主义实现融合，其自身蕴含的辩证法思想起到了重要作用。马克思主义是科学的世界观和方法论的结合，其既强调对世界发展一般规律的探寻，也关注各个国家在发展中展现的特殊性。而辩证法思想是马克思主义的重要组成部分，其中具体问题具体分析是马克思主义活的灵魂。具体到法治建设领域，就是要求每个国家寻求适合自己的法治发展道路。夏商周时期，法寓于礼的产生意味着我国的先贤们就已经开启了对国家治理方式的探索。西周的政治和经济制度崩溃后，国家处于诸侯称霸的分裂状态。各诸侯国为了实现富国强兵的目标，先后开启变法改革。法从礼中独立出来，成为调整国家秩序的重要手段。管仲、商鞅、韩非等人开始大力倡导法治学说，认为法律应该优先于礼，并且固定为国家治理的首要方式。立法是实现法治的前提，也是先秦法家着重论述的部分。从时间向度来看，法家代表人物韩非认为法律随着每个时代具体情况的变化而变化，因时而变的法律是国家推行法治成功的前提，其背后体现了法家追求经世致用，厚今薄古的现实精神。

① 商君书［M］. 石磊，译注. 北京：中华书局，2011：28.
② 王伟光. 构建中华思想史当代中国马克思主义学派——关于研究编撰中华思想通史的若干问题［J］. 中国社会科学，2019（11）：198.

　　《韩非子·心度》中记载："法与时转则治，治与世宜则有功……时移而治不易，能治众而禁不变者削。"① 也就是说，每个时代的具体情况不一样，因此法律应该随着时代的变化而变化。如果法律不能因时而变的话，其对国家治理产生的效果就会降低。从空间角度来看，处于同一时代中的法律在制定时，也要先查明本国的具体情况，顺时而立法，才能起到好的法治效果。《管子·七臣七主》中指出："夫亡国蹄家者，非无壤土也，其所事者，非其功也。夫凶岁雷旱，非无雨露也，其燥湿，非其时也。乱世烦政，非无法令也，其所诛赏者，非其人也。"② 也就是说，国家治理不仅要针对本国的具体情况制定相应的法律和政策，而且在实施法律和政策时，也要查明具体情况。因此，法家认为在处理案件时要名实相符。《韩非子》中指出："术者，因任而授官，循名而责实，操生杀之柄，课群臣之能者也。"③法家虽然将循名责实作为一种御下的手段，但是在法治领域，循名责实作为一种精神自然对解决案件有指导作用："观听不参则诚不闻，听有门户则臣壅塞。"④ 也就是说，在作出决策时，要听取多方面意见。这样才能避免因对情况没有全面了解而造成立法、执法、司法上的失误。

三、法家传统与新时代法治

（一）法家传统与新时代法治的古今连接

　　马小红教授在《古法新论——法的古今连接》一书中，提出了古今法理念的连接这一重要命题。该书认为法的古今连接工作任务量重、要求很高，需要对古人留下的各类法治遗产进行详尽地考究。但是，这项工作在当下又十分必要，意义重大："因为中华法系并非如一些人所认为的那样，是以刑为主、

---

①　韩非子［M］.高华平，王齐洲，张三夕，译注.北京：中华书局，2010：759.
②　管子［M］.李山，轩新丽，译注.北京：中华书局，2019：757.
③　韩非子［M］.高华平，王齐洲，张三夕，译注.北京：中华书局，2010：620.
④　韩非子［M］.高华平，王齐洲，张三夕，译注.北京：中华书局，2010：318.

简陋而野蛮的，其博大精深确非虚言。问题在于，我们应该对古人留给我们的宝贵的法律文化遗产进行深入的分析，以实现古今的连接，实现百余年前中国先驱思想家们的愿望：发掘中国传统法文化，以贡献于人类。"① 有鉴于此，我们需要充分认识到古代传统文化对于现代法治的重要价值，实现法家传统与新时代法治的古与今之连接工程。

2015 年 10 月，习近平总书记在英国议会发表讲话时指出："我们的先人们早就开始探索如何驾驭人类自身这个重大课题，春秋战国时期就有了自成体系的成文法典，汉唐时期形成了比较完备的法典。我国古代法制蕴含着十分丰富的智慧和资源，中华法系在世界几大法系中独树一帜。"② 春秋时期是中华法治文明发展史上的一个重要时间节点。管仲在齐国任相期间积极进行国家改革，提出以法治国的国家治理改革方案，不仅让齐国成为第一个霸主，而且为中华法治文明注入了新的理论因子。此后，法家不断以现实变革促进法治理论创新，以法治理论创新推进现实变革。这些植根于不同历史时期下中国本土实践而形成的法治理论，穿越时空汇聚成具有厚重底蕴的中华法治文明。当前，世界正处于百年未有之大变局中，尤其是新冠疫情的不断反复考验着每一个国家的社会治理体系和治理能力建设。2020 年 11 月，习近平总书记在中央全面依法治国工作会议上发表重要讲话。总书记立足于新的时代背景，从以实现中华民族伟大复兴的中国梦为目标的高度，高屋建瓴地提出了中国特色社会主义法治建设的"十一个坚持"③。习近平总书记在论述坚持中国特色社会主义法治道路时指出："要传承中华优秀传统法律文化，从我国革命、建设、改革的时间中探索适合自己的法治道路，同时借鉴国外法治有益成果，为全面建设社会主义现代化国家、实现中华民族伟大复兴夯实法治基础。"④ 可以说，习近平总书记不仅为如何建构具有中国特色的法治理论研究指明了道路，而且阐明

---

① 马小红. 古法新论——法的古今连接 [M]. 上海：上海三联书店，2014：9.

② 习近平在英国议会发表讲话 [EB/OL]. [2015-10-21]. http：//www. xinhuanet. com/world/2015-10/21/c_128339832. htm.

③ 参见习近平. 论全面坚持依法治国 [M]. 北京：中央文献出版社，2020：2-6.

④ 习近平. 论全面坚持依法治国 [M]. 北京：中央文献出版社，2020：3.

了其法治思想的理论渊源："党的十八大以来，习近平总书记深刻总结我国古代法制传统和成败得失，挖掘和传承中华优秀传统法律文化精华，赋予中华法治文明新的时代内涵，使中华法治文明焕发出新的生命力。"① 换言之，习近平法治思想，是在不断融通马克思主义的资源、中华优秀传统文化的资源，以及借鉴国外哲学社会科学的资源的基础上，逐渐形成的具有主体性、原创性和时代性的中国特色社会主义法治思想。因此，习近平法治思想的理论渊源中当然包括法家传统这一重要的法治本土思想资源。

首先，"德法兼修"已经被科学转换为全面依法治国与以德治国相结合。在全面推进依法治国的新时代，我们坚持依法治国与以德治国，就是继承中国古代"德法兼修"思想的光辉典范。法治和德治相互促进、相辅相成，有利于形成良好的社会风气，继而更好地为中国特色社会主义法治建设事业服务。

其次，"以人为本"理念已经被科学转化为以人民为中心。以管仲为代表的法家先驱们已经认识到"人"是国家根本的道理。其并非一味主张重法，而是强调必须认真对待百姓诉求，做到为百姓谋福祉。针对这个问题，国内有学者提出的人本法律观②值得我们注意。做到"以人为本"来保障人民的权利，有利于我们坚持人民主体地位，也有利于充分发挥人民群众的力量来共同推动全面依法治国的实施。

最后，"法不阿贵""刑无等级"等法治理论，是法律面前人人平等思想的中国古代原型。如商鞅指出："所谓壹刑者，刑无等级。自卿相、将军以至大夫、庶人，有不从王令，犯国禁，乱上制者，罪死不赦。有功于前，有败于后，不为损刑。有善于前，有过于后，不为亏法。"③ 也就是说，商鞅认为法律在适用时不应有等级差异，无论是高级官员还是平民百姓，触犯法律的一律都要接受相应的处罚。在此基础上，韩非则进一步提出了"法不阿贵"的思想。《韩非子》一书指出："法不阿贵，绳不挠曲。法之所加，智者弗能辞，

---

① 陈一新.习近平法治思想是马克思主义中国化最新成果［N］.人民日报，2020-12-30（10）.

② 参见李龙.人本法律观简论［J］.社会科学战线，2004（6）：200-202.

③ 商君书［M］.石磊，译注.北京：中华书局，2011：124.

勇者弗敢争。刑过不避大臣，赏善不遗匹夫。"① 韩非强调权贵大臣和普通百姓一样，只要触犯律法都要接受惩罚，为善的则都要实行奖励。需要指出的是，无论是"刑无等级"还是"法不阿贵"，都具有一定的历史局限性，体现了当时的时代特征。但法家学派提倡法律面前人人平等的精神，为推动国家改革和社会进步贡献良多。对于贯彻法律面前人人平等原则，习近平法治思想的"十一个坚持"提出了抓住领导干部这个关键少数的思路。要求各级领导干部坚决贯彻落实党中央关于全面依法治国的重大决策，带头尊崇法治、敬畏法律②。这一思路强调不仅不能给予党员干部任何特权，而且提倡以更高的标准来要求干部群体。我们要加强对各级党员领导干部的思想教育，开展各种形式的主题讲座，要求广大干部始终把人民的需求放在最高位置。

（二）新时代法治的历史穿透力

时代是出卷人，我们是答卷人，人民是阅卷人。③ 习近平总书记从坚持和发展中国特色社会主义全局和战略高度定位法治、布局法治、厉行法治，创造性提出全面依法治国的一列新理念新思想，形成了习近平法治思想。④ 习近平总书记坚定有力地回答了中国应该坚持什么样的国家治理方略这一时代之问，描绘了新时代中国法治建设的宏伟蓝图，引领中国法治建设进入新的发展境界……习近平法治思想生动记载了我们党改革开放以来持续推进依法治国的丰厚实践经验，深刻蕴含着中华民族自古至今绵延不断的宝贵治理智慧，广泛吸纳了人类社会法治文明的璀璨思想精华，科学擘画了新时代全面依法治国的宏伟战略蓝图，是新时代全面依法治国的根本遵循。⑤

---

① 韩非子 [M]．高华平，王齐洲，张三夕，译注．北京：中华书局，2010：50.

② 习近平．论全面坚持依法治国 [M]．北京：中央文献出版社，2020：5-6.

③ 习近平．以时不我待只争朝夕的精神投入工作，开创新时代中国特色社会主义事业新局面 [N]．人民日报，2018-01-06（1）.

④ 陈一新．习近平法治思想是马克思主义中国化最新成果 [N]．人民日报，2020-12-30（10）.

⑤ 张文显．习近平法治思想的理论体系 [J]．法制与社会发展，2021（1）：5-6.

新时代法治的这种穿透力，直接体现在习近平法治思想对中华优秀传统法律文化的历史传承上。习近平法治思想不是天上掉下来的，其具有厚重的历史文化底蕴。在继承人类史上先进法治思想的成果的基础上创新发展中国特色社会主义法治理论体系，是习近平法治思想的鲜明品格。[①] 习近平总书记指出："自古以来，我国形成了世界法制史上独树一帜的中华法系，积淀了深厚的法律文化……显示了中华民族的伟大创造力和中华法制文明的深厚底蕴。中华法系凝聚了中华民族的精神和智慧，有很多优秀的思想和理念值得我们传承。"[②] 中华法系，是世界历史上著名的五大法系之一，产生了《唐律疏议》《宋刑统》等一大批代表性法典，充分彰显了中华优秀传统法律文化的智慧。中华法系的形成有儒家传统的功劳，如体现了无讼是求、以和为贵、矜老恤幼等价值理念。但也必定有法家的贡献，如援法断罪、罚当其罪、法不阿贵等。还有一些，则是大一统时期儒家传统和法家传统所共同提供的治国策略，如出礼入刑、隆礼重法、德法兼修、明德慎罚等。因此，中国法治自身具备的丰富资源及对中华优秀传统文化的梳理与继承让习近平法治思想十分契合当下中国发展的实际。中国实际走出了一条与西方国家不同，但能够取得成功的特色法治道路。可以说，通过发掘中华优秀法治文化，提取中华法治文化的优秀基因，习近平法治思想为新时代中国法治建设注入历史文化因子，更加接地气。

这种穿透力还体现在用马克思主义思想对中国传统法治文化的创造性转化和创新性发展上。理论是行动的先导，思想是前进的旗帜。缺乏正确的理论指导，势必会大大减弱对传统文化的发掘与改造力度。我国古代法治中有很多值得现代借鉴的法治思想和法律制度，如援法断罪、录囚制度、上情制度等。但是传统法治思想中也不乏过时、失败的理论，如传统法治中的重刑辟思想等。对于这类思想，要认真鉴别，及时摒弃。而马克思主义是考察中国传统法治文化，鉴别其中合理内容的指导思想，也是实现对中华法治文化创造性转化和创

---

① 汪习根. 论习近平法治思想的时代精神 [J]. 中国法学，2021 (1)：40.

② 习近平. 坚定不移走中国特色社会主义法治道路，为全面建设社会主义现代化国家提供有力法治保障 [J]. 求是，2021 (5)：3-8.

新性发展的强大武器。发掘传统法治文化也是马克思主义法治理论实现中国化的必经之路。习近平法治思想运用马克思主义这一科学的理论武器，其深刻地剖析了中国传统法治文化，总结我国古代法制及其成败得失，挖掘和传承中华优秀法律文化精华，赋予中华法治文明新的时代内涵，使中华法治文明焕发出新的生命力。① 有鉴于此，我们要不断学习习近平法治思想，通过领会习近平法治思想的精髓来武装自己的头脑，继而实现对法家传统进行创造性转化和创新性发展。

① 陈一新. 习近平法治思想是马克思主义中国化最新成果［N］. 人民日报，2020-12-30（10）.

第四章　法家传统的创造性转化

2021 年 4 月，两办印发《关于加强社会主义法治文化建设的意见》，明确指出："推动中华优秀传统法律文化创造性转化、创新性发展。传承中华法系的优秀思想和理念……根据时代精神加以转化，加强研究阐发、公共普及、传承运用，使中华优秀传统法律文化焕发出新的生命力。"① 在中华优秀传统法律文化中，法家的法治模式在传统中国社会都是非常重要的。它不仅作为理论形态与儒道墨并列，而且在秦汉之后，其思想内涵逐步融入了中国古典社会的政治法律治理实践当中，成为中国古代治理文化的有机组成部分。② 但是，法家传统理论也存在些许问题。为此，我们需要对法家传统进行创造性转化。一方面，要对法家传统的历史糟粕及时清理；另一方面，就是要对法家传统中的精华进行科学提炼，从而实现对法家传统的创新性发展。需要指出的是，对法家传统的创造性转化，是一个典型的法理学命题，旨在给一个结论提供充足理由的活动或者过程。因此，本部分的这种创造性转化，目的在于对法家传统下的中国法治进行法理证成，在于解决法家传统下的中国法治的正当性问题。转化后的法家传统，有了科学的世界观和方法论的指导，是对旧的法家传统之科学承继与合理扬弃，能够在中国法治实践中得以应用、不断发展。

---

① 中共中央办公厅、国务院办公厅印发《关于加强社会主义法治文化建设的意见》[EB/OL]．[2021-04-05]．http：//www.xinhuanet.com/politics/zywj/2021-04/05/c_1127295498. htm.

② 武树臣，武建敏．中国传统治理模式及其现代转化 [J]．山东大学学报（哲学社会科学版），2020（5）：1.

第一节　何以必要

人类历史经历过多次百年未有之大变局。中国作为世界文明古国之一，亲历其中，并在大部分时间独领风骚、引领世界。然而，就在三千年大变局晚期的一个世纪（即公元 18 世纪至 19 世纪），经历过资产阶级革命和工业革命的西方列强侵入中国，中国自此沦为半殖民地和半封建社会，整个中华民族开启了西学东渐的过程。西学东渐对法学带来的冲击是中华法系的解体，中国的法治发展进入了漫长的转型期。这不得不让我们再次想到"苏力之问"，并发出为何中国古代法治长期在世界领先，出现了《唐律疏议》这样影响世界的法律作品，何以在近代之后却对中国法治如此之不自信的疑惑。本书的理解是：中国法治不自信，原因之一即在于不能正确对待法家传统的重要价值，也没有正确理解其他传统的理论适域，从而导致了理论使用的迷茫。这些在理论中的迷茫，导致目前产生了一些问题。这些问题亟待我们去破解。

一、中华文明繁荣与法治资源选择窘境亟待解决

当前，中国正处于伟大复兴的关键时期。然而，一方面，新冠疫情的发生加速了国际环境局势的变化，波云诡谲成为国际局势的重要特征；另一方面，国内改革进入攻坚区和深水区。面对百年未有之大变局，党的十九届五中全会及时通过《中共中央关于制定国民经济和社会发展第十四个五年规划和二〇三五年远景目标的建议》，其中明确指出面对国内外出现的新形势与新情况要"善于在危机中育先机、于变局中开新局"。① 然而，无论是育先机还是开新

---

① 中共中央关于制定国民经济和社会发展第十四个五年规划和二〇三五年远景目标的建议 [EB/OL]．［2020-11-03］．http：//www. xinhuanet. com/mrdx/2020-11/04/c_139489949. htm.

局，都离不开中华文明对中国发展的引领与支撑。习近平总书记指出："历史和现实都证明，中华民族有着强大的文化创造力。每到重大历史关头，文化都能感国运之变化、立时代之潮头、发时代之先声，为亿万人民、为伟大祖国鼓与呼。"① 为此，复兴与繁荣中华文明，尤其是中华法治文明，对中国法治的建设是十分必要的。针对这个问题，习近平总书记在哲学社会科学工作座谈会上指出：构建中国特色哲学社会科学，要善于融通把握好三方面资源：马克思主义的资源、中华优秀传统文化的资源和国外哲学社会科学的资源。② 这三类资源，也是构建中国特色社会主义法治体系的重要理论来源，为法治中国建设实现全面发展贡献理论力量。因此，中国从来就不缺乏法治建设的相关资源，对这些资源的挖掘理应成为我们今后法治工作的重点。复兴的中华文明，尤其是中华优秀传统法治文明，对中国法治的建设是十分必要的。但是，中华文明繁荣却面临着法治资源选择困难的危机。尤其是对以上三类资源的关系把握以及取舍的处理："在法学研究和法治建设中，马克思主义、中华优秀传统文化和国外哲学社会科学这三方面资源之间的融通问题体现得尤为明显和突出。"③

中国法治近现代转型之路，早期是学习欧美，后期则以俄为师。因此，在不断学习西方法治理论过程中，欧美法学和马克思主义法学对中国法学的发展影响巨大，导致了中国优秀传统法治文化逐渐退居次流。换句话说，中国传统法治理论实质上被掩藏于马克思主义和西方优秀法治理论的光环之下。同样，对于包括西方法治理论在内的国外哲学社会科学资源，我们采取的态度应当是适当予以借鉴，做到扬长避短，从而为我所用。承此逻辑，在对以法家传统为代表的中华优秀传统法律文化进行创造性转化和创新性发展的过程中，一定要明晰马克思主义、法家传统、西方法治理论三者之间的关系。

---

① 习近平．坚定文化自信，建设社会主义文化强国 [J]．求是，2019（12）：3-8.

② 参见习近平．在哲学社会科学工作座谈会上的讲话 [M]．北京：人民出版社，2016：16.

③ 蔡卫忠，刘晓然．中国法治的资源与发展趋向 [J]．山东社会科学，2019（8）：183.

第一，马克思主义是我们立党立国的根本指导思想，要坚持以马克思主义法学的基本原理全面推进依法治国。马克思主义的传入、中国特色社会主义理论体系的建立、全面依法治国重大战略的实施为继承、借鉴和升华以法治国提供了坚实的思想基础、理论基础和实践基础。因此，无论是法家传统的得出，还是对西方法治的借鉴，都必须运用马克思主义基本立场去鉴别。

第二，法家传统，在中国法治的适用中起着关键作用，故对中国传统社会的法治理论的关注点，必须回归到法家传统上来。经过转化后的新的法家传统，体现了马克思主义的指导，经过了取其精华、去其糟粕的过程，既有守本的静态基础，又有拓新的动态品格，为中国法治提供了源源不断的本土法治资源。经过转化后的法家传统还意味着对西方法治模式态度的转变。

第三，西方对自由、民主、人权等基本价值的探索，标志着人类法治事业的启蒙，我们在合理鉴别的基础上应当予以借鉴。但是，这种西方法治模式，因没有科学的世界观和方法论的指导，不具有也不可能具有普世性价值。西方古典法治理论，不能反客为主，而必须在合理甄别的前提下实现为我所用。

综上所述，本书的观点是：我们要在坚持马克思主义的指导下进行法治资源的选择。一方面，要更主动地挖掘出本土法治资源的精华。如前文所述，"以法治国"的提出最早可以追溯到先秦时期。因此，不可避免地会受到时代、阶级等因素的影响而具有相当的局限性。在新时代的背景下，"以法治国"理论必须经过科学转换。以此为契机，党的十八届四中全会专门作出了《中共中央关于全面推进依法治国若干重大问题的决定》（以下简称《决定》）。《决定》是以党的文件的形式首次正式擘画了推进全面依法治国重大战略的路线图。当然，必须明确的是，以法治国与依法治国虽一字之差，确是质的飞跃。[①] 可以说，推进全面依法治国重大战略的实施使得经过科学转化后的"以法治国"法治理论的时代底蕴得到充分彰显。另一方面，对于西方法治理论的取舍，要经过习近平法治思想的洗礼，仔细甄别、合理借鉴，使得法

---

① 郭道晖，李步云，郝铁川主编．中国当代法学争鸣实录［M］．湖南人民出版社，1998：565.

治中国建设体现更多的包容性特征。如对于西方国家提出的"三权分立"和"宪政"等理论，我们必须坚决摒弃；对于限权政府、法律面前人人平等、人权保障等理念我们需要借鉴，真正实现为我所用、推陈出新的目的。

二、研究中国法治问题时理论忽视或滥用的现状亟待破除

中国法治建设在寻求法治资源过程中，不仅面临着法治资源选择的窘境，而且西方法治资源与本土法治资源也面临着完全不同的境地。通过观察近代中国法治发展的历史可以发现，近代中国法治的现代化转型过程以学习外国的先进法治文化为主。在中华人民共和国成立之前，主要学习和借鉴西方法治理论。在中华人民共和国成立之后，主要学习和借鉴苏俄的法治理论，后又转向学习欧美国家的法治理论。可以说，向外国取经贯穿了中国法治近现代化转型的全过程。这种现象造成的结果是：产生了两个吊诡的法治话语陷阱，一是言必称希腊，但实际上并未真正解透理彻西方的法治实践与理论的精髓；二是虽然努力师从西方，试图启蒙本国、革故鼎新，但实际效果却不尽如人意。[①] 同时，在盲目求学西方的过程中，部分学者逐渐丧失掉对中国本土法治文化的自信，并且对于西方法治文化则过度崇拜，不加辨别和选择地用西方法治理论来套用中国现实，从而产生了西方法治理论在中国水土不服的情况。同时，与西方法治理论近乎被"滥用"的情况相比，作为中华法治文明主要部分的中国传统法治文化却几乎被忽视。

主客两分的分析范式是西方的重要文化传统，其对深入了解某一事物能起到很好的效果。但是，这种分析范式也很容易引发主体和客体之间的冲突。在探寻中国法治内涵时，西方世界通用的形式——实质的双层理论框架成为探寻中国法治内在含义的通用工具。同时，对这种理论的恪守，直接导致中国传统法治被认为具有浓厚的工具主义色彩，而备受贬斥。以这种理论框架为指导，国内部分学者不认为中国古代有实质法治，甚至是法治。在这种二元对立的分

---

① 支振锋.西法东渐的思想史逻辑 [N].中国社会科学报，2019-05-29（3）.

析方式下，法治的工具性一再被否定。对此，有学者指出："价值理性与工具理性并非两个理性，而是理性在不同方面的运用。价值理性与工具理性也并非对立关系，二者统一于人的现实生活：价值理性确定人生意义，工具理性实现生活目标，二者不可有所偏废。当然，目标与手段固然不能有所偏废，却需明确以何者为主导。侈谈高远理想没有实现途径未免陷于空疏，手握利刃随意挥舞却是更加危险。"① 有鉴于此，就法治价值本身而言，无论是西方发达资本主义国家，还是中国这样的发展中国家，法治都具有其独特内涵。我们需要用形式法治和实质法治的划分来引导和规范实然法治迈向应然法治，更要面向国内法治发展的实际情况，从而充分发挥法治在中国建设、改革中的引航、助航、护航作用。

法律是人类文明发展的智慧成果，是人类文明进步的重要标志，必然有其内在的延续性特征，事实上，新的法律制度大多是以先前的法律制度为起点和阶梯的。因此，以法律为核心组成的法治文化也具有一定的传承性。自先秦开始，法从礼中独立出来，成为保障国家与社会秩序的重要手段，法治文化也就此开始兴起。不仅出现了有关法治建设的原则、方式的论著，而且出现了法治建设的具体实践。在理论上出现了如《管子》《商君书》《韩非子》等专门著作。当然，由于古代先贤们研究领域多属驳杂，很多论述法治的书籍中还包含有论述其他领域思想的内容。但是，这些著作的出现为中华法治文化的兴起提供了基础。虽然法家代表人物提供了很多法治建设的理念或者原则，但是在实践中并非都能得到很好的实现。冤假错案、枉法裁判等行为在中国古代并非罕见。但是，有学者指出："对于这些理念或原则，我们不能以'仅是说说而已，实践中很少当真'来加以否定，只要这些理性的判断或主张能成为哪怕是形式上的'标准答案'或'正能量'，就是历史的一种进步，就会或多或少影响不同时期的立法、司法、守法；而美好的理念、原则不能完全兑现于司法实

---

① 王海英. 中华文明应对当代人类困境的现实路径——传统文化返本开新的逻辑与展望 [J]. 理论探讨，2021（1）：79.

践本来就是历史常态。"① 换句话说，不能因为在古代司法实践中部分立法、司法、执法者出现不符合法治精神的行为，就否定中国历史中出现的法治理论，甚至否定整个法家传统的存在。汉代以降，虽然"德主刑辅"或"德法兼修"的国家治理模式成为中国历代国家治理的主流模式，但是法治并非依附于德治。法治与德治相互独立，但又相互配合，继而形成了法治和德治二者相辅相成的国家治理格局。因此，在对中国法治进行研究，寻求法治本土资源的第一步就是要破除对中国传统法治的固有偏见。建设具有中国特色、中国风格、中国气派的法治理论体系就不仅要借鉴和吸收西方法治中合理与优秀的部分，而且要加强对中国法治传统的研究。简言之，就是要结合中国现实发展的实际，做到古为今用、推陈出新。

三、中国特色法治话语体系亟待确立

中国特色法治话语体系就是由反映中国法治实践及经验的理论和信念组成的思想体系和价值信仰体系，它集中表达了中华民族在建设中国特色社会主义事业中关于法治的自我理解，担负着探寻法治真理与合法性的使命，并力求在国际法治领域发出自己的声音，形成有分量的法治话语权。② 事实上，自清朝末年开始，域外法治话语长期对中国法治的发展和变化具有重大影响。但在长期学习西方法治的过程中，有些人"挟洋自重""食洋不化"，把西方的学术话语奉为圭臬，认为西方的学术话语更先进、更具普世性。有些人"削足适履"，套用西方的一套学术概念和话语体系解释中国道路、中国经验、中国发展，分析中国问题，预测中国未来。③ 这既反映了国内部分学者对中国法治理论的不自信，也说明了中国法治不仅在世界上缺乏话语权，甚至在本土也逐渐

---

① 范忠信. 传统法治资源的传承体系建设与法治中国化 [J]. 学习与探索，2016（1）：59.

② 朱振. 加快构建中国特色法治话语体系 [J]. 中国大学教学，2017（5）：27.

③ 王伟光. 建设中国特色的哲学社会科学话语体系 [N]. 中国社会科学报，2013-12-20（03）.

丧失自我。但是纵观中国法治建设发展之路可以看到：实践已经证明西方法治模式与中国的现实状况不能完全相适应，西方法治经验不能完全照搬照抄。近几十年来，西方法治理论中的自由主义法治理论对我国法治理论发展影响最深远。但是，自由主义法治理论实际上旨在塑造人们对法治的信仰，通常用特定的、美好的法治元素试图勾勒出完整的法治图景，忽视了对复杂社会下法治具体运作的探讨。就实质而言，自由主义法治理论不过是思想家和理论家们向人们作出的永远无法兑现的理想承诺。① 因此，发展中国法治还是需要立足于中国的历史文化传统和中国的现实国情，走出一条适合自己的法治发展路子。中国特色法治话语体系就是传承中国的法治传统，结合中国当代的具体实际，以问题为导向塑造的法治话语体系。确立中国特色法治话语体系，可以破除对西方法治话语的过度迷信，引导我们的法治研究和建设始终围绕中国的具体实际。

　　中国法治是中国在经历漫长的法治建设之路，付出巨大努力后，对世界法治发展做出的原创性贡献。中华人民共和国成立后，全国人民在党的坚强领导下，积极探索和建设中国法治，取得了巨大的进步。2020 年年初，面对新冠疫情大考，中国法治展现出蓬勃的生命力。全国各族人民在党的领导下，按照宪法和法律的规定，有条不紊地开展抗击疫情的工作，实现了对疫情的有效遏制。但国际上恶意抹黑我们的声音层出不穷。如 2020 年 6 月，十三届全国人大常委会第二十次会议通过了《中华人民共和国香港特别行政区维护国家安全法》（以下简称《香港国安法》）。该法的制定与实施，是维护中国国家主权领土完整，恢复香港地区秩序，以及保障人民生命财产安全的重要举措。但美国方面错误发表 2020 年度报告，污蔑《香港国安法》有罪行定义不清晰、损害"一国两制"、损害香港人权等②行为，给中国法治的国际声誉造成了负面影响。对此，习近平总书记深刻指出："我国综合国力和国际地位不断提升，

---

① 顾培东. 当代中国法治话语体系的构建［J］. 法学研究，2012，34（3）：6-12.

② 香港特区政府强烈反对美国"国会及行政当局中国委员会"2020 年度报告［EB/OL］. ［2021-01-16］. http：//www. chinapeace. gov. cn/chinapeace/c100007/2021-01/16/content_12439269. shtml.

国际社会对我国的关注前所未有，但中国在世界上的形象很大程度上仍是'他塑'而非'自塑'，我们在国际上有时还处于有理说不出、说了传不开的境地，存在着信息流进流出的'逆差'、中国真实形象和西方主观印象的'反差'、软实力和硬实力的'落差'。"①

综上所述，中国法治话语体系的构建，是中国法治实践与中国法治理论走向成熟化、体系化后的必然产物。可以说，经过 40 年改革开放和学术创新，我们应当提出、也有可能提出中国特色社会主义法治思想的对外"输出"问题，实现中外法治思想和法治话语的双向交流和文明互鉴。② 而双向交流和文明互鉴的前提就是我们要发展好中国特色法治话语体系、传播好中国特色法治话语。当然，构建中国特色法治话语体系始终坚持马克思主义的指导，并非是为了让中国法治成为普世性的法治主义，也不会向任何国家"输出"中国模式。而是为世界法治发展贡献中国智慧。积极投身世界法治文明发展，通过不断"发声"，以及积极拓展国际交流平台，增强国际法治话语权的"中国成分"。③

第二节 法家传统能够回应当下中国法治建设的疑难杂症

苏力教授提出："中国的法治之路必须注重利用中国本土的资源，注重中国法律文化的传统和实际。"④ 当然，苏力教授的观点不是定论，只是提出了一个可资研究的方向。法家传统就是中国法治历史文化资源的重要组成部分，将法家传统应用于中国法治建设前，需要回答三个前提性问题，其一，法家传

---

① 习近平：让全世界都能听到并听清中国声音 [EB/OL]. [2019-01-10]. http://cpc. people. com. cn/xuexi/n1/2019/0110/c385474-30514168. html.

② 张文显. 在新的历史起点上推进中国特色法学体系构建 [J]. 中国社会科学，2019（10）：38.

③ 周叶中，林骏. 论新时代中国特色社会主义法治话语体系创新 [J]. 江汉论坛，2019（1）：91.

④ 苏力. 变法，法治建设及其本土资源 [J]. 中外法学，1995，41（5）：1.

统中包含多少可资利用的法治资源？其二，这些挖掘到的资源是否能与中国法治的目标模式和现代法治兼容？其三，如何将法家传统中的法治资源进行兑现，从而用法家传统来为新时代全面推进依法治国提供理论支持？通过对以上三个问题的思考，才能合理理解法家传统所具有解决当下中国法治建设疑难杂症的功能。

一、法家传统是一座法治资源富矿

党的十八届四中全会正式提出全面推进依法治国的总目标，将变革的步伐带入中国法治的建设领域。"全面依法治国是坚持和发展中国特色社会主义的本质要求和重要保障，是国家治理的一场深刻革命。"① "标志着我国法治建设站在了新的历史起点上。"② 然而，有学者指出"任何变革都离不开一定的社会基础，变革路径无法超脱其存在的社会。"③ 也就是说，法治变革同样受制于其所发生的社会基础条件。而社会条件自然包括经济、政治、文化传统等多种因素。中国法治的构建主要实现了对四类资源的整合与利用：马克思主义理论资源、在党的领导下对中国法治建设的实践、对中华法治传统的创造性转化和创新性发展、对外国优秀法治资源的借鉴与吸收。中华法治传统从理论和实践两个向度为当代中国法治建设提供资源支持。

如前所述，以管仲、商鞅、韩非等法家代表率先开启了对"以法治国"的国家治理模式探索，形成了完备的法治建设理论。在此不再赘述，然而需要指出的是，法家内部分为齐法家和秦法家两个分支，理论上具有明显的差异。由于秦朝的建立及秦法家的崛起，导致齐法家理论的光芒几乎一直处于被掩盖

---

① 习近平. 决胜全面建成小康社会 夺取新时代中国特色社会主义伟大胜利——在中国共产党第十九次全国代表大会上的报告 [M]. 北京：人民出版社，2017：28.

② 张文显. 中国法治 40 年：历程、轨迹和经验 [J]. 吉林大学社会科学学报，2018，58（5）：10.

③ 王启梁. 法治的社会基础——兼对"本土资源论"的新阐释 [J]. 学术月刊，2019，51（10）：110.

的状态。对秦法家的误解和对齐法家的忽视导致近现代学者中多对法家存有部分偏见，将严刑峻法等具有时代局限性的法律思想作为法家思想的标志，将残刻、严酷等负面词汇冠于法家。然而，齐法家的法治理论中将法治与德治相融合，提出了法德共治的国家治理模式。将道德融入法治建设，避免了单纯法治走向极端化和虚伪化的可能。道德元素的加入使得法家的理论变得柔和，充满人性的光辉。此外，法家对法的起源、本质、目的与作用，以及立法原则等问题都进行了比较深入的探索，使中国传统法学理论实现了一次理论上的升华，奠定了中国古代法学理论体系的基础，① 为中国法治建设提供了智识支持。

此外，务实功利、崇尚实用，一切从实际出发是法家推行"以法治国"背后所隐藏的价值追求和哲学基础。② "务为治"思想指导下的法家十分注重法治实践。如先秦法家的代表人物商鞅，以身立法、以身殉法，为秦国建立了完善的法律制度，并通过规范的法治实践将变法思想推向百姓内心。商鞅的法治不仅在于一时、一国，而且对中国社会治理模式产生了深远影响。中国传统法律自商鞅变法进入了新的阶段，社会治理模式完成了以"法治"替代"礼治"的变迁。无论是当时的法家法治，还是后来的儒法合流，都是建立在此基础之上。③ 因此，法家传统是一座法治资源富矿，能为中国法治建设提供法治本土资源。

二、法家传统能够妥善处理兼容性问题

在回答这些资源是否能与中国法治的目标模式和现代法治兼容之前，首先要界定何为兼容性的问题。本书认为，对于法家传统来说兼容性主要体现在过去的法治资源能够跨越时间，与当下中国法治建设产生高度契合并产生效能。苏力教授认为："法治建设借助本土资源的重要性还在于这是法律制度在变迁

① 曹文泽. 中国特色社会主义法学理论体系的智识创制 [J]. 法学，2018（8）：64.
② 时显群. 论法家"务实功利"的价值观 [J]. 社会科学家，2010（1）：138.
③ 宋玲. 商鞅"法治"思想与中国传统社会治理 [J]. 比较法研究，2015（1）：149.

的同时获得人们的接受和认可，进而能有效运作的一条便利的途径，是获得合法性，即人们下意识的认同的一条有效途径。"① 用马克思主义发展论的观点来看，任何法律和制度会随着历史的发展，而不断发生变化。但是，法律或制度的形式却具有相对稳定性，以一种当时的创制者难以想到的方式发挥作用。因此，相比于西方法治资源，中国本土法治资源更具有习惯优势，更能贴合中国本土法治需求和人民生活习惯的要求。在这些本土法治资源中，法家的优势在于：经过长时间的本土发展，法家能够很好地契合中国法治的发展现实。相比于西方法治理论，法家传统在应用于当代中国法治建设时，具有深厚的社会基础。同时，法家传统很大程度上影响了中国法治的现状。这种影响未必体现在法治理论之上，而体现在法治实践，尤其是普通百姓对法治的观念和理解之上。法家传统在历史发展过程中，通过对相关制度的不断构建、学说的不断宣传，已经长久地渗透在我国的政治制度、法治建设和中华儿女对法治印象与感受之中。当法家传统作为中国法治的建设资源时，比起西方法治理论，法家传统的契合性要更高。

这种兼容性或者契合性的实现，高度依赖于形成有效的过去与现在相通的具有普遍共识性之理论。但是，当今中国经过长时期的发展，社会性质已经和封建时期中国的社会性质完全不同，并发生了翻天覆地的变化。因此，只"在价值重构没有完成以前，也许只能通过法治方式进行价值观念的整合，用一些模糊的大词来统摄不同的利益诉求。就像美国真的明白自由、人权与民主等概念确切含义的人数比例并不是很高，但是，接受这种观念的人数比例却很大。这些貌似空洞的大词已经作为普世价值在世界各地蔓延。当然这不是说这些大词在不同的历史时期没有具体的内容，每一个时期的人们在使用这些词汇的时候都有其所指称的意义。但是，由于自由、民主、民治、平等、人权等概念的抽象性使得它能够与时俱进，因而能够适应每一个时代的不同需求。"②

① 苏力．变法，法治建设及其本土资源 [J]．中外法学，1995，41（5）：5.
② 陈金钊．法治共识形成的难题——对当代中国"法治思潮"的观察 [J]．法学，2014，29（3）：63.

就中国法治建设而言，法家传统很好地提供了一些"模糊的大词"，如以法治国、以人为本等。法家传统通过这些"大词"有效增强了实现与当代中国法治建设兼容的可能性。就依法治国而言，当代的依法治国实现了对先秦法家提出的以法治国本质上的超越。中国最早的依法治国思想源于法家思想，①如法家提出的"以法治国"为依法治国提供了历史与文化基础。在看到依法治国对"以法治国"超越之处的同时，也要看到其内在的延续性。进言之，法家传统对当代法治建设存在或隐或显影响的同时，法家传统中的优秀部分也可以与现代中国法治实现良好契合，发挥法家传统在法治建设中的正向作用。历史和现实告诉我们，只有传承中华优秀传统法律文化，从我国革命、建设、改革的实践中探索适合自己的法治道路，同时借鉴国外法治有益成果，才能为全面建设社会主义现代化国家、实现中华民族伟大复兴夯实法治基础。②

三、全面推进依法治国为法家传统的应用提供了平台

全面推进依法治国是一项系统工程，需要各方力量共同发力。这种系统性不仅体现为包括其自身所体现的政治建设系统，还包括与经济建设、社会建设、生态文明建设以及文化建设等其他系统之间的联系。其中，文化系统在这个系统工程中意义重大，为全面推进依法治国提供了源源不断的精神动力。这种精神动力还体现在，其他系统都与文化系统密切相关。因此，全面推进依法治国，决不能离开文化建设系统，它要持久并深刻地受到国家文化建设整体水平的制约和影响。全面推进依法治国要充分发挥文化因素的作用："经过一个长期而曲折的历程之后，从政界到学界都普遍认识到，中华民族的法律文明传统，不是中国构建新型法治和现代法学的绊脚石，而是中国新型法治和现代法

---

① 曹文泽. 中国特色社会主义法学理论体系的智识创制 [J]. 法学，2018（8）：64.
② 习近平. 坚定不移走中国特色社会主义法治道路　为全面建设社会主义现代化国家提供有力法治保障 [J]. 求是，2021（5）：3-8.

学成长的沃土和根基。"① 以法家思想为代表的中国传统法治文化为中国法治建设提供了历史文化基础并注入了新的活力。当代中国的依法治国,其实也在不知不觉、不由自主地从传统中国、特别是从先秦法家那里继承了相当多的习惯、思想。②

法家传统是历朝历代的法家代表人物法治思想与实践的集合。这些法家代表人物皆追求用法律治理国家。法家提出法治理论的最高理想是建立一个法治国家。③《韩非子》提出:"明主之国,无书简之文,以法为教;无先王之语,以吏为师;无私剑之捍,以斩首为勇。是境内之民,其言谈者必轨于法,动作者归之于功,为勇者尽之于军。是故无事则国富,有事则兵强,此之谓王资。既畜王资而承敌国之叠——超五帝侔三王者,必此法也。"④ 全面推进依法治国与法家传统在价值追求上呈现出同向性。以人为镜,可以正衣冠;以史为鉴,可以知得失。同向的价值目标为全面推进依法治国继承和借鉴法家传统中的优秀文化创造了前提,也为法家传统实现当代应用提供了理论基础。

此外,"传承中华文化,绝不是简单复古,也不是盲目排外,而是古为今用、洋为中用,辩证取舍、推陈出新,摒弃消极因素,继承积极思想,'以古人之规矩,开自己之生面',实现中华文化的创造性转化和创新性发展"。⑤ 创造性转化和创新性发展不是随意转化、任意发展。具体制度及制度背后蕴含的思想基础相融通是创造和转化的前提。文化不仅需要继承,而且需要创造性转化,既保持与传统的连续性,也要在连续性中有转化,在转化中产生新的东

---

① 黄文艺. 新时代中国马克思主义法理学的前景展望 [J]. 哈尔滨工业大学学报(社会科学版), 2020, 22 (3): 30.

② 喻中. 论先秦法家与依法治国 [J]. 南通大学学报 (社会科学版), 2015 (4): 44.

③ 何勤华. 论中国特色社会主义法治道路 [J]. 法制与社会发展, 2015, 21 (3): 36.

④ 韩非子 [M]. 高华平, 王齐洲, 张三夕, 译注. 北京: 中华书局, 2010: 714.

⑤ 习近平: 在文艺工作座谈会上的讲话 [EB/OL]. [2015-10-14]. http://www.xinhuanet.com/politics/2015-10-14/c_1116825558.htm.

西，新与旧之间保持"辩证的连续"，变迁中保持对传统的认同。① 经过对以法家传统为代表的中华传统法治文化的创造性转化和创新性发展，能够为当前全面推进依法治国的事业提供深厚的法治本土资源。

第三节　合理性探寻

中华法治文明是一座理论富矿，在充分利用儒、墨、道、法等诸子百家治国智慧的同时，我们更要注意对法家学派理论的研究。以管仲、商鞅、韩非等人为代表的法家，推行"以法治国"的变法改革，提出了一系列法治主张，成为我们探析中华法治文明赓续问题的重要窗口。因此，我们要在法家传统理论的挖掘中聚焦发力，进行更深入、更科学的研究，为全面推进依法治国提供更多的理论支持。但是，学界对于法家和法家理论存在一些不同看法，有些新的提法也未必准确，使得目前对法家理论的讨论碰到一些困难。有鉴于此，本书尝试进行法家传统的某些合理性探寻，尝试提出一个对法家及其理论新的认识思路，对学界关于法家的看法进行合理性探寻。

一、检视法家传统中的一些关键词

（一）对与错

法家在中国历史上背负了"严刑峻法"的骂名。同时，对李斯等个别法家代表的批评，逐渐上升为对法家整个集体层面的抨击，让法家因缺乏怀柔、宽厚而受到世俗眼光的鄙夷。本书认为，这种观点可能受到《过秦论》和《史记》的影响。贾谊撰写《过秦论》，旨在通过总结秦朝灭亡的历史教训，

---

① 参见陈来. 二十世纪思想史研究中的"创造性转化"[J]. 中国哲学史，2016（4）：6-9.

为汉朝统治者推行新政提供借鉴。《过秦论》指出："一夫作难而七庙隳，身死人手，为天下笑者，何也？仁义不施而攻守之势异也。"① 贾谊对秦朝重刑辟的激烈批判，继而将秦亡的矛头直接指向法家学派，认为法家理论不讲仁义、过于严苛。司马迁的著作《史记》因过于经典而被奉为圭臬。该书提出了"法家"一词，采取了人物传记的形式对管仲、晏婴、商鞅、韩非等法家代表的思想进行了记载。然而，受当时的历史背景之影响，该书对法家学派采取的是一种中性的评价态度，没有也不可能为法家平反。《过秦论》过于激烈的批判和《史记》较为保守的表达，催生了法家理论推崇严刑重法，不适合国家治理的说法。秦朝二世短命而亡的历史悲剧，加上太史公"严而少恩"的评价，使得法家背负了很多不该有的批评。加上法家理论始终只能在暗处对中国政治产生影响，进一步固化了人们对法家不恰当的认知。实际上，法家传统是思考中国法治文化赓续的起点，要对中国法治本土资源进行合理的借鉴，就必须对法家及其理论进行重新检视。受法家思想的影响，秦朝是法治氛围最浓厚的一个朝代。当然本书不否认秦朝的严刑峻法给人民和国家带来了严重的灾难，② 但是"任法而治"和"以吏为师"等理论，不失为法家传统中的宝贵思想遗产。

一方面，需要基于本书提出的"法家发展论"，对法家进行一个更广义的理解。在当代中国法治的建设过程中，要重新检视对法家思想理论的评价。李龙教授的《中国法理学发展史》一书，以清晰的思路全面梳理了中国法理学的发展脉络，从侧面体现了中国法治的源远流长。该书指出：事实上，中国古代不仅有法治这个词语，而且有"以法治国"这样的法治实践。③ 当然，在做出这样一个判断之前，本书想基于"法家发展论"的基础上，提出一个相比于齐法家与秦法家划分，更广义上的法家概念，即凡是提倡法治、支持改革的

---

① 贾谊.新书［M］.方向东，译注.北京：中华书局，2012：7.
② 需要指出，学界通常将秦朝的严刑峻法与法家理论，尤其是商鞅、韩非的学说联系在一起。但事实上，商鞅和韩非对立法的根本态度是法与时转则治，治与世宜则有功。按照这种思路，法家应该并不赞成在王朝建立后的和平年代，仍然使用残酷的刑罚。
③ 参见李龙.中国法理学发展史［M］.武汉：武汉大学出版社，2019：1-9.

人物都是法家代表人物，从而扩充法家阵营，使得法家传统的内容更为丰富。从事实上看，中国历史上，很多政治家、改革家同样也是著名法学家。我们可将他们归为三类：一是狭义理解的法家代表。如管仲、子产、邓析、李悝、商鞅、韩非、慎到、申不害等。他们都来自先秦时期，提出了诸多法治理论，是我们一般意义上认为的法家代表。二是广义理解的法家代表，他们在担任司法官吏期间，通过推行司法实践，为法治理论提供了实践平台。如张释之、孔稚珪、狄仁杰、宋慈等人都长期担任司法要职。三是最广义理解的法家代表。这些人既不属于先秦法家，也没有担任过司法官吏，而是历史上著名的政治家。但他们通过改革变法实现了自己的法治主张，如范仲淹、王安石、张居正、宋教仁等。

另一方面，对法家进行正确定位并正确解读法家的理论贡献。对法家的正确定位是一个亟待解决的问题，我们必须破除经典文作对我们判断产生影响的这种前意识。要充分肯定法家传统的历史地位，积极看待法家传统的重要价值。法家传统具有很多正确的理论，对国家治理和社会稳定起了重要作用。发掘法家传统中的精华，通过法家传统，尤其是其中内蕴的齐法家思想，塑造中华儿女的法治观念。将法治与其他治理模式的地位重新进行排序，突出法治的首要性和重要性，用法家传统打造中国法治的强劲引擎。其一，引航作用。"匠万物者以绳墨为正，驭大国者以法理为本。"① 法家认为法理是国家治理的根本，法律作为治国理政的学问，理应为国家治理开锣鸣道。法家强调公平正义价值，所谓"尺寸也、绳墨也、规矩也、衡石也、斗斛也、角量也，谓之法"②。实行法治必将推进历史前进，推行法治能给人民带来实实在在的安全感、获得感和幸福感。其二，护航作用。法家传统体现了对国家秩序价值的维护，为人民的生命、财产安全保驾护航。法家传统要求执法者要注意对犯罪的预防，善于运用法律的手段来惩治犯罪，最终实现社会安定。法家的"护航"理念在社会主义新中国获得了创造性转化。人民是国家的主体，是历史的创造

---

① 萧子显. 南齐书 [M]. 北京：中华书局，1999：567.
② 管子 [M]. 李山，轩新丽，译注. 北京：中华书局，2019：98.

者，故我国的法律更多的是体现人民主体地位和人民的利益。我们坚持做到"努力让人民群众在每一个司法案件中都感受到公平正义"①，突出了法律作为维护社会公平正义的最后一道防线之功能。其三，助航作用。即突出了法律监督的重要性。法家传统强调用恩赐手段来鼓励人们为善，以法律（刑罚）手段去惩罚肇事者。如商鞅改革时推行的"一赏一刑一教"政策，强调对所有主体，守法的时候要赏，不守法的时候则要刑。法家传统关于法律监督的理论具有现实价值，集中体现为当前中国共产党进行的监察体制改革中。中国共产党坚持党要管党和从严治党的理念，充分彰显了党的纯洁性，生动体现了党的先进性。

（二）优与劣

法家传统是中华优秀传统法律文化的重要组成部分。法家传统中包含的诸多法治理论，为中国法治的建设和发展提供了源源不断的理论支持，通过创造性转化和创新性发展，能够成为优质的法治本土资源。因此，我们理应运用更包容、更广阔的视野去考察法家，在整个历史长河中去发现法家理论的价值。"包容"体现在，必须充分肯定法家理论对国家治理和社会建设的重要作用，要及时开发法家理论资源；"广阔"体现在对历史的观察中，要注意到齐法家和秦法家这一分类。如果局限于秦法家，甚至局限于秦朝对早期秦法家的理论实践，就很容易得出秦朝重刑而亡的结论。为此，一方面，我们要充分肯定法家的历史地位和重要价值，注意吸收法家理论中具有时代价值的因素。如将社会主义核心价值观融入全面推进依法治国的实践，就能在齐法家德法兼修和"以人为本"的理念中汲取营养。在全面推进依法治国的道路中，要注意道德的教化作用，充分利用调解、和解等替代性纠纷解决机制来解决社会矛盾与争端。另一方面，我们对法家理论要采取适度扬弃的态度。如对于秦法家过于严

---

① 习近平. 习近平谈治国理政（第1卷）[M]. 北京：外文出版社，2014：145.

酷的一面要及时改造，特别是对于秦法家中"以刑去刑"等思想进行认真反思。①

　　同时，我们也能在法家传统的务实品格中，进一步明确法家传统成为优质的法治本土资源的必然性。务实功利、崇尚实用，一切从实际出发是法家推行"以法治国"背后所隐藏的价值追求，也是法家的一个显著的特点。② 春秋战国这种乱世，儒家传统所要实现的礼治理想，已经不能迎合富国强兵的目标。要实现国家的振兴和富强，就必须推行大刀阔斧的改革，通过发展经济、改革政治为兼并战争的胜利提供物质基础。这种特殊的历史局势，塑造了法家功利务实的价值观。以此为基础，法家推行"以法治国"的治国方略，充分利用法律手段实现国家秩序的稳定以及经济生产的发展。有学者指出："秦人选择实用功利作为价值取向。这种价值观有淡化道德作用的片面性，但在当时不失为明智现实的价值选择，并对中国人的文化心理结构的形成起了很大的作用，从而解放了生产力，推动了历史发展。"③ 反过来，"以法治国"治国方略所体现的务实品格，经过随后一代又一代法家代表的发展，不断推动国家的变革与转型。因此，法家传统所强调的务实功利精神，实际上就是面对春秋战国这种纷乱的现实处境，而在治国理论上合乎逻辑的反映。基于这种时代背景，法家传统"强调用实际效用来衡量人们的言行而摒弃一切空谈。出于务实功利、注重现实的认知，法家清楚地看到：强力主宰着整个社会，所以主张'以法治国'，并把是否有利于农战的功效作为法律赏罚的依据"。④

　　对法家传统的优劣进行反复权衡，得出法家传统充满优质本土法治资源的结论；法家传统又体现了务实的优良品格，使法家传统理论在当前百年未有之大变局中具有广泛的应用空间："在当代中国超大型国家治理的现实需求之下，

---

　　① 刘玄龙. 检视与超越：一个新的法家思路之尝试 [J]. 中南民族大学学报（人文社会科学版），2021，41（3）：118.
　　② 时显群. 论法家"务实功利"的价值观 [J]. 社会科学家，2010（1）：138.
　　③ 王世荣. 秦人政治文化的特色 [J]. 西北大学学报（哲学社会科学版），2004（2）：68.
　　④ 时显群. 论法家"务实功利"的价值观 [J]. 社会科学家，2010（1）：141.

各种情势瞬息万变、突发事件层出不穷，社会管理者面临的风险与压力前所未有，这就需要我们客观认识实用导向型法治的现实合理性。"① 这种实用导向型法治不仅突出了法治在稳定国家局势和社会秩序的显著作用，而且体现了法治在限制国家权力和保障公民权利二者关系时具有的平衡作用。当然，法治作为维护社会公平正义的重要力量，最终目标是通过规范和限制国家权力，最终实现维护和保障公民权利。但是，为应对突发性事件，保护更大多数人的自由和权利，我们又不得不限制某些权利的行使。因此，法家传统在中国法治问题的处理上，具有很多的优势，能够通过其独特的优势平衡各种关系："尽管有着不同的理论偏好与价值取向，但二者之间能够形成必要的矛盾与张力，在彼此提醒、相互作用的过程中纠正各自的谬误与偏差，从而有利于当代中国法治的理性发展。"②

另一方面，我们也要注意法家传统中的理论问题，同时要在法家传统的优中看到某些隐患。如实用主义采取更加实用的、灵活的处理方式，关注的是法律实施的效果。提供了缓解法律过分严格的思路，从而使法律与社会、案件之间出现更融洽的关系。③ 但是，我们要时刻牢记人权保障的目标，防止应过度追求实用主义而导致的一些先入为主的狭隘："从社会角色分工看，在实用主义事实上成为我国法治实践主要取向的情况下，法学人应更多地保持对理性的理想主义法治观的坚守，藉以矫正实用主义法治观所可能产生的偏差，尤其应避免成为放纵的实用主义的附庸。"④ 司法与行政不同，更多地在于对公平正义的维护，对于效率的追求是第二位的。因此，法家传统所体现出来的务实必须经过习近平法治思想的洗礼，体现更多的人本主义关怀，最终实现创造性转化。

---

① 封丽霞. 大国变革时代的法治共识——在规则约束与实用导向之间 [J]. 环球法律评论，2019，41（2）：36.

② 封丽霞. 大国变革时代的法治共识——在规则约束与实用导向之间 [J]. 环球法律评论，2019，41（2）：36.

③ 陈金钊. 法治方式所需要的姿态 [J]. 法制与社会发展，2013，19（5）：123.

④ 顾培东. 当代中国法治共识的形成及法治再启蒙 [J]. 法学研究，2017，39（1）：22.

（三）新与旧

近代常燕生、陈启天等人重新开始估量法家的重要价值，提出的"新法家说"并不具有新的内涵，这一概念是面对近代民族危机提出的暂时方案，存在新裳旧皮之嫌。事实上，如何理解新法家这个概念，远不是一个"新"字的变化这么简单，而是需要进一步探寻的。

本书认为，真正的"新"在使用上应该限缩，应该仅在以下场景下使用：一是历史时期开辟了新的制度或新的环境。如张文显教授在《法制日报》庆祝中华人民共和国成立70周年专栏发表文章，使用了新纪元来概括中华人民共和国成立后法治建设的开始，新时期概括改革开放后法治建设的推开，以及中国特色社会主义新时代法治事业取得的伟大成就。① 新纪元、新时期、新时代，都是基于新历史时期，提出的高度概括的词语，充分肯定了这些历史时期的新的环境。二是国家权威机构下的定义。如习近平总书记在主持起草"十三五"规划建议时提出了新发展理念。随后，根据全国人民代表大会的决定写入《中华人民共和国宪法》。新发展理念，包含创新、协调、绿色、开放、共享五项内容，标志着一场关系我国发展全局的深刻变革全面开启，开辟了中国经济模式发展的新境界。实践证明：新发展理念是党和国家做出的又一重大决策，能够保证我国经济社会又好又快发展，是具有长远眼光和全局观念的科学理论。三是有新的指导思想带来的新的方法。新的指导思想，能够给旧的理论注入新的生机和活力，并带来新的方法，故也是一种新。如17—18世纪，欧洲启蒙运动中的伏尔泰、卢梭、孟德斯鸠、洛克等启蒙思想家，提出了社会契约论、天赋人权观等新的启蒙思想。这些启蒙思想荡涤了国民的心智，开启了思想的大解放。

马克思主义中国化的过程，也是中国共产党不断成长、不断发展的过程。马克思主义是科学的世界观和方法论，为法家传统这个旧的理论体系注入了生机和活力。有了马克思主义作为指导，法家传统真正实现了新的发展。其一，

---

① 参见张文显.70载法治建设铺就强国路［N］.法制日报，2019-10-01（8）.

新在于可以从普遍性和特殊性原理来解读法家传统。我们既要看待法家传统的一些缺陷，更多的是要关注它的时代底蕴，以及给我们治国理政带来的启示。其二，新在于开始用发展的观点看待法家传统，把传统法家的法治理解为动态的法治，从而坚定中华优秀传统法律文化的理论自信。其三，新在于用历史唯物主义观看待人权问题。法家提出的"以人为本"，与马克思主义关于人民的观点具有高度的相似性。需要指出的是，对"人"的关注，发现人的价值，始于齐法家，始于《管子》一书，而不是儒家学派。法家提出的"以人为本"，是一个非常成功的创见，为后来的儒家学派所借鉴，孔丘提出的"仁者爱人"，孟轲倡导的"民贵君轻"等理论，都受到了"以人为本"思想的影响。

因此，在对法家传统进行创造性转化后，使用新的法家传统这一表述，至少存在以下优势：其一，可以用发展的观点去理解法治，使得法家学派可以往广义去理解，不仅包括先秦法家，还包括大一统时期法家和近代法家；法家代表不仅包括法治思想者，也包括司法实践者，还包括政治改革家。这种广义使用的法家概念，充实了法家理论体系。其二，能更好地理解中国人权实践问题。从齐法家的"以人为本"，到现在的"以人民为中心"，都一脉相承，体现了治国理政者对人价值的关注。其三，新的法家传统，遵循马克思主义的指导。在这个基础上，开展中国法治的研究是正确的路径。从法家视野下进行中国法治问题的研究，使得法家传统与整个中国法治如影随形，体现了法家传统对于整个中国法治建构的重要价值。

二、超越礼法关系旧理论的偏私

因涉及儒法之争，礼法关系问题一直被学界关注，历史学、政治学和法学等学科都给出自己的判定。就法学而言，马小红教授著有《古法新论——法的古今连接》一书，并撰写《我们对中国古代法处在误解之中》《"软法"的定义——从传统的"礼法合治"中寻求法的共识》《以刑为主还是以礼为主——中国传统法的反思》《论中国古代社会的隆礼至法》《中华法系中"礼""律"

关系之辩证——质疑中国法律研究中的某些定论》等文章，对礼法二者关系问题进行了深入研究。俞荣根教授著《礼法传统与中华法系》一书，并撰写《何谓"礼法"？》《律令体制抑或礼法体制？——重新认识中国古代法》《礼法传统与良法善治》《法治中国视阈下中华礼法传统之价值》等文章，对礼法传统作出了解读。二者不同的是：俞荣根坚持从儒家传统的角度去理解礼法关系，而马小红则在法家传统的立场去思考礼法关系中法家的价值。在马小红、俞荣根等学者研究基础上，本书认为：对法家传统进行合理性探寻，需要打破礼法关系旧理论的桎梏。

（一）是否非此即彼

礼法关系，或者说是德刑关系一直是学界普遍关注的问题。通说认为：中国古代"德"的因素占据主导。自西周提出"明德慎罚"这一治国思路后，"德"似乎成为君主治国的首要目标，中国历史在沿着"德主刑辅"这条路子前行。对于这个问题，本书认同国内学者钱大军的观点，即"学界对中国传统社会的法家传统认知建立在对儒家传统认知批评与反思的基础上。只有廓清儒家传统认知的内涵、核心观点以及此种认知存在的理由与缺陷，才能确定儒家传统认知的困境，为引出法家传统认知做准备"。[①] 换句话说，我们必须从历史出发，厘清儒家和法家之间的关系，才能彻底搞清楚这个问题。

对礼法关系的评价，受儒家经典《论语》影响较大。身处"礼崩乐坏"之世的孔子，对当时初兴的"法治"思潮深怀忧虑。孔子指出："道之以政，齐之以刑，民免而无耻；道之以德，齐之以礼，有耻且格。"[②] 其后，孔子又提出："名不正，则言不顺；言不顺，则事不成；事不成，则礼乐不兴；礼乐不兴，则刑罚不中；刑罚不中，则民无所措手足。"[③] 这些论述说明，儒家认为，相比于礼或德来说，法或刑处于次要地位。此处探讨的，仅仅是礼（德）

---

① 钱大军. 中国传统社会的法家传统及其价值 [J]. 河南大学学报（社会科学版），2018，58（6）：43.
② 论语·大学·中庸 [M]. 陈晓芬，徐儒宗，译注. 北京：中华书局，2011：127.
③ 论语·大学·中庸 [M]. 陈晓芬，徐儒宗，译注. 北京：中华书局，2011：151.

与法（刑）的位阶问题，而不是说刑或法对国家来说不重要。因此，一些尝试从礼中探求中国法治问题的学者，也不得不承认"礼法"是整个中华法系的"法统"载体："说中国古代法在刑事法律形式上以'律令'为主不假，但无论是律（实为刑律），还是令、科、比、格、式、例等，都唯'礼法'是从。'礼法'，才是中华法系之'道统'在法律体制上的外在表现，是中华法系的'法统'形式"，或曰'法统'载体。质言之，中华法系是'礼法'法系。"①

礼（德）法（刑）并不是一种对立或者非此即彼的关系，而是一种融合与相互渗透的关系，既有联系，也有区别。两者的联系方面：一方面，德治是法治的评判标准和价值导向。如前所述，德治在古代并非"为政以德"或"以德治国"，其强调仁政，更多的是作为一种价值导向，从而引导统治集团，特别是君主的执政方式和管理手段符合"大道"。这里的大道也并非天意，而是民意，因为德治或者说仁政的宗旨就是"民本"思想。② 另一方面，法治是德治的基本内容之一。如前所述，无论是古代法治还是现代法治，法治的重要作用之一就是参与国家治理，是重要的国家治理方式之一。而德治作为一种价值评判标准，引导着国家的法治建设走向仅是德治的其中一项内容。除法治之外，德治还评价着君主执政方式是否合理或是需要改进。在孔、孟二人对"德治"理论的继承和改造下，德治甚至可以成为评价君权是否具备合法性的依据及具有超越君权地位的存在。③ 当然，法治与德治的区别也较为明显，对二者的使用应建立在具体区分的基础之上。如从目标上看，两者所探寻的具有较大差别。德治的宗旨是民本思想，其要求君主行仁政，强调君主应该重民心，听民意，将百姓作为国家建立和发展的根本。孟子作为"德治"理论的代表人物，其提出的"民贵君轻""推恩于民"等思想是德治理论的重要组成部分。比较而言，法治作为国家治理的重要方式，其追求的目标是实现社会治理，强

① 俞荣根．礼法传统与中华法系［M］．北京：中国民主法制出版社，2016：4.
② 段秋关．中国现代法治及其历史根基［M］．北京：商务印书馆，2018：389.
③ 段秋关．中国现代法治及其历史根基［M］．北京：商务印书馆．2018：381.

调秩序稳定。但也正是两者的这种区别，使得儒家代表在论述治国理论时往往礼法并用。法家也常常提及人性和道德问题。

（二）应否再次讨论

对于礼法关系问题，俞荣根教授的观点值得注意："这种礼法的概念不是礼+法，也不是礼率法，更不是礼法结合，都把礼和法对立了起来。它们虽然承认礼对法有很大的影响作用，但是礼始终外在于法，礼毕竟不是法。而且，这三组概念中的法实质上都是指律或者刑，也就是现代法学中的刑事法律。能够进入刑律中的礼才算法，不能进入刑律的礼就没有法的资格。"① 正是没有对礼法关系进行厘清，导致了一些误解和很多似是而非的结论。本书认为：我们不能迷信于一些通说，需要对礼法关系再次进行讨论，只有充分讨论才能对理论上的一些问题作出正确回应。礼法关系又涉及对法（刑）内涵与外延的界定，从而真正搞清楚法（刑）在古代的定位。事实上，礼法关系问题可以在对礼进行科学分类中展开讨论。本书主张：礼可以分为作为指导的礼、本属于法的礼、引礼入法的礼以及其他形式存在的礼，如图4-1所示：

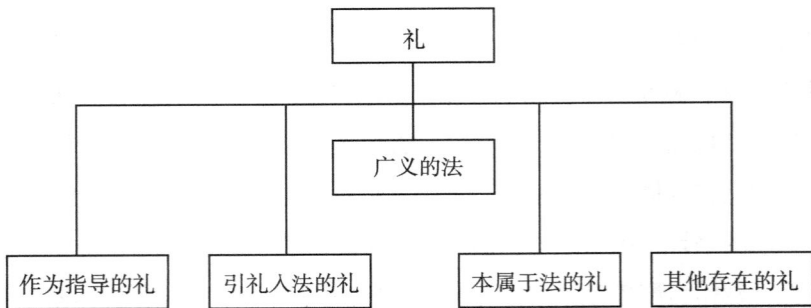

图 4-1　礼和法二者关系示意图

第一，作为指导的"礼"。马小红教授认为存在一种根本法意义或者指导

---

① 俞荣根，Wang Keyou. 何为"礼法"？［J］. 孔学堂，2016，3（4）：16.

思想意义上的礼："关于礼所提倡的人伦道德是中华法系的核心价值观，也是中华法系的立法、司法指导思想……作为法律的核心价值观，礼在中华法系中同时还具有'根本法'的性质和作用，这种性质和作用有些类似于宪法。"①这种所谓以根本法存在的礼，其实就是作为指导思想的礼。相比于一般意义的法来说，这种礼更具有宏观性，体现为更多的精神指引作用。在古代社会，这种礼的地位高于一般的法律制度，成为人民心中的教条，是衡量一切是非的标准。对此，《礼记》有记载："道德仁义，非礼不成；教训正俗，非礼不备；分争辩讼，非礼不决；君臣上下，父子兄弟，非礼不定；宦学事师，非礼不亲；班朝治军、莅官行法，非礼威严不行；祈祷祭祀、供给鬼神，非礼不诚不庄。"②

第二，引礼入法的"礼"。荀况继承、发展和创新了中国古代传统的有关礼的理论，并将它发展为"隆礼重法"这一严整系统的理论。荀子不仅对礼的含义、起源和功能作了全面阐述，而且建立了以礼为核心的道德规范体系。荀况所讲的礼是极为广泛的，包括三个方面的含义：一是泛指调整人们行为的社会规范和典章制度，是一个全方位的规则体系。因此，荀况说："《礼》者，法之大分，类之纲纪也。"③ 就是说，荀况讲的礼，包括新建立的法律制度和道德准则，特别是封建的、宗法的等级制度。二是指封建人伦道德的总称，即"礼也者，贵者敬焉，老者孝焉，长者弟焉，幼者慈焉，贱者惠焉"④。就是说，它是处理家族生活和社会生活中各种关系的行为准则。三是指礼仪、礼貌、礼节，包括人生的各种修养礼节，甚至还包括人际交往中的仪容举止。如荀子所讲的容貌、态度、进退等。荀子这种无所不包，并作为社会纲纪的礼，实际上是调整人际关系和社会生活的最高标准。因此，荀子把这种礼作为治国之道和强国之本。所以，他说："礼者，治辩之极也，强国之本也，威行之道

---

① 马小红. 中华法系中"礼""律"关系之辨正——质疑中国法律史研究中的某些"定论"[J]. 法学研究，2014, 36（1）：175.
② 礼记 [M]. 胡平生，张萌，译注. 北京：中华书局，2017：5.
③ 荀子 [M]. 方勇，李波，译注. 北京：中华书局，2011：7.
④ 荀子 [M]. 方勇，李波，译注. 北京：中华书局，2011：434.

也，功名之总也。"①

第三，本就是法的"礼"。对此，马小红教授通过全面分析礼法的特点，提出了"软法"的概念："软法是自下而上形成的具有广泛社会基础的规范，软法的核心是社会对法的共识，并由共识而营造出尊法的社会环境。"② 这种软法体现了广泛的社会认可，并在实践中赢得了国家和社会的认可。正是因为软法有这么多的优点，人们都发自内心地接受其调整，继而有利于促进国家与个体形成更融洽的关系。礼中有诸多规范条文，表达了"软法"的意涵，如"礼治"能通过事前的道德指引来实现对社会矛盾的调解，通过道德教化来减少违法犯罪的发生，大大降低祸患的发生率，进而实现防患于未然。③ 那么问题在于：既然存在软法，那么礼中是否也存在依靠国家强制力实施的"硬法"？对此，马小红教授提出："古代社会中礼治中法的成分可以说大部分属于软法的范畴。"④ 本书认为，大部分属于软法这个估计可能还过于保守，或许应该用绝大部分属于软法来进行计算。事实上，礼中的"硬法"部分，已经通过引礼入法的方式，直接转化为法律，已经由礼转变为法。因此，礼中只存在"软法"的成分，并不存在"硬法"这种成分。

（三）能否实现超越

基于以上对礼法关系再讨论的认识，本书尝试对礼法关系进行超越，即强调礼中具有法因素的内容。"礼"是中国古代社会长期存在的、维护血缘宗法关系和宗法等级制度的一系列精神原则以及言行规范的总称。西周时期，通过周公制礼，"礼"就具备了法的一些性质。周朝以降的礼，已经完全具备了法

---

① 荀子 [M]. 方勇，李波，译注. 北京：中华书局，2011：242.

② 马小红. "软法"定义：从传统的"礼法合治"中寻求法的共识 [J]. 政法论坛，2017，35（1）：8.

③ 刘玄龙，李龙. "礼治"的法学解读：基本内涵、历史定位及当今价值 [J]. 社会科学家，2020（6）：107.

④ 马小红. "软法"定义：从传统的"礼法合治"中寻求法的共识 [J]. 政法论坛，2017，35（1）：27.

的三个基本特征，即规范性、国家意志性和强制性。要实现对礼法关系的超越，就必须承认"礼"的部分规定，其实可以纳入法的范围。吕丽教授认为："中国传统的国家制定法体系可以划分为三大法律部门：律、行政法、礼仪法；与之相应，有三大法典：律典、行政法典、礼仪法典。三大法统以行政法为基础，以礼仪法为羽翼，以刑事法为后盾形成了一个相辅相成、严整有序、有机统一的法律结构体系，数千年来有效发挥着调整社会关系、维护社会秩序的重要作用。"① 对此，钱大军认为这种结构体系，正是法家传统中的"明主治吏不治民"（《韩非子·外储说右下》）的重要体现。② 同时，这种结构体系也表明了广义上的礼，也必然包含着刑法、民法以及行政法的一些内容。如《礼记·天官》篇中记载："以八则治都鄙。一曰祭祀，以驭其神。二曰法则，以驭其官。三曰废置，以驭其吏。四曰禄位，以驭其士。五曰赋贡，以驭其用。六曰礼俗，以驭其民。七曰刑赏，以驭其威。八曰田役，以驭其众。"③ 以上规定，指的是依据八种制度治理王畿内的采邑，实际上涵盖了刑法、行政法和民法的内容。关于宫室、车服等级的官府制度、禄位制度（督励学士以使人尽其用）是行政法上的规定，体现了法律对吏治问题的关注；礼仪风俗，用来约束民众以便风化向善，属于典型的公序良俗问题，是民法规定的重要内容；刑赏制度，用来控制威势以免擅自作威作福，属于典型的刑事法律的规定。

冲破传统观念，肯定礼法结合不仅表现为礼入于律与刑法结合，而且还表现为官礼、仪礼被直接法律化、法典化为行政法典、礼仪法典。④ 例如清代的《钦定大清通礼》（以下简称《通礼》），就明显包含民法、行政法和刑法的相关内容。《通礼》于乾隆元年敕修，凡五十卷。其主要内容为冠、婚、丧、祭一切仪制，卷一至卷十六为吉礼，卷十七至卷三十八为嘉礼，卷三十九至卷四

---

① 吕丽.中国传统法律体系的独特性探析［J］.社会科学战线，2011（9）：274.

② 钱大军.中国传统社会的法家传统及其价值［J］.河南大学学报（社会科学版），2018，58（6）：46.

③ 周礼［M］.徐正英，常佩雨，译注.北京：中华书局，2014：30.

④ 吕丽.中国传统法律体系的独特性探析［J］.社会科学战线，2011（9）：274-276.

十二为军礼，卷四十三至卷四十四为宾礼，卷四十五至卷五十为凶礼。①

三、厘清法家传统的正确坐标

对于法家传统的创造性转化，也体现为探寻法家传统与中国法治建设全面契合的新方式之过程。就是要深入学习习近平法治思想中关于"十一个坚持"的要求。要将这些要求作为大力弘扬法家正面积极的传统基因，革除法家消极负面元素的标尺，从而实现对法家理论的创造性转化。要研究借鉴法家文化精华，把其中崇尚法治、公平正义的精神融入社会主义法治文化建设，建立起一种法治文化形态和社会生活方式，培育形成"办事依法、遇事找法、解决问题用法、化解矛盾靠法"的思维方式，进而增强全社会崇尚法治的积极性和主动性，形成守法光荣、违法可耻的良好社会氛围。② 承此逻辑，本书主张：对于法家传统的合理性探寻，需要在法家传统与马克思主义二者的融通，对法家传统的现代续造以及思考法家传统的未来发展等三个方面进行。

（一）理论融通

中国特色社会主义建设，以马克思主义为指导思想。中国特色社会主义法治建设作为中国特色社会主义建设事业的组成部分，也必然需要遵循马克思主义基本理论的指导："马克思主义法治理论是一个不断发展、与时俱进、完整科学的体系，马克思主义经典作家奠定了它的哲学基础，丰富的社会主义革命和建设的经验为它的成长提供了充足的养分，当代中国共产党人勇于开拓、勤于总结的科学精神使它结出了累累硕果。"③

马克思主义是法家传统与当代中国法治建设结合的重要连接点，我们必须

---

① 四库全书总目第 81 卷 钦定大清会典 [M]. 北京：中华书局，1965：698.

② 刘玄龙. 检视与超越：一个新的法家思路之尝试 [J]. 中南民族大学学报（人文社会科学版），2021（3）：121.

③ 徐亚文. "马克思主义法学中国化"与当代中国的社会主义法治精神 [J]. 武汉大学学报（人文科学版），2005，58（4）：402.

做好法家传统与马克思主义的融通工作。正是在马克思主义的正确指导与中国共产党的伟大实践下，中华民族实现了从站起来、富起来到强起来的转变。马克思主义中国化的成功实践，证明了马克思主义作为科学的世界观和方法论的重要价值："一部马克思主义发展史就是马克思、恩格斯以及他们的后继者们不断根据时代、实践、认识发展而发展的历史，是不断吸收人类历史上一切优秀思想文化成果丰富自己的历史。"① 马克思主义在实践中秉承包容、开放的精神，积极汲取一切有益于自身发展的文明成果的养分。可以说，兼容并包的开放品格是马克思主义能够实现"永葆其美妙之青春，不断探索时代发展提出的新课题、回应人类社会面临的新挑战"② 的重要前提。同时，按照马克思的看法，法律发展有其固有的运动规律，决定着文明社会各个民族或国度的社会与法律发展的基本面貌，进而逻辑地演绎出全球法律文明进程的最一般运动轨迹。③ 中国共产党正是在马克思主义基本原理的指导下，坚持改革创新，不断推动马克思主义基本原理同中国实际相结合，带领全国人民开启了对中国法治道路、模式的具体探索。

法家传统是中华文化的重要组成部分，也是中国特色社会主义法治的重要理论资源。因此，法家传统在应用于当代中国特色社会主义法治建设时的重要前提就是接受马克思主义的指导，实现与马克思主义法学的融通。法家传统之所以能够与马克思主义相融通，不仅仅因为马克思主义是闪烁着真理光芒的思想可以对法家传统进行科学指导，而且法家传统中的部分思想与马克思主义不约而同。如在对法的起源这一问题的看法上，马克思和恩克斯用阶级分析的方法深刻指出："你们的观念本身是资产阶级的生产关系和所有制关系的产物，正像你们的法不过是被奉为法律的你们这个阶级的意志一样，而这种意志的内

① 习近平. 在纪念马克思诞辰 200 周年大会上的讲话 [N]. 人民日报，2018-05-04 (2).
② 习近平. 在纪念马克思诞辰 200 周年大会上的讲话 [N]. 人民日报，2018-05-04 (2).
③ 公丕祥. 马克思的法律发展思想及其当代意义 [J]. 中国社会科学，2017 (10)：119.

容是由你们这个阶级的物质生活条件来决定的。"① 马克思、恩格斯二人认为法是为统治阶级服务的。换句话说，法是为了缓和阶级矛盾、维持阶级统治的方式。同样，先秦法家也看到了法的阶级性。有学者认为："春秋战国时期的思想家们在论证法律的起源时也是沿着私有制、阶级分化与阶级斗争引发国家与法律的产生的逻辑展开的。"② 商鞅的法治理论中，也看到了法律在调节阶级关系中的作用。《商君书·君臣》中认为："古者未有君臣上下之时，民乱而不治。是以圣人列贵贱，制爵位，立名号，以别君臣上下之义。地广，民众，万物多，故分五官而守之。民众而奸邪生，故立法制、为度量以禁之。"③ 商鞅认为，为了防止民众中产生奸邪之人，以危害到国家的统治，因而需要用法律调节民众的行为。一方面用重刑威慑民众起到预防作用，另一方面用重刑惩戒奸邪之人以恢复社会秩序，巩固国家的统治。

此外，法家传统在我国具有悠久的发展史，其内涵非常丰富，既有需要保留和发扬的一面，也有需要摒弃或予以改造的一面。一方面，需要结合中国的现实状况，用马克思主义对传统法治文化进行筛选。马克思主义就是判断法家传统中哪些需要保留，哪些需要摒弃的试金石。马克思主义具有科学性、人民性、实践性、发展性等优秀品质，法家传统必须接受马克思主义的检视，将其中不符合马克思主义，尤其是与科学和人民完全背道而驰的理论予以剔除。另一方面，法家传统中有很多与现代法治精神略有差别，但经马克思主义进行创造性转化和创新性发展后，可以对旧有说法赋予新的内涵。如以人为本是先秦法家提出的重要概念，在封建君主专制的背景下具有超越时代的意义。但是，相比于现代中国法治中的以人民为中心，先秦法家的以人为本又明显具有历史的局限。习近平总书记指出："人民立场是中国共产党的根本政治立场，是马克思主义政党区别于其他政党的显著标志。党与人民风雨同舟、生死与共，始

---

① 马克思、恩格斯选集（第 1 卷）[M].北京：人民出版社，1995：289.

② 张晋藩.体现马克思主义唯物史观的中华法文化 [J].法学杂志，2020，41（3）：2.

③ 商君书 [M].石磊，译注.北京：中华书局，2011：161.

终保持血肉联系，是党战胜一切苦难和风险的根本保证。"① 以人民为中心比先秦法家提出的以人为本将人民的地位提升得更高，明确了人民当家作主的主人翁地位。实现好、维护好、发展好最广大人民的根本利益是党和国家一切工作的出发点和落脚点。

中国特色社会主义法治道路具有鲜明的历史逻辑、理论逻辑和实践逻辑。特别是实践逻辑，中国经济发展状况，社会性质等方面共同成为我国当代法治建设的出发点和落脚点。有学者指出："流行的现代性对于中国法治实践的影响则又另当别论。从总体上看，流行的现代性理论对中国法治实践的骨架没有实质性的影响，因为，实践中的法治遵循的逻辑主要是实践的逻辑。"② 可以说，实事求是、求真务实不仅是我党薪火相传的重要精神品质，也是中国特色社会主义法治的重要指导思想。2016 年 7 月，习近平总书记指出："面对新的时代特点和实践要求，马克思主义也面临着进一步中国化、时代化、大众化的问题。马克思主义并没有结束真理，而是开辟了通向真理的道路。"③ 换言之，在全面推进依法治国的过程中，只有坚持实事求是，脚踏实地，才能不断推动法治中国建设迈入新境界："中国特色社会主义法治道路不是从天上掉下来的，而是在中国的社会土壤中生长起来的。"④ 从 1997 年 9 月，党的十五大用"法治"替代"法制"并正式提出了"依法治国，建设社会主义法治国家"的治国方略，再到党的十八大正式提出全面依法治国的重大战略，党在中国法治建设的过程中发挥着不可替代的重要作用。党始终坚持运用辩证唯物主义和历史唯物主义的眼光看待问题，准确认识和把握我国社会发展的阶段性特征，进而构建出适合我国发展的法治模式。值得注意的是，2020 年 11 月，习近平总书记在中央全面依法治国工作会议上发表重要讲话，强调："坚持党对全面依法

---

① 习近平．论中国共产党历史［M］．北京：中央文献出版社，2021：129-130.

② 喻中．法的现代性：一个虚构的理论神话［J］．法律科学（西北政法大学学报），2013，31（5）：26.

③ 习近平．论中国共产党历史［M］．北京：中央文献出版社，2021：123.

④ 参见习近平．坚持和完善中国特色社会主义制度推进国家治理体系和治理能力现代化［J］．求是，2020（1）：3-8.

治国的领导。党的领导是推进全面依法治国的根本保证。"① 可以说，党的领导为中国法治建设自上而下提供了有力保障。同时，改革开放的实行极大地促进了我国市场经济的发展。而工商业者几乎是最具法治需求，同时也是最能推动法治建设的一批社会成员。中国新一代企业家、商人以及中介人员在成为法治消费者的同时，又在他们的经济活动中，把各自经济活动的动力转化成了推动法治的动力。②

（二）现代续造

习近平总书记指出"要加强对中华优秀传统文化的挖掘和阐发，使中华民族最基本的文化基因与当代文化相适应、与现代社会相协调，把跨越时空、超越国界、富有永恒魅力、具有当代价值的文化精神弘扬起来。要推动中华文明创造性转化、创新性发展，激活其生命力，让中华文明同各国人民创造的多彩文明一道，为人类提供正确精神指引"。③ 也就是说，优秀的文化传统是中华民族实现伟大复兴必须发掘的宝贵资源。发掘、转化和应用传统文化，使传统文化具有现代价值和重要意义。法家传统作为中华优秀法治文化的重要组成部分，是当下全面推行依法治国，建设中国法治的宝贵文化资源。面对法家传统，不仅要在马克思主义的指引下去其糟粕，更要通过马克思主义的指引将法家传统中的宝贵资源攫取出来。当然，需要指出的是，虽然法家传统凝聚着历代法家代表人物对法治的思考，但是毕竟其大部分都是根植于封建社会的产物，其社会环境与当下社会主义社会环境具有本质区别。因此，站在新的历史起点上，需要用马克思主义为法家传统实现创新性发展。

一方面，要实现对法家传统的现代续造，暗含一个预设前提，必须要在认真研究法家思想和传统法律文本的基础上，梳理其科学意义，探究法家传统的

---

① 习近平. 论坚持全面依法治国 [M]. 北京：中央文献出版社，2020：3.

② 孙笑侠，胡瓷红. 法治发展的差异与中国式进路 [J]. 浙江社会科学，2003（4）：9.

③ 习近平. 坚定文化自信，建设社会主义文化强国 [J]. 求是，2019（12）：3-8.

真实含义和内在精神，完整地展现其对现代中国法治建设巨大的能动作用。①只有做好这个坚实的理论工程，才能在明晰法家传统的意义上，用法家传统浇筑中国法治的坚实历史基座。目前，对法家和传统法律存在一定误解。主要在于仅看到秦法家及传统法中"刑"的部分。因此，有学者指出："现在法史教材也说中国古代的法重刑轻民、以刑为主，这也是一种误解……自汉以后，中国古代的法是礼法结合、以礼为主的法。"② 也就是说，汉代以后儒家的礼融入传统法中，使传统法更加具有人性光辉。同时也需要看到，主张严刑峻法的秦法家不是先秦时期的唯一分支。在先秦法家的另一分支——齐法家的法治理论中，蕴藏了充分的德治元素，可以说法与德在齐法家的理论中共生共长。"德法兼收"治国理论的提出，不啻是对中国法治的重大贡献。因此，要继续加强对法家经典典籍的研读，以及对中国传统法律的考察。挖掘法家思想和传统法律中的精华部分，破除对法家思想和传统法律的偏见与误解。

　　另一方面，法家传统对中国法治具有能动作用。这种能动作用体现在：几千年来法家传统以文化的形式延续在中国社会中，长久地渗透在中国两千多年来的政教体制、法治实践和人们的思想行为中，成为我国重要的法治传统。但是，对当代中国法治建设而言，要使得法家传统具有现实和具体的影响，必须对其进行现代续造，使其现代化。而马克思主义和习近平法治思想就是实现法家传统现代续造的重要指导思想。从马克思主义法学中国化和法家传统这一角度来看，近代中国法治的转型是马克思主义法学中国化与法家传统马克思主义化相辅相成而又相向而行的一个历史进程。当然，有学者指出：习近平新时代中国特色社会主义思想是马克思主义中国化最新成果，是当代中国马克思主义、21 世纪马克思主义，是新时代最鲜活生动的马克思主义，是视野宏阔、思想深邃、理论完备、内容丰富、逻辑严密的科学体系。③ 因此，从这个意义

---

　　① 参见蒋传光. 马克思主义法学的基本原理及其科学意义［J］. 法律科学（西北政法大学学报），2018，36（6）：29.

　　② 马小红. 我们对中国古代法处在误解之中［N］. 北京日报，2015-03-30（23）.

　　③ 谢伏瞻. 马克思主义是不断发展的理论——纪念马克思诞辰 200 周年［J］. 中国社会科学，2018（5）：8.

上讲，对法家传统的现代续造要更加注重习近平法治思想对法家传统的指引作用，尤其是习近平法治思想中体现的人民立场。事实上，运用马克思主义阶级分析的方式对先秦和封建时期的法家思想进行审视，可以发现在法治为了谁这一根本问题的回答上，以管仲为代表的齐法家虽然提出了"以人为本"等民本思想，但是这种民本思想仅是将国家（君主）与人民置于一种合作关系，其目标是为了实现富国强兵。法家承认民众是国家之本，但除了根本之意外，单个的民众位于国家统治之下之意似乎也蕴含于其中，君主和人民的地位实际上处于含糊不清的状态。但是，当代中国法治建设中，人民位于中心地位。2018 年 3 月，习近平总书记指出："我们必须始终坚持人民立场，坚持人民主体地位，虚心向人民学习，倾听人民呼声，汲取人民智慧，把人民拥护不拥护、赞成不赞成、高兴不高兴、答应不答应作为衡量一切工作得失的根本标准，着力解决好人民最关心最直接最现实的利益问题，让全体中国人民和中华儿女在实现中华民族伟大复兴的历史进程中共享幸福和荣光。"[1] 总书记的这段论述昭示了以人民为中心的科学含义，也为法家传统的现代续造指明了方向。对法家传统续造要始终以人民为中心，坚持人民主体的立场。赋予法家传统新时代的科学价值观，让法家传统在当代中国法治建设中发挥应有价值。

（三）未来发展

法治是人类文明的重要成果，是人类社会进入现代文明的重要标志。在现代社会中，法治提供了社会正常运转必不可少的秩序，保障了社会成员赖以生存的各项权利。虽然法治模式不一而足，但是法治已经成为现代国家必不可少的基本元素。回顾历史，法家的代表人物在先秦时期就提出了"以法治国"的国家治理思想。秦朝时期，在法家代表人物的共同努力下，法治已经成为国家治理的主要模式。在法家传统的影响下，我国历史上的法治理论和法治实践曾长期处于领先地位。但是，封建政体的逐渐僵化使得法治发展受到严重影

---

① 习近平.习近平谈治国理政（第 3 卷）［M］.北京：外文出版社，2020：142.

响，我国的"古典法治"没有及时转变成现代法治，我国现代法治的建设起步远远落后于西方发达国家，法制上的不健全和法治上的不完善给人民群众带来过很多的不便和损失。在法治建设过程中，我国的法治建设也一直处于"在西方法治中发现中国法治"的尴尬境地。然而，十五大会议报告将依法治国写入宪法，将法治作为我国国家治理的主要手段。十八届四中全会以后，全面依法治国的提出和推行使得我国法治建设迈入了新的阶段。尤其是在中国特色社会主义新时代，习近平法治思想的提出开创了中国法治建设的新局面，成为全面依法治国的根本遵循和行动指南。可以说，过去 70 年的法治建设已然让我国从一个法治弱国成为法治强国。我国在尊重法治和进行法治建设的同时，也享受了法治为国家发展带来的巨大好处。展望未来，在今后中国法治建设中，我们不仅要继承传统、立足现在，将法家的发展史作为中国法治建设的重要历史，更要将目光放长放远。在法治未来的研究中，要提前预测法治热点，展开相关研究，实现弯道超车，占领法治未来①的高地。

中国特色社会主义法治的建设，势必要努力构建在马克思主义指导下的高校法学学科体系和话语体系。法学学科体系和话语体系的构建，无法回避的一个问题，便是要坚持什么样的立场，走什么样的道路。建党百年的革命、建设、改革的历史已经充分证明，马克思主义理论是能够正确指引中国前进的科学理论体系，而中国共产党是领导我们事业的核心力量。因此，坚持马克思主义，尤其是马克思主义法学的指导和坚持中国共产党的领导是建设新时代高校法学学科体系和话语体系的题中应有之义，一方面，我们需要构建兼收并蓄、包容开放的高校法学学科体系和话语体系。另一方面，我国法学学术话语体系，必须坚持自主发展的道路，应当从我国实际出发，以优秀传统法治资源为依托，走出一条中国特色的法学发展路子，继而争夺法学学科的话语权。同

---

①　本书认为，法治未来和未来法治是一对需要严格区分的概念。法治未来是一个更笼统且更广义的概念，法治未来的范围更广。我们对于法治的展望，都能包含在法治未来之中，如文中提到的构建法治人才培养体系、新时代高校学科体系和话语体系建设等。相比而言，未来法治是一个狭义的概念，仅仅包括未来科技等前沿问题的探索，包括在法治未来的概念之中。为避免理论上的混淆，特进行说明。

时，考虑到我国的法学教育的现状，也必须合理借鉴西方合理的法学理论。起源于古希腊时期、发端于文艺复兴时期、发展于启蒙运动时期的西方法治思想，历经数百年的理论发展和实践完善，已构建了一套系统较为完整的理论体系，蕴含着一些可资借鉴的法治精髓和要旨。因此，中国特色的法学学术话语体系建设需要不断研究和创新，需要不断在学习中实现超越。

要构建世界领先的法治人才培养体系。人才是面向未来的第一竞争力，也是学科发展的关键因素。作为一个前沿科技与法律紧密融合的前沿学科和交叉学科，应如何培养这种前沿学科、交叉学科人才，成为当下的一个重要课题。法学教育事业是法学发展的重要力量，在法学人才的培养过程中承担着不可替代的重要任务。可以说，整个法学教育事业的发展状况，在极大程度上影响着中国法学的未来。其中，高校法学学科体系和话语体系的合理构建是法学教育事业发展过程中应尤为关注的重点。法学教育事业过程中其学科体系是否全面、系统、科学，将直接影响法学人才的培养质量。

研究法家传统的未来走向，意味着要不断打破传统观念，用发展的观点看问题。我们不仅要对过去法治问题进行思考，更要基于对现实的充分理解而对未来进行展望。在科学技术高速发展的今天，对特定的新科学和新技术密集出现的领域不能再抱有出问题再规制、再立法的思维，而是要进行一定程度的预测立法与超前立法。缘起于先秦时期的法家，由于受到历史的局限，不可能预见计算机、互联网、大数据等新事物的出现。但在创造性转化后，法家传统实现了现代续造，体现了更多的现代元素，为未来法治提供了大的方向上的引领。对此，有学者指出："要以法治的理性、德性和力量引领和规制新一轮科技革命，使之成为促进社会普惠发展的生产力基础，让科技发展和运用符合伦理，让智能化系统更加安全可控……助力缩小人与人之间的差距，弥补各类优质资源供给不足、分享不均的现状，更好地实现教育公平、医疗公平、司法可及、残障人等社会弱势群体权益保障，使全体人民共享科技成果，共同拥抱更加美好的未来社会。"① 为了实现这些目标，对大数据技术、区块链技术、新

---

① 张文显. 数字技术立法尤其要超前 [N]. 北京日报，2019-01-21（13）.

型生物技术等新兴科技都需要加强立法、执法和司法的有效规制，以保护每个社会成员的权益和整个社会的伦理、道德、价值体系。但可以预见的是：未来法治将更加强调法律和法治对人的全面发展和社会全面进步的时代价值，进一步彰显中国特色法学理论的时代活力，既是实践到理论的科学跨越，又是制度到法理的思维变革。① 也就是说，以法家传统为代表的中国法治文化具有新时代的生命力，我们需要用更为发展、更为超前的眼光来挖掘法家传统资源。面对日新月异的社会发展状况，对法家传统的创造性转化直接表现为不断趋势更新，为充分体现公平正义、满足人民的需求而努力，从而在未来法治舞台中占据一席之地。

---

① 参见张文显. 在新的历史起点上推进中国特色法学体系构建 [J]. 中国社会科学，2019（10）：32.

第五章 法家传统与中国法治建设的契合方式

中国法治，理应回归到法家传统上来。经过转化后的法家传统，以马克思主义为方法论指导，经过了取其精华、去其糟粕的科学提炼过程，能为中国法治提供源源不断的本土法治资源。在新时代，这种转化后的法家传统主要体现为以当代中国马克思主义法治理论、21 世纪马克思主义法治理论，即习近平法治思想为根本遵循。同时，法家传统还体现了对西方法治的一些合理因素的正视。西方国家关于自由、民主、人权等价值的探索，标志着人类法治事业的启蒙，我们可以在合理甄别的前提下，实现为我所用、推陈出新的目的。转化后的法家传统具有的理论优势，可以为中国法治建设提供理论支持。本书提出：要不断寻觅法家传统与中国法治建设的契合方式，为法家传统在中国法治建设的具体运用上提供更科学的思路。就目前来看，我们可以尝试从以下三个方面进行。

第一节 着眼于植入丰盈权利内核

中国在当今国际舞台上扮演着越来越重要的角色，成为国际人权运动新的力量。运用人权话语，推动人权主流化的发展，成为中国加入国际竞争的必要条件。人权主流化不单单是在规则和政策方面体现和纳入人权，更需要在全社会范围内植入尊重和保护人权的理念。① 然而，在融入世界人权事业中，西方资本主义国家屡屡抨击我国的人权问题，发表了许多涉疆、涉藏、涉港的不当言论。本书认为，这种问题，不仅是对我国人权事业的不了解，更是对中国法家传统理论中"以人为本"概念的忽视和无知。事实上，西方发达国家标榜自由、民主、平等，却屡屡爆出侵犯人权的事件。② 有鉴于此，我们有必要对人权问题进行再考量，为法治中国植入丰盈的权利内核，努力构建中国人权话语体系。

一、坚持以人民为中心的理念

马克思指出："黑格尔从国家出发，把人变成主体化的国家。民主制从人出发，把国家变成客体化的人。正如同不是宗教创造了人，而是人创造了宗教一样，不是国家制度创造了人民，而是人民创造国家制度。"③ 因此，人民是国家的主人，是实践的主体，我们国家建设的所有目标都是为了最大限度地满足广大人民群众的需求。中国特色社会主义进入了新时代，我国社会主要矛盾已经转化为人民日益增长的美好生活需要和不平衡不充分的发展之间的矛盾。人民的美好生活需要不仅对物质文化生活提出了更高要求，而且在民主、法治、公平、正义、安全、环境等方面提出了多样化的、更高层次的要求。法治既是人民美好生活的直接需要之一，又是其他需要的重要保障。④

从法治角度去思考人权保障问题，是法家传统的立足点。先秦期间，齐法

---

① 张万洪．论人权主流化［J］．法学评论，2016（6）：49.

② 2020 年 5 月，美国明尼阿波利斯市一名黑人男子弗洛伊德被白人警察暴力执法致死案件，直接引发了美国大规模的人权运动。2020 年 8 月，上万名美国人因种族歧视和警察暴力执法再次聚集于林肯纪念堂前发起抗议游行。参见乔治·弗洛伊德：一名美国黑人的呼吸简史［EB/OL］．［2020-06-09］．http：//www. xinhuanet. com/2020-06/09/c_1126092377. htm.

③ 马克思恩格斯全集（第 3 卷）［M］．北京：人民出版社，2020：40.

④ 周尚君．坚持以人民为中心的法治思想［J］．法学杂志，2021，42（1）：21.

家在"以法治国"的实践中，又提出了"以人为本"的理念，让法治充满了人性光辉。法家坚持"以人为本"，主张社会改革，并亲自参与变法，发展经济，致力于改善与提高人民生活。"以人为本"之后成为诸子百家的共同语言，并通过将此理念用于国家治理实践，缔造了"文景之治""贞观之治""康乾盛世"等治世。法家传统的这种"以人为本"的理念，被中国共产党发展为"以人民为中心"的理念。自中国共产党成立以来，不忘初心、牢记使命，始终恪守为人民服务的宗旨，与人民保持着血脉相连、荣辱与共的亲密关系；中国共产党始终坚持"以人为本"的理念，把维护好、发展好、实现好广大人民群众的利益，作为党和国家所有工作的出发点和落脚点。

中国的人权事业可以说是一步一个脚印，取得了举世瞩目的成就：1991年《中国的人权状况》白皮书问世，正式开启了人权在国内实践的进程；2004年人权入宪成为中国人权事业发展的重要里程碑，它以国家根本大法的形式确立了人权的重要地位，宣示"国家尊重和保障人权"；2009年首次出台《国家人权行动计划（2009—2010）》，以国家级规划和行动性纲领的形式，要求各级政府机关将人权保护作为重要的工作目标。[①] 对于人权这个问题，我们要进一步挖掘法家传统中"以人为本"的时代底蕴，要牢固树立"以人民为中心"的科学理念。在今后的法治建设工作中，我们要始终把人民立场作为根本立场，把为人民谋幸福作为根本使命，坚持全心全意为人民服务的根本宗旨，贯彻群众路线，尊重人民主体地位和首创精神，始终保持同人民群众的血肉联系，凝聚起众志成城的磅礴力量，团结带领人民共同创造历史伟业。[②]

二、明确秩序下的理性人权新思路

如何保障人权，是现代法治思考的永恒话题。但如何实现人权，每个法治

---

①　张万洪. 论人权主流化［J］. 法学评论，2016（6）：46.
②　习近平. 习近平谈治国理政（第3卷）［M］. 北京：外文出版社，2020：136.

国家的做法不一。美国虽然是当今世界第一经济强国，但正如两家美国本土研究报告所提供的数据和结论，其国内存在因贫富、族裔分配不均所导致的"生存品质洼地"。这种"洼地"在平时尚不凸显，一旦遭遇如新冠疫情这样重大的紧急突发事件，就会导致一系列问题、矛盾，甚至危机。我国的法治，也注重通过法治来保障人权，但是我们的人权保障更注意通过整体人权的实现，来实现更大多数人的幸福权利。我们的人权事业，注意到了秩序和人权之间的平衡，是更理性的人权。

唐勇在《论人类命运共同体的人权观》一文中指出："人权发展的基本规律表现为人权主体由个人到集体，再到人类整体；人权内容由单一到多元，再到全面系统；人权保障由唯我的国家视野到容他的国际视野，再到整体的国际视野，最终都指向了人类命运共同体人权观。"[1] 这种人类命运共同体的人权观，其实就是在强调世界秩序的重要性。只有稳定的秩序，才能最大限度地保障人权。疫情期间，美国发生了很多人权困境的案例，凸显了美国标榜的所谓人权的一些缺陷。相反，中国政府则领导中国人民，集中财力、物力和人力进行疫情防控，充分保障了全国人民的生命安全等人权。在此次疫情防控战役中，我国取得了重大战略成果，为世界人民最终战胜疫情作出了巨大贡献，体现了我国在秩序下的理性人权新的认识。这种理性人权注意到了生存权的价值："生存权当然远非人权概念的全部，但绝对是最基本的人权要素，有了生存权的充分保障，才能谈及发展权，谈及各项'充分自由'及其他。这个浅显的道理，越是曾饱受生存权苦难，或经常遭遇生存权挑战的民族、族裔、阶层，对此就越有体会。"[2]

社会主义中国完全可以走出一条符合国情的人权发展道路。习近平总书记

---

[1]　唐勇，陈思融. 论人类命运共同体的人权观 [J]. 浙江工商大学学报，2020（1）：52.

[2]　人民网. "疫情贫困" 凸显美国结构性人权困境 [EB/OL]. [2020-10-20]. http://usa.people.com.cn/n1/2020/1020/c241376-31898747.html.

指出："时代在发展，人权在进步。中国坚持把人权的普遍性原则和当代实际相结合，走符合国情的人权发展道路，奉行以人民为中心的人权理念，把生存权、发展权作为首要的基本人权，协调增进全体人民的经济、政治、社会、文化、环境权利，努力维护社会公平正义，促进人的全面发展。"①

三、传播中国人权事业的新时代声音

习近平总书记指出："世界那么大，问题那么多，国际社会期待听到中国声音、看到中国方案，中国不能缺席。"② 我国在人权领域的诸多方面已经取得了很大进步，尊重与保障人权的规定已经正式写入《宪法》，各种直接或者间接保障人权的条款已体现在各类法律法规中。但是，我国人权实践的巨大成功，并不代表着人权各项事业的全面胜利："面对百年未有之大变局，面对中国日益走进世界舞台的中央，面对激烈复杂的国际人权斗争形势，加快构建当代中国人权话语，发出中国人权声音，提出中国人权方案，是摆在我们面前一项十分重要而紧迫的任务。"③ 事实上，我国在世界人权话语权的提升尚有较大空间，我们急需要在国际舞台上传播我国人权事业建设成就的新时代声音。

话语权主要指话语权力，是国家在国际舞台上实力博弈的重要工具，通过提高话语权，使作为国际竞争主体的国家处于有利地位。④ 人权话语或者话语模式并非天生固有，也绝非突然产生，而是通过一段时间对人权理论的成功实践而逐步产生的。这些由历史而来的成功人权实践，逐渐被其他国家或地区所认可，成为一种优势或者强势的人权话语模式。这种优势的人权话语模式，甚

---

① 习近平. 习近平谈治国理政（第 3 卷）［M］. 北京：外文出版社，2020：288.
② 国家主席习近平发表二〇一六年新年贺词［EB/OL］.［2015-12-31］. http://www. xinhuanet. com/politics/2015-12/31/c_1117643074. htm.
③ 鲁广锦. 当代中国人权话语的构建维度与价值取向［J］. 人权，2020（4）：1.
④ 刘志强. 论中国特色人权话语体系逻辑构成［J］. 现代法学，2019，41（3）：24.

至可以影响到国际主流社会或者主流媒体的有关评价，从而某种程度上能左右国际人权舆论的走向。对此，有学者指出，这种影响具体表现就是："从而推动形成解说国际人权事件、维护国际人权道义、设置国际人权会议议程、制定国际人权规则与标准的国际秩序。"① 目前，欧美国家在人权话语中占据优势甚至主导地位。西方国家利用人权话语权，很多时候影响了国际人权话语走向，经常在国际人权机构中设置话语议题、创设选项，建构了一套西方人权话语体系，在国际人权领域打造出强势的西方人权话语权，从而在国际人权话语中占据有利地位，左右国际秩序。② 西方的人权话语，在思想启蒙的时代，确实发挥了阶段性的作用，所谓天赋人权、自由平等博爱等思想至今仍发挥着重要作用。但是，这种人权话语的垄断，使得我们容易陷入理论桎梏。事实上，一个国家的人权话语体系会受到本国经济发展水平、文化普及状况、传播主观立场等诸多复杂因素的影响。同时，由于西方国家对于这种人权话语的自信，容易一叶障目，并没有全面和深入地理解人权的内涵，很容易套用自己的人权理论去解释他国的人权问题。同时，西方发达国家甚至利用其近代以来建立的人权话语体系，以人权为幌子，公开干涉他国内政，以标榜的虚伪人权产生了实际上的巨大人权伤害："罔顾联合国所倡导的平等对话和协商原则，把西方人权话语凌驾于国际人权话语之上，借人权之名干涉他国内政，在人道主义干涉问题上甚至造成了他国的人道灾难。"③

本书主张，需要严格区分西方人权话语与国际人权话语两个概念。西方人权话语曾贡献了诸多经典理论，但这种话语体系不可能具有普世性意义，而且这几年的西方资本主义国家接二连三地出现了侵犯人权的诸多问题。同时，美国等国家借助人权的幌子，超越国界，公开干涉他国内政。据新华社报道，中

① 参见毛俊响. 国际人权话语权的生成路径、实质与中国的应对 [J]. 法商研究，2017，34（1）：153-163.
② 刘志强. 论中国特色人权话语体系逻辑构成 [J]. 现代法学，2019，41（3）：24.
③ 刘志强. 论中国特色人权话语体系逻辑构成 [J]. 现代法学，2019，41（3）：24.

国人权研究会于 2021 年 4 月发表了《美国对外侵略战争造成严重人道主义灾难》的署名文章，揭露了美国打着"人道主义干涉"旗号对外动用武力的阴谋，深刻指出美国"二战"以来发动的伊拉克战争、阿富汗战争、越南战争等恶劣行径。这些打着人权旗号的虚伪行为，事实上却是公然违背以《联合国宪章》为代表的国际法规则的表现，客观上造成了极其严重的人权问题。① 因此，无论从西方人权理论是否具有普世性的理性角度，还是从西方人权理论实践的客观状况来看，西方人权话语都绝不能与国际人权话语画等号。西方所建立的人权话语体系，其实绑架了国家人权话语，导致其他国家的人权话语的自主权受到严重影响。因此，有学者提出："在人权话语'西强中弱'态势下，我国一方面要应对西方人权话语损害中国人权形象，另一方面，也应积极建构中国人权话语体系，提升我国的国际人权话语权，从根本上改变这种'西强中弱'状况，在国际人权舆论场上发出中国人权声音、提供中国人权发展经验，以推动人类人权事业的共同发展。"②

2020 年 5 月，关于"疫情防控中的特定群体权利保障"的国际视频研讨会在线成功举办。来自中国的香港大学、中国政法大学、复旦大学、武汉大学以及中国社会科学院等多家科研院所，以及来自美国、挪威、英国、瑞典等国家或者地区的数十位人权领域的知名专家、大学教授或者政府官员参加了此次视频研讨会。根据报道，会议围绕"不让一个人掉队：确保特定群体在疫情下获得公共服务""让每个人享受到公平正义：预防和救济针对特定群体的歧视"等主题进行了研讨交流。③ 这种关于人权主题的跨国学术研讨，就是通过各种形式的交流，来传播中国人权声音的重要举措。

---

① 参见新华网. 中国人权研究院文章：美国对外侵略战争造成严重人道主义灾难 [EB/OL]. [2021-04-09]. http：//www. xinhuanet. com/world/2021-04/09/c_1127310521. htm.

② 刘志强. 论中国特色人权话语体系逻辑构成 [J]. 现代法学，2019，41（3）：24.

③ 丁鹏. 疫情之下，没有孤岛——"疫情防控中的特定群体权利保障"研讨会综述 [J]. 残疾人研究，2020（2）：82.

第二节 立足于科学解码制度优势

所谓经国序民，正其制度。① 国家的有效治理、社会秩序的稳定、人民的安居乐业，很大程度上决定于各项制度的健全程度。2019 年 10 月，党的十九届四中全会系统概括了我国国家制度和国家治理体系十三个方面的显著优势。这些显著优势，是我们党在革命、改革和建设事业中取得成果的制度保证。中国特色社会主义进入新时代，也意味着法治中国建设进入新时代，这些显著制度优势将继续发挥作用，成为我们党领导全国各族人民，通过法治的途径实现经济快速发展与社会长期稳定两大奇迹的重要保障，是实现"中国之治"的制度密码。

一、正确理解党的领导制度下的三大关系

（一）改革与立法

"相比过去，新时代改革开放具有很多新的内容和特点，其中很重要的一条就是制度建设的分量更重，改革更多面对的是深层次体制机制，对改革顶层设计的要求更高，对改革的系统性、整体性、协同性要求更强，相应地建章立制、构建体系的任务更重。"② 改革涉及方方面面，如国家的经济体制与机制、国家的政治体制与机制、国家的文化体制与机制以及国家的社会体制与机制。改革开放 40 多年来，我国的上述改革业已取得巨大成就。但是，国家制度还要进一步完善。其中，某些体制与机制需要进一步完善，以适应国家治理体系

---

① 司马光. 资治通鉴（第 2 册）［M］. 北京：中华书局，1956：608.

② 习近平. 关于《中共中央关于坚持和完善中国特色社会主义制度 推进国家治理体系和治理能力现代化若干重大问题的决定》的说明［N］. 人民日报，2019-11-06（4）.

与治理能力现代化的需要，如国家危急状态的解决机制就需要进一步完善，包括预警机制、突发性事件处理机制等。本书认为国家制度机制与体制的改革要按三步进行：一是进行科学的顶层设计，二是必须经过试点证明是可靠的，三是要作为一种机制或体制固定下来，必要时以法律形式固定下来。① 这些机制的建立，都离不开法治的作用。因此，坚持中国共产党的集中统一领导，首先必须处理好改革与立法之间的关系。

第一，我国的全面深化改革，必须以坚持与完善国家制度，推进国家治理体系和治理能力现代化为总目标。当前，中国特色社会主义进入了新时代。新时代在国家制度层面上的明显体现，就是坚持和完善国家制度，改革那些不适应时代的要求，不适应现代化需要的某些治理机制与体制。改革，就是"变法"，就是要将"破"和"立"相结合，既不能"先破后立"，更不能"不破不立"，而是要"边破边立"。当然，这个过程是艰难的，要在党的集中统一领导下，经过充分的调查研究，在专家论证的基础上，有计划、有步骤地进行。当然，对于国家制度中某些领域的体制改革要慎重。但是，改革的态度必须坚决，否则就难以实现完善国家制度，促进国家治理体系与治理能力现代化这个总目标。②

第二，改革开放是强国之路，国家制度必须在改革中不断完善，这是被中国改革开放证明了的一条真理。按改革的性质或深度为标准，可以分为两种类型：一种是"制度改革"。如古代"商鞅变法"，其目的旨在实现奴隶制度向封建制度的过渡；又如日本的"明治维新"，其目的是完成封建制度到资本主义制度的过渡。这种类型的改革是根本性的，是要大破大立的。尽管它不使用暴力或很少使用暴力，但必须从根本上变更国家制度。另一种是"体制改革"，是指现有社会制度的自我完善，如我国北宋时期的"王安石变法"，又如"二战"时期美国的"罗斯福新政"。我国现有的改革，也是一种体制改

---

① 李龙，刘玄龙．论坚持和完善国家制度的三大关系 [J]．理论月刊，2020（2）：55．

② 李龙，刘玄龙．论坚持和完善国家制度的三大关系 [J]．理论月刊，2020（2）：55-56．

革，是社会主义制度的自我完善。因此，我们的任务是改革那些不适应社会发展、不适应经济制度的某些体制和机制。如我国《宪法〈修正案〉》将经济体制中的个体经济、私营经济等非公有制经济，规定为社会主义经济的重要组成部分；又如改革开放以来六次选举制度的完善、人大常委会职权的扩大、县级以下人大常委会的建立等。这些改革，促进了我国社会主义市场经济的发展和政治制度的进一步完善。①

第三，改革不能一蹴而就，要经过实践的检验，甚至多次反复，才有正确的结论。为此，我们的体制改革必须遵循下列原则：其一，改革，特别是重大的体制改革，都必须做到于法有据。要正确认识改革中的合法性，不能任意改革。其二，任何改革都要求尽量做到顶层设计，在深层改革中尽量少搞"摸着石头过河"。因为经验主义有时候可能起作用，但显然不符合马克思主义哲学关于绝对性和偶然性的理论。其三，凡是改革，特别是重大改革，都要经过集体讨论、专家论证、群众听证，然后再交党委决策，最后形成文件，做到有据可查。②

事实上，就我国的立法建设而言，国家始终坚持通过人民代表大会制度实现上情下达、下情上报，从而真正确保我国的立法能够切实回应和解决人民群众中出现的各种新问题和新情况。如十三届全国人大三次会议主席团交付的506件代表议案全部审议完毕，其中118件议案涉及的22个立法项目已审议通过或正在审议，168件议案涉及的58个立法项目已列入立法规划或计划。代表提出的9180件建议，交由194家承办单位办理并全部答复代表，代表建议所提问题得到解决或计划逐步解决的占71.28%。将181件代表建议涉及9个方面问题确定为重点督办建议，全国人大有关专门委员会负责督办，有力推动了一批群众关心、社会关注重点难点问题的解决。代表在闭会期间提交的400

---

① 李龙，刘玄龙. 论坚持和完善国家制度的三大关系［J］. 理论月刊，2020（2）：57.

② 李龙，刘玄龙. 论坚持和完善国家制度的三大关系［J］. 理论月刊，2020（2）：57.

多件建议，交由 98 家承办单位研究处理，做到即收即办、逐件反馈。① 可以说，人大代表制度是中国法治建设的经络，为政策和需求的流通提供了渠道。

（二）政策与法律

党的政策和国家法律在治理偏向和规范内涵上的差异性决定了其互联互通的必要性，而两者在价值初衷和终极追求上的一致性决定了其互联互通的可能性。可以说，党的政策指导着特定时期的历史任务，国家法律服务于特定时期的实践课题，两者在国家发展和人民幸福的政治伦理和价值期许上实现着规范融通，并最终统一于反映党的意志和人民根本利益的特定历史实践当中。②

探讨法治既要从法理上寻找依据，又要从政理处进行思考。李大钊最早提出了近代意义上的政理的概念，立志通过深谙政理来实现救亡图存，即"钊感于国势之危迫，急思深研政理，求得挽救民族、振奋国群之良策"③。中国社会科学院学部委员李林为政理下了一个定义，即政理作为一个与法理相对应的概念，是指政治的原理、原则、价值、精神、道理等，即为政之道、为政之理。④ 党的政策是凝结政理和法理的重要产物，其与国家法律关系密切。这种密切的关系在过去没有探讨清楚，部分学者没有正确对待执政党和法律之间关系，热衷于提出"党大还是法大"的伪命题，并以此为基础将党的政策与国家法律割裂甚至对立起来。

另外需要注意的是，现代国家治理中的所谓"政策"，已经不再是传统意义上某部门、某地区适用的"红头文件"，而是具有显著公共性、普遍性的"公共政策"。公共政策并非针对单一问题或者服务于某个特定群体，而是对

---

① 栗战书. 全国人民代表大会常务委员会工作报告——2021 年 3 月 8 日在第十三届全国人民代表大会第四次会议上［EB/OL］.［2021-03-14］. http：//www. xinhuanet. com/politics/2020lh/2020-05/31/c_1126055968. htm.

② 周祖成，万方亮. 党的政策与国家法律 70 年关系的发展历程［J］. 现代法学，2019，41（6）：37.

③ 李大钊. 李大钊文集（下册）［M］. 北京：人民出版社，1984：888.

④ 李林. 新时代中国法治理论创新发展的六个向度［J］. 法学研究，2019，41（4）：7.

社会普遍关注、影响社会大众切身利益的社会问题的制度回应；在这一维度上，公共政策的本质是对社会公共利益进行协调和分配，终极目的是维护和促进公共利益，回应人民群众的迫切需求。这与法律的要求并无实质不同，只是具有手段上的差别。可以说，出于综合应对现代社会问题的需要，政策与法律日益具有更加紧密的关系，将政策与法律加以融合，在社会资源配置及利益协调中发挥综合作用，如此方符合国家治理现代化的要求。①

习近平总书记指出："我们党的政策和国家法律都是人民根本意志的反映，在本质上是一致的。党的政策是国家法律的先导和指引，是立法的依据和执法司法的重要指导。要善于通过法定程序使党的主张成为国家意志、形成法律，通过法律保障党的政策有效实施，确保党发挥总揽全局、协调各方的领导核心作用。党的政策成为国家法律后，实施法律就是贯彻党的意志，依法办事就是执行党的政策。"② 党的政策与国家法律在本质上都具有深刻的人民性，这决定了党的政策和国家法律不会是对立关系，也让党的政策和中国古代的皇帝诏书或手谕等从根本上划清了界限。好的政策通过相关的立法程序可以及时上升为法律，实施法律就是贯彻党的意志，依法办事就是执行党的政策。通过辨明党的政策和国家法律在本质上的共同性，实现党的领导、人民当家作主与依法治国的有机统一；政治与法治、民主与集中、民主与法治的统一。③

此外，从功能上看，党的政策更具有宏观性、指导性、灵活性，更适合于应对社会生活中不断出现的新矛盾新问题。国家法律更具有普遍性、明确性、稳定性，更适合于调整相对稳定、相对成熟的社会关系。④ 面对新冠疫情这一突发性公共卫生事件，中央到地方各级机关采取红头文件的形式传达抗疫指令，取得了良好效果。疫情防控期间，国家卫健委及时发布数版《新型冠状病

---

① 陈海嵩. 中国生态文明法治转型中的政策与法律关系［J］. 吉林大学社会科学学报，2020，60（2）：48.

② 中共中央文献研究室编. 习近平关于全面依法治国论述摘编［M］. 北京：中央文献出版社，2015：20.

③ 参见李林. 习近平全面依法治国思想的理论逻辑和创新发展［J］. 法学研究，2016，38（2）：13.

④ 黄文艺. 习近平法治思想要义解析［J］. 法学论坛，2021（1）：20.

毒肺炎防控方案》①。这些方案（红头文件）严格按照《中华人民共和国传染病防治法》等法律规定予以制定，有力地指导了全国各地的疫情防控工作，为打赢疫情防控战赢得了宝贵的时间。这些政策的出台，能够最大程度、最快速度、最高效率地集结和整合力量解决问题，充分体现了我国政法制度的显著优势。党的政策和国家法律在保持本质一样的前提下，从效率、灵活与明确、稳定两个不同的维度发挥作用。党的政策和国家法律相互配合，互联互动，为传统的法德共治的国家治理模式注入新的元素，形成了法律、道德、政策三者为主的多元治理模式。明确党的政策与国家法律之间的关系，有助于明晰党在国家治理的领导地位，发挥党的领导制度的重要作用，确保法治建设在正确的方向上前行。

（三）党法与国法

中国共产党是中国特色社会主义事业的领导核心，是中国特色社会主义事业的总舵手。中国的法治建设必须坚持党的领导。但是，领导核心势必也是权力核心。越坚持党领导一切，就越要坚持全面从严治党。治国必先治党，治党务必从严，从严必依法度。② 因此，如何厘清党内法规和国家法律之间的关系，是正确理解坚持党的领导下的全面依法治国的理论前提。

对此，习近平总书记指出："加强党内法规制度建设是全面从严治党的长远之策、根本之策。我们党要履行好执政兴国的重大历史使命、赢得具有许多新的历史特点的伟大斗争胜利、实现党和国家的长治久安，必须坚持依法治国与制度治党、依规治党统筹推进、一体建设。"③ 党内法规是中国特色社会主义法治体系的重要组成部分，党法与国法是侧重不同但是具有密切联系的两类

---

① 关于印发新型冠状病毒肺炎防控方案（第七版）的通知（联防联控机制综发〔2020〕229 号文）〔EB/OL〕.〔2020-09-11〕. http://www.nhc.gov.cn/cms-search/xxgk/getManuscriptXxgk.htm? id=318683cbfaee4191aee29cd774b19d8d.
② 袁曙宏. 坚持党对全面依法治国的领导〔N〕. 人民日报，2021-01-18（11）.
③ 习近平. 坚持依法治国与制度治党、依规治党统筹推进一体建设〔N〕. 人民日报，2016-12-26（1）.

规范。提出党内法规与国家法律的关系并强调注重党内法规同国家法律的衔接和协调、共同发挥在治国理政中的互补性作用，是十八大之后我国政治生活和法治建设的重大理论和实践创新，是党法关系的新发展。① 党内法规比国家法律对于权力核心的监督力度更大，针对性更强。拥有一套完备的党内法规体系是我们党的一大政治优势。② 党内法规面向的主体是党员。通过党内法规加强对党员的约束，既能增强执政党的威望，也有利于将全面依法治国深入人心。党内法规建设是中国法治在加强公权力监督的重要一步，也是填补旧式法家传统中对公权力监督具体制度的空白。

目前，对于党法自身的概念体系的构造和边界问题的明确，还有待进一步考察和研究。如对于监察法规的定性问题有待商榷。监察法规，是"法规"，不是宪法上规定的狭义上的法律。这里所说的"法规"，是在我国立法层面区别于狭义法律的一种专门的法律规范形式或者说载体。针对立法机关与其他机关在立法上的权限分配问题，不同国家的宪法体制可能有不同的解答。对此，我国现行《宪法》则确立了我国当前"国家立法权"之下，广义立法权并行的立法格局。根据我国《宪法》及《立法法》的相关规定，只有全国人大及其常委会才能行使"国家立法权"，即制定狭义法律③的权力。最高司法机关，即最高人民法院和最高人民检察院，可以针对法律问题出台相应的"司法解释"；最高行政机关，即国务院，可以制定"行政法规"；国家军事委员会，可以制定"军事法规"。因此，监察法规不是全国人大及其常委会制定的法规范，从法规范形式来看，它既不是基本法律，也不是基本法律以外的其他法律，而是法规。④

---

① 张文显. 治国理政的法治理念和法治思维 [J]. 中国社会科学，2017（4）：64.

② 张文显. 治国理政的法治理念和法治思维 [J]. 中国社会科学，2017（4）：64.

③ 这里所说的狭义法律，包括基本法律，即由全国人民代表大会制定或修改的刑事、民事、有关国家机构和其他基本法律；也包括全国人民代表大会常务委员会制定和修改应当由全国人民代表大会制定的法律（基本法律）以外的其他法律。参见《中华人民共和国宪法》第 62 条、《中华人民共和国立法法》第 7 条。

④ 秦前红，石泽华. 监察法规的性质、地位及其法治化 [J]. 法学论坛，2020，35（6）：89.

二、最大限度发挥民主集中制的整体效能

近年来，海内外许多学者和有识之士，认识到中国经济成就背后的政治制度原因……然而，他们却忽视了对明文载入《中国共产党章程》和《中华人民共和国宪法》的民主集中制的研究。而民主集中制，正是中国政治制度、政治体制的核心机制。① 近代以来的中国社会，受到了西方文化的巨大冲击，随之而来的便是漫长的西学东渐的过程。但是，这种西学东渐或者说是现代化的过程，一个重要的政治前提便是要有一个统一的、强有力的中央集权国家作为保障。唯有实现中央集权，才能为传统文明国家向现代化国家的整体转型提供支撑，才能充分保障国家在转型过程中的安全与秩序问题。但是，中央集权是一种从上到下的单线模式，并不能解决所有问题，尤其是在面对全面危机时难免顾此失彼。

有鉴于此，有学者指出："中国传统文明国家崩溃之后形成了中国社会的全面危机或者说总体危机，只有以社会革命的方式才能有效地应对全面危机，进而创建现代国家。"② 同时，这种中央集权和社会革命，是一种相互影响、相互配合的关系，两者共同为国家和平时期的安全稳定、危机时期的力挽狂澜提供保障。事实上，中央集权属于典型的自上而下的资源整合过程，这种强有力的整合为社会革命提供了稳定的政治或者制度基础；而社会革命这种自下而上的推动方式，包含对民主等价值因素的强烈渴望，故需要更广泛的政治参与以及更深入的组织动员："社会革命必须在深入的组织动员和广泛的政治参与的基础上实现中央集权，这个任务则是由共产党完成。共产党以民主集中制作为根本组织原则，在广泛民主的基础上实现中央集权是共产党领导过程的集中

---

① 王传志. 民主集中制：我国政治制度的核心机制［J］. 求是，2013（10）：33.
② 汪仕凯. 政治体制的能力、民主集中制与中国国家治理［J］. 探索，2018（4）：38.

写照，于是共产党领导的中国革命就将中央集权制发展成为了民主集中制。"①随着民主集中制的发展，必然产生强大的政治能力。但是，这种强大的政治能力并非坏事，事实上这种政治能力与民主集中制通力合作，能够凝聚国家各方力量，从而构建国家与社会之间相互信任、相互支持的良性互动关系。在社会主义中国，体现为中国共产党能够整合力量，动员人民群众把一盘散沙的社会重新凝聚在一起，形成最广泛的爱国统一战线。因此，有学者指出："民主集中制，也是群众路线这一中国共产党政治动员模式的组织原则，也可以说群众路线是民主集中制得以贯彻落实的中介机制，民主基础上的集中对应着'从群众中来'，集中指导下的民主对应着'到群众中去'。"②

民主集中制的显著优势，就是能在最短时间内，集中人力、物力和财力来办大事。如在新冠疫情防控中，中央运筹帷幄进行指挥，各地响应号召决战千里。这集中体现了我国民主集中制的巨大优势。面对疫情，中央多次召开会议强调疫情防控的重要性，并提出了应对疫情的重大举措。各地政府积极响应中央号召，作出了重大突发公共卫生事件一级响应。

三、构建法治主导下的多元治理制度体系

每个国家都有自身的治理模式。近代欧美国家以自由主义理论为基础，实行了自由主义的治理模式。它固然有其优势，但同时又有许多欠缺，尤其是在国家发生重大事件需要应对的态势下，这种治理模式就会暴露出大量的问题。③ 欧美国家的这套围绕自由主义打造的治理模式，在对待像秩序、公平、安全等价值时往往捉襟见肘。先不谈西方所谓的自由程度几许，事实上对

---

① 汪仕凯. 政治体制的能力、民主集中制与中国国家治理 [J]. 探索，2018（4）：38.

② 王鸿铭，马佳昌. 中国革命和世界政治视野下的民主集中制 [J]. 学术月刊，2018，50（10）：114.

③ 武树臣，武建敏. 中国传统治理模式及其现代转化 [J]. 山东大学学报（哲学社会科学版），2020（5）：1.

于自由价值的过分强调，在某种程度上会导致更大幅度的不自由。如欧美一些国家的公民在疫情防控期间不戴口罩、不居家隔离、集体游行等追求个人自由的行为，导致疫情防控难度加大，该地域的所有居民可能因这些个体行为而接受更持久、更严格的居家隔离。因此，不能单从某个价值的角度去评价治理模式的好坏，而应该努力构建一个更多元、更加具有张力的治理制度体系："作为后发国家，特别是后发社会主义国家，中国的崛起必定意味着'治理'语体系和制度框架的重构。"①

在这种制度框架重构中，法家传统提供了较丰富的智慧支持。如齐法家强调"法安天下"的同时，也注意到了"德润人心"的作用，提倡法治下的多元治理方案。② 但是，法家传统强调法治为本，即突出了法治在所有治理模式中的优位。在法家传统的影响下，当代中国采取了一种法治主导的多元化治理模式，而国家在治理活动中扮演着根本性角色。对此，黄宗智指出："中国的治理体系从古代、近现代到当代都展示了简约治理的倾向，高度依赖社区的道德化非正式民间调解机制，并且由此产生了多种多样的源自国家正式机构和民间非正式组织间的互动而形成的'半正式''第三领域'治理系统。"③ 因此，以法治为中心，同时认可并且主动整合其他各种治理资源，共同谋划国家的发展大计，形成一种法治主导下的多元治理制度体系势在必行。习近平法治思想关于"十一个坚持"的论述，明确了在法治轨道上推进国家治理体系和治理能力现代化的思路。这种思路体现了：法治对国家治理的作用日趋明显，新时代呼唤法治对于国家治理的指引作用。同时，法律不是万能的，还需要发挥道德、习惯、一般行业纪律、乡规民约等体系的重要作用，从而建立多元的治理体系，最终实现法治主导下的社会多元共治体系。

---

① 陈进华. 治理体系现代化的国家逻辑 [J]. 中国社会科学，2019（5）：23-39.

② 刘玄龙. 检视与超越：一个新的法家思路之尝试 [J]. 中南民族大学学报（人文社会科学版），2021，41（3）：117.

③ 黄宗智. 国家与村社的二元合一治理：华北与江南地区的百年回顾与展望 [J]. 开放时代，2019（2）：22.

在相关学术话语中，"多元化纠纷解决机制"① 是一个值得深入分析的典型样本。一方面，法治之所以能够成为治国理政的基本遵循和根本准绳，源于法治是坚持党的领导的制度基础；是人民充分享有当家作主权益的最佳实现方式；是通过实体规范和程序公正配置权利与义务、解决社会纠纷的保障机制。② 要突出法治的作用，做中国法治的拥护者和践行者。另一方面，法治固然重要，但法治不是万能的。因此需要建立多元社会秩序体系，即充分发挥法律之外其他治理因素的作用，从而实现在法治主导下的社会多元秩序共治。特别是法理与道德以及情感问题上，我们往往忽视了情感因素对于法治的作用。在面向美好生活的法治社会建设中，情感对于纠纷解决的作用和功能被大大低估。人们常以"人情社会"作为"法治社会"的对立面，把情感因素当成法律正义的天敌对待，严重忽略了纠纷过程中的情感逻辑，日渐嵌入法律唯理主义的窠臼。③ 要发挥法治的作用，就需要考量这些情感因素，让法治中国的建设充满情理内涵。我们也要重视道德因素对法治的影响。在全面推进依法治国中，要注意将社会主义核心观引入社会治理之中。习近平总书记指出："对一个民族，一个国家来说，最持久、最深层的力量是社会共同认可的核心价值观。核心价值观，承载着一个民族、一个国家的精神追求，体现着一个社会评判是非曲直的价值标准。"④ 社会主义核心价值观，是党和国家提出的科学理论，也是民族精神的时代精华，是我们今后需要长期进行研究的重大课题。法家关于德法共治的理论与当前将社会主义核心价值观引入法治过程思想一脉相承，对维护社会稳定和实现社会治理具有重要的价值。

---

① 多元化纠纷解决机制，是指在一个社会中，多种多样的纠纷解决方式以其特定的功能和运作方式相互协调地共同存在、所结成的一种互补的、满足社会主体的多样需求的程序体系和动态的调整系统。参见廖奕. 面向美好生活的纠纷解决——一种"法律与情感"的研究框架 [J]. 法学，2019（6）：127.

② 陈进华. 治理体系现代化的国家逻辑 [J]. 中国社会科学，2019（5）：34.

③ 廖奕. 面向美好生活的纠纷解决——一种"法律与情感"的研究框架 [J]. 法学，2019（6）：126.

④ 习近平. 习近平谈治国理政（第1卷）[M]. 北京：外文出版社，2014：168.

第三节　致力于凝聚磅礴建设力量

在中国共产党的领导下，中国法治道路取得了显著成就。中国特色社会主义进入新时代以来，以习近平总书记为主要代表的中国共产党人从坚持和发展中国特色社会主义出发，把全面依法治国、建设社会主义法治国家放在中国特色社会主义事业的战略布局中来推进，创造了新的经验和理论，从而形成了习近平全面依法治国新理念、新思想、新战略。尤其是习近平法治思想的提出，对于法治中国建设来说意义重大。其迎合了新时代的需求，符合广大人民群众的普遍心声，为法治中国建设提供了思想指引："是全面贯彻习近平新时代中国特色社会主义思想、巩固马克思主义在意识形态领域指导地位的应有之义，是加快建设中国特色社会主义法治体系、建设社会主义法治国家的必然要求。"① 展望中国法治未来，我们需要在习近平法治思想的不断指引下，凝心聚力，为法治中国建设行稳致远注入磅礴的人民力量和发展动力。

一、铸牢中华民族共同体意识

市场、科技爆发的惊人力量深刻地改变了世界格局，并形成了一系列超越国家和地区界线、关乎整个人类生存和发展的全球性问题，破坏了人类的可持续发展，使人类共同利益凸现。② 因此，要实现法治秩序，就必须加强国际合作、实现共同发展，共同抵御可能面临的风险。对于国内法治秩序而言，需要不断铸牢中华民族共同体意识，实现民族平等、民族团结、共同繁荣三大原则。2019 年 10 月，两办印发《关于全面深入持久开展民族团结进步创建工作

---

① 王晨.坚持以习近平法治思想为指导　谱写新时代全面依法治国新篇章 [J].中国法学，2021（1）：5.

② 徐亚文."以人为本"的法哲学解读 [J].中国法学，2004（4）：53.

铸牢中华民族共同体意识的意见》（以下简称《意见》）。《意见》指出："中华民族共同体意识是国家统一之基、民族团结之本、精神力量之魂。"① 以两办共同发文的形式进一步阐述中华民族共同体意识这个命题，非常必要、正当其时。特别是面对重大应急事件时，中华民族共同体意识不断展现了其重要作用。2020 年 6 月，中华人民共和国国务院新闻办公室发布《抗击新冠肺炎疫情的中国行动》② 白皮书，充分展现了中国在面对重大突发性卫生事件中的大国担当，以及整个中华民族齐心协力、守望相助、战胜疫情的民族精神。中华民族共同体意识拥有强大的向心力和伟大的感召力。不断铸牢中华民族共同体意识，能够迅速整合人力、物力、财力进行法治中国的建设，为全面推进依法治国奠定了良好的社会基础。铸牢中华民族共同体意识必须有计划、按步骤地进行。

（一）自古暨今

"中华优秀传统文化是中华民族的精神命脉，是涵养社会主义核心价值观的重要源泉，也是我们在世界文化激荡中站稳脚跟的坚实根基。增强文化自觉和文化自信，是坚定道路自信、理论自信、制度自信的题中应有之义。"③ 中华优秀传统法律文化博大精深、灿烂辉煌，是我们必须努力发掘的文化宝库。践行党和国家关于铸牢中华民族共同体意识的指示，就必须从历史中寻找经验、探求智慧。如唐朝时期，实行设置专门机构、加强民族文化交流与合作、促进区域贸易、改善交通运输条件等措施取得了非常好的效果。中华各民族团结互助、安居乐业，出现了"绝域君长，皆来朝贡，九夷重译，相忘于道"④ 的大唐盛世局面。又如明朝郑和三下西洋，与南亚和东

---

① 新华网. 中共中央办公厅、国务院办公厅印发《关于全面深入持久开展民族团结进步创建工作、铸牢中华民族共同体意识的意见》[EB/OL]. [2019-10-23]. http://www. xinhuanet. com/politics/2019-10/23/c_1125142776. htm.
② 国务院新闻办公室. 抗击新冠肺炎疫情的中国行动 [N]. 人民日报，2020-06-08（10）.
③ 习近平. 坚定文化自信 建设社会主义文化强国 [J]. 求是，2019（12）：3.
④ 贞观政要 [M]. 骈宇骞，译注. 北京：中华书局，2011：397.

南亚各国开展和平外交，获得了这些国家人民的一致赞誉，为中国发展创造了有利的外交环境。因此，合理借鉴中国古代一些好的做法，为我们今天不断铸牢中华民族共同体意识提供了指引。我们在借鉴中华优秀传统法律文化的同时，需要做到创造性转化和创新性发展，从而真正实现以古鉴今、推陈出新的目的。

（二）由浅入深

既然是不断铸牢中华民族共同体意识，就不可能一蹴而就，这需要经历由浅入深的一个过程。可以先在某个领域进行共同体的建设，然后再逐步推开，将经验推广到其他领域的共同体建设，继而全面铸牢中华民族共同体。

第一，思想共同体的构建。中华各民族命运与共，骨肉相连。自古以来，中华民族同胞互相帮助，安居乐业。牢记历史，才能面向未来。近代以来，中华民族经历了深重灾难，勤劳和勇敢的中国人民，必须携手共进、攻坚克难。我们要积极开展思想工作，如开展"中华民族一家亲，同心共筑中国梦"的主题教育活动。要将各族同胞亲如一家的理念内化于心、外化于行，在日常生活中真诚地帮助少数民族地区群众，让其发自肺腑地感受到我们的同胞友谊。我们要以心连着心、手挽起手、肩并着肩的姿态，真正实现不同民族文化的共同发展。特别要发挥社会主义核心价值观的重要作用，我们要将社会主义核心价值观贯彻到铸牢中华民族共同体意识的整个过程中。

第二，制度共同体的构建。国家制度建设得越好，越能代表、实现和保障中华民族共同体的利益，各民族对国家认同的程度就越高，各民族的中华民族共同体意识就越强。[1] 在铸牢中华民族共同体意识的过程中，必须树立人人尊法、个个守法的良好风尚，而这离不开制度共同体的建设。制度共同体的建设，离不开国家的作用。党和国家需要制订非常详细的民族工作计划，蹄疾步

---

[1]　雷振扬．铸牢中华民族共同体意识研究需拓展的三个维度［J］．中南民族大学学报（人文社会科学版），2019（6）：5.

稳地开展民族工作，为铸牢中华民族共同体意识创造条件、扎实基础。① 要扎实推进民族区域自治制度，继续贯彻落实三大民族政策不动摇。在今后的工作中，要充分认识到各少数民族的发展特点，给予少数民族落后地区更多的物质帮助。要依法治理民族事务，充分保障各族公民的合法权益。对于违反《中华人民共和国宪法》和《中华人民共和国民族区域自治法》的疆独、藏独等犯罪行为，我们必须重拳出击，坚决打击。只有充分发挥法律制度在维护公平正义中的显著作用，才能为铸牢中华民族共同体意识提供更好的国内环境和秩序基础。

第三，文化共同体的构建。中华优秀传统法律文化博大精深、灿烂辉煌，是我们必须努力发掘的重要文化宝库，是维系中华数千年文明的精神支柱，是新时代公民道德建设取之不竭的精神源泉。因此，现阶段我们要努力铸牢中华民族共同体意识，就不能忘了中华优秀传统文化这个根本。我们要选择那些具有适时性特点的理论，即符合社会发展规律并能为当前科学决策提供相应经验的理论。古代法家关于"法治"的理论，为铸牢中华民族共同体意识创造了有利的内部环境，是必须予以继承的重要理论。如《韩非子》指出："国无常强，无常弱。奉法者强，则国强；奉法者弱，则国弱。"② 法家认为君主坚决按法办事，国家就能变得强大；君主不遵循法度，国家就会逐渐衰落。有了好的法治基础，才能为铸牢中华民族共同体意识提供秩序保证。其中，避免针对不同民族的差异性执法是保障秩序的重要方面。以平等的执法消弭立法上对少数民族的保护性规定而带来的身份感与差距感，增强各民族之间的平等感与认同感。从执法这一环节保障文化共同体乃至中华民族共同体的铸就。文化共同体的构建要从历史出发，让少数民族同胞发自肺腑地意识到我们中华民族的同根性，从而将铸牢中华民族共同体意识内化于心、外化于行。

---

① 李龙，刘玄龙 . 法理与政理：中华民族共同体意识理论探微［J］. 吉首大学学报（社会科学版），2021，42（1）：6.

② 韩非子［M］. 高华平，王齐洲，张三夕，译注 . 北京：中华书局，2010：41.

（三）从内到外

世界面临百年未有之大变局，充满不确定性，人们对未来既寄予期待又感到困惑。在这场百年未有之大变局中，我们要抓住机遇、迎接挑战，以铸牢中华民族共同体意识为契机，逐步推进中华民族共同体、人类命运共同体和人与自然共同体一体建设。第一步，要继续铸牢中华民族共同体意识。只有不断铸牢本土的中华民族共同体意识，才能为我国法治工作提供更多的动力支持。铸牢中华民族共同体意识，就是要实现中华民族一家亲，同心共筑中国梦，为国内经济发展、文化繁荣和社会稳定创造有利的国内条件。第二步，努力构建人类命运共同体。习近平总书记指出："人类命运共同体，顾名思义，就是每个民族、每个国家的前途命运都紧紧联系在一起，应该风雨同舟，荣辱与共，努力把我们生于斯、长于斯的这个星球建成一个和睦的大家庭，把世界各国人民对美好生活对向往变成现实。"① 构建人类命运共同体，是世界消弭战争、拥有长期和平的唯一途径。中国在世界上第一个提出了"人类命运共同体"这一重要概念，是该系统工程的发起者，也理应成为该系统工程的主要力量。第三步，最终构建人与自然生命共同体。"实现人与自然和谐共生。人与自然是生命共同体，人类必须尊重自然、顺应自然、保护自然。这次疫情防控使我们更加深切地认识到，生态文明建设是关系中华民族永续发展的千年大计，必须站在人与自然和谐共生的高度来谋划经济社会发展……21世纪以来，从非典到禽流感、中东呼吸综合征、埃博拉病毒，再到这次新冠疫情，全球新发传染病频率明显升高。只有更好平衡人与自然的关系，维护生态系统平衡，才能守护人类健康。要深化对人与自然生命共同体的规律性认识，全面加快生态文明建设。"② 也就是说，我们的最终目标是要实现人与自然的和谐相处，真正实现各美其美、美美与共。

---

① 习近平．习近平谈治国理政（第3卷）[M]．北京：外文出版社，2020：433．
② 习近平．国家中长期经济社会发展战略若干重大问题 [J]．求是，2020（21）：6．

二、稳步迈向良法善治新境界

"稳步迈向良法善治的新境界"①，这是党中央对法治中国建设取得历史性成就的充分肯定，也是对法治中国建设的科学谋划。习近平总书记继承与发展了马克思主义关于良法的论述，明确指出："法律是治国的重器，良法是善治的前提。"② 也就是说，良法与善治，是不可分割、相辅相成的一对概念。其中，良法是前提，科学完善的法律体系是实现善治的基本条件。善治则是目的，推动善治就是为了将这些维护人民利益的良法得以实现。概言之，只有实现良法和善治的有机结合，才能为中国的现代法治道路提供有力保障，继而推动法治中国建设稳步迈向良法善治新境界。

（一）锻造良法重器

"立善法于天下，则天下治，立善法于一国，则一国治。"③ 追求良法，是国内外学者长期探讨的命题。早在 1912 年，青年时代的毛泽东便撰写的《商鞅徙木立信论》指出："法令者，代谋幸福之具也……商鞅之法，良法也。"④ 但是对于什么是良法，良法需要具备哪些标准，这些问题，可谓众说纷纭、莫衷一是。从马克思主义基本观点出发，本书认为良法必须具备以下基本标准：

一是人民性。这是良法的根本标准，良法必须体现人民意志。对此，马克思指出："只有当法律是人民意志的自觉表现，因而是同人民的意志一起产生并由人民的意志所创立的时候，才会有确实的把握，正确而毫无成见地确定某

---

① 郭声琨：在中国法学会第八次全国会员代表大会上的致词［EB/OL］．［2019-03-19］．http：//www. xinhuanet. com/politics/2019/03/19/c_1124255312. htm.

② 中共中央关于全面推进依法治国若干重大问题的决定［EB/OL］．［2014-10-29］．http：//theory. people. com. cn/n/2015/1112/c40531-27806556. html.

③ 王水照主编．王安石全集（第 6 册）［M］．上海：复旦大学出版社，2017：1164.

④ 中共中央文献研究室编．毛泽东早期文稿（1912.6—1920.11）［M］．北京：人民出版社，1990：1.

种伦理关系的存在已不再符合其本质的那些条件，做到既符合科学所达到的水平，又符合社会上已形成的观点。"① 如果说良法失去了人民性这个根本的标准，就会变成"恶法"，甚至变成压迫人民的反动之法。在我国，良法就是党的正确主张和人民意志的统一，坚持法律必须体现以人民为中心的理念。要坚持人民的主体地位，坚决做到一切依靠人民、为了人民、保护人民。

二是客观性。如果说人民性是良法的灵魂，那么客观性就是良法的基础。良法失去客观性这个基石性的标准，就会变成伪法，甚至变成欺骗人民之法。马克思指出："立法者应该把自己看作一个自然科学家。他不是在创造法律，不是在发明法律，而仅仅是在表述法律，他用有意识的实在法把精神关系的内在规律表现出来。"② 法律是经济社会客观规律的反映，而不能任意主观臆断，更不能伪造。同时，要从我国的基本国情出发。中国的实际就是中国特色社会主义进入了新时代，宣告了中华民族由站起来、富起来到强起来的历史性转变。另外，我们还必须认识到中国仍处于社会主义初级阶段，我们的法治建设应该从中国国情出发来进行思考与谋划。

三是明确性。其一，内容要简明扼要。一部不适合操作的法律，不仅丧失了其原有的功能，而且有损法律的权威，有损法律的公信力。剥削阶级法律在形式上的重要特点，就是用语过于繁琐。社会主义法律的内容必须简明，使公民一看就懂，便于执行。其二，文字要通俗易懂，一般都要采用全称和肯定的判断。其三，用语要准确、精练。在法律条文中，反对使用模棱两可的语言。良法在形式上的标准就是要便于操作、便于执行。

四是时代性。判断良法的另一个重要标准，就是必须顺应时代潮流。在这利益交融、安危与共的时代，任何国家不能置身事外，任何人不能偏离其中。因此，良法的出台应着眼于构建人类命运共同体；良法的落脚点应该是人民对美好生活的向往。也就是说，在国际上，良法应维护世界和平，应促进国际法治对全球的治理，应促进多边贸易、合作共赢。良法的时代性，意味着反对单

---

① 马克思恩格斯全集（第 1 卷）[M]. 北京：人民出版社，1995：349.
② 马克思恩格斯全集（第 1 卷）[M]. 北京：人民出版社，1995：347.

边主义、民粹主义和贸易保护主义，促进各国共同沿着时代潮流前进。

（二）善用法治思维

对于善治的研究较多，但对于什么是善治却有不同的看法。李林认为：所谓善治，就是要把制定良好的法律付诸实施，公正、合理、及时、有效地用于治国理政，并通过宪法和法律的统治来实现良法的价值追求。因此，善治不是凌驾于法治之上的另一种国家治理形式，而是实现法治的一种方式。① 本书认同这一观点，善治其实就是要善于运用不同的方式或者方法，最终实现法治的目的。习近平总书记指出："发挥法治的引领和保障作用，坚持运用法治思维和法治方式解决矛盾和问题，加强基础建设，加快创新立体化社会治安防控体系。"② 其中，法治思维在实现善治的过程中尤为重要。法治思维有一个循序渐进的形成过程："与其说法律感和法治思维的培养，不如说法律感和法治思维的发现与引导。真正的法律感和法律思维，哪怕是初阶的，一定植根于人们日常生活和交往的需要，进而也是人们日常交往行为的思维结果。"③ 承此逻辑，要强化对法治思维的科学认识，首先需要明确以下两个问题：

第一，要明确治理主体的多样化。在我国，人民是国家的主人，是治理的主体而非对象。因此，本书所说的善治，体现了广大人民群众的多数人的统治和为人民服务的理念。我国宪法和法律明确规定了国家根本政治制度是人民代表大会制度。人民通过各种形式实现当家作主，通过选举各级人大代表，充分行使自己的各项基本权利。善治，无疑要坚持以人民为主体的地位。这里所说的人民既包括全体社会劳动者、社会主义的建设者，也包括拥护社会主义的爱国者和拥护祖国统一的爱国者；既包括国家机关、企事业单位，也包括各种类型的社会团体和社区自治。而所有这些，都必须在中国共产党的集中统一领导

---

① 参见李林. 习近平全面依法治国思想的理论逻辑和创新发展 [J]. 法学研究，2016，38（2）：12-13.

② 习近平. 发挥法治的引领和保障作用 提高平安建设现代化水平 [N]. 人民日报，2014-11-04（1）.

③ 谢晖. 论法治思维与国家治理 [J]. 东方法学，2021（2）：106.

下，依照宪法和法律的规定，通过各种渠道、途径或方式，管理国家政治事务、经济文化事业以及社会管理事务。

第二，要实现治理内容的新颖化。随着我国进入新时代，我国社会的主要矛盾已经发生变化，已经转化为人民日益增长的美好生活需要和不平等不充分发展之间的矛盾。这一矛盾的变化，体现了广大人民群众，在物质生活质量获得提升后，对民主、公平、法治、正义、安全等精神方面需求的日益增长。因此，善治的内容应注重这些方面，特别是对生态文明要加以重视。治理方法要时代化。如要发挥互联网+、大数据的作用，使治理方式更加现代化、更文明化；使公开、公平、公正更加深入人心，让它们成为社会生活的组成部分。善治的价值要正义化，使尊重与保障人权这一宪法原则融入公民的日常生活。

第三，要体现治理方式的具体化，既要求法治与德治相结合，又要求法学教育与道德教化相机结合。法治是目前为止最优的治理模式，故需要进一步强化法律在国家治理中的引领和规范作用；同时，德有整合人心的作用，有利于在正确风尚的教化下构建良好的社会秩序，故又要充分发挥道德的引导和教育作用。根据马克思主义的基本观点，法是国家形成后的产物。法家传统认为法律具有"定纷止争"的作用，这是国家治理所必不可少的。国家有权机关必须制定一整套法律规范体系，从而维护国家安定和社会秩序。特别是对于打击违法和犯罪行为，法律可谓居功至伟，没有法律，国家和社会将处于混乱状况。因此，法律有规范行为、保护法益，最终实现人权的作用。要求法律与道德在各自领域发挥各自的作用，两者相互联系、缺一不可。全面推进依法治国的过程中，法律与道德二者不可偏废、缺一不可。对此，习近平总书记指出："必须以法治体现道德理念，强化法律对道德建设的促进作用……同时，发挥好道德的教化作用，必须以道德滋养法治精神，强化道德对法律文化的支撑作用。"[1] 因此，必须实现"依法治国"与"以德治国"的有机结合。新时代，我们在全面推进依法治国的道路中，要特别注意道德的教化作用。尤其要善于

---

[1] 参见中共中央文献研究室编. 习近平关于全面依法治国论述摘编［M］. 北京：中央文献出版社，2015：30.

利用调解、仲裁等非诉讼的替代性纠纷解决机制来解决社会矛盾与争端，从而为更好地建设中国特色社会主义法治国家服务。

三、占得未来法治事业的先机

近年来，国内有学者提出了未来法治的概念，并针对未来法治问题召开了一些学术研讨会议，得出了一些共识。"未来法治是面向未来、走向未来、引领未来的法治。"① 因此，未来法治其实是一个广义而言的概念，不单单是指人工智能等高新技术产业对法治带来的新思考（狭义的未来法治），还包括在新的时代我国如何应对其他的一些新问题。"法与时转则治"在未来法治事业中，要做好涉外法治、法治前沿问题和中外合作交流的工作，从而在未来法治事业中占得先机。

（一）扎实推进涉外法治

习近平法治思想是一个系统完备、逻辑严密、内在统一的法治理论体系，既是正确观察和思考法治现象的世界观，又是有效应对和解决法治难题的方法论，既是对以往法治建设经验的理性提取，又是未来法治建设前景的科学擘画。② 换句话说，习近平法治思想是未来法治中国建设的科学指导和根本遵循。在未来法治的建设中，我们尤其要注意对涉外法治这一新提法的把握上。当前，和平与发展仍是国际主流，但世界仍存在诸多不稳定性和不确定性。因此，通过运用法治方式，来防范各类风险和应对各种挑战，显得格外重要。同时，对涉外法治的理解，还体现在通过涉外法治的交流、博弈与合作，坚决实现对国家主权的维护以及对国家核心利益的保护。2020 年 11 月，习近平总书记在中央全面依法治国工作会议上的讲话中指出："要加快涉外法治工作战略

---

① 张文显. "未来法治"当为长远发展谋 [N]. 新华日报，2018-12-04（15）.
② 黄文艺. 习近平法治思想中的未来法治建设 [J]. 东方法学，2021（1）：25.

布局，协调推进国内治理和国际治理，更好维护国家主权、安全、发展利益。"① 也就是说，涉外法治是未来法治研究的核心领域之一。事实上，当前国际局势波云诡谲，单边主义不断抬头，逆全球化趋势明显。在这一大背景下，国家间的争端和摩擦不仅需要各个国家本着求合作、求共识的心态来解决，也需要在必要情况下通过涉外法治的手段维护国家权益。有学者指出："只有构建一套法治化体系，选择一条法治化的发展路径，实现国内法治与国际法治的良性互动，'一带一路'才能确保长期、稳定、健康发展。"② 对涉外法治的研究，有着充分的主观需求和客观基础。因此，要加快推进我国法律域外适用的法律体系建设，加强涉外法治专业人才培养，积极发展涉外法律服务，强化企业合规意识，保障和服务高水平对外开放。③

（二）聚焦法治前沿问题

这里所说的法治前沿，即本书理解的狭义上的未来法治。科学的进步在带来技术的升级迭代的同时，也冲击了传统的道德、伦理甚至法律秩序。作为一个前沿学科、交叉学科，未来法治的研究日益显示出其影响力。④ 新技术在缺乏相关的立法监管的情况下，只能依靠技术拥有者自身的道德来确保对新技术在合理的范围内使用。这就导致新技术很容易造成法治死角。随着代孕技术的升级，代孕在部分国家和地区实现了合法化与商业化。在我国现行的法律体系中，缺乏对代孕技术作出规定的法律。对代孕问题进行明确规定的，仅有原卫生部在 2001 年颁布的《人类辅助生殖技术管理办法》对代孕作了禁止性规定。在国家立法层面，未对代孕作出有效规制。与此类似，2018 年 11 月，南

---

① 习近平. 论坚持全面依法治国 [M]. 北京：中央文献出版社，2020：5.

② 赵骏. 全球治理视野下的国际法治与国内法治 [J]. 中国社会科学，2014（10）：84-85.

③ 习近平. 完善法治建设规划提高立法工作质量效率为推进改革发展稳定工作营造良好法治环境 [N]. 人民日报，2019-2-26（1）.

④ 王轶. 在未来法治领域发展中国特色法学理论 [N]. 北京日报，2021-01-25（19）.

方科技大学某教授宣布，一对基因编辑婴儿诞生。① 与代孕技术类似，基因编辑技术同样能够引发巨大的医学、伦理及法律问题，而我国对基因编辑技术也缺乏相应法律规定。此外，大数据、人工智能等新技术带来的信息安全等问题也亟待立法进行规制。数字文明和智能社会的不断发展，为我们的生活带来便利的同时，也给人类社会的法治建设带来许多不确定因素。这些不确定因素为人类社会带来了诸多风险和巨大挑战，也为法治建设提供了新的发展点。

一方面，可以根据新科学、新技术在研发和应用中的不同阶段进行不同级别的立法。对于涉及国家安全、人类伦理、生物安全、信息安全等关乎国计民生的重大领域开展超前立法，将法治作为防卫未知科技风险的重要屏障。法家传统要求"法"则要求能够立足于当时的具体情况，与时代的基本条件相结合，从而发挥法治对国家建设的引领和保障作用。2021 年 1 月，中共中央印发《法治中国建设规划（2020—2025 年）》（以下简称《规划》）。②《规划》的提出为法治中国当下和未来的建设提供了具体路线图。《规划》指出："充分运用大数据、云计算、人工智能等现代科技手段，全面建设'智慧法治'，推进法治中国建设的数据化、网络化、智能化。优化整合法治领域各类信息、数据、网络平台，推进全国法治信息化工程建设。"可以说，新兴科技不仅是当代法治要研究和规制的对象，也是助推当下法治中国发展的重要动力。换句话说，近代法家为法家传统注入了西方法治理念，当代中国的法治建设则为法家传统融入了新兴科技因子。法治与改革、发展的关系实现了由对立到附随再到引领的转变。③

另一方面，随着科学技术的迅速发展，出现了一些非常棘手的案件："快播案和网约车营运等案反映了技术创新突破了原有法律规定的限制，形成了技

①　聚焦"基因编辑婴儿"案件［N］.人民日报，2019-12-31（11）.

②　中共中央印发《法治中国建设规划（2020—2025 年）》［EB/OL］.［2021-01-10］.http：//www.xinhuanet.com/politics/zywj/2021-01/10/c_1126966552.htm.

③　参见周叶中，庞远福.论法治与改革之关系的演进及其未来面向［J］.江汉论坛，2015（9）：125.

术在前面跑，法律在后面紧追的局面，造成了治理难题。"① 区块链技术、生物技术、人工智能的发展使得案件难度增大。新技术的出现使得司法案件的审理更加复杂。德国学者马克斯·韦伯曾提出"法律自动售货机"② 的猜想，在人工智能的高速发展下，当时不可能实现的场景已经逐渐在司法领域的某些部分成为现实。因此，必须将科技手段融入法治中国的建设之中。人工智能参与法治建设，增强司法环节的客观性是必然趋势。以人工智能、大数据等为代表的新兴科技，带来科技红利和不便的同时，也在不断冲击、解构、重建着人与人、人与物的关系。也就是说，法律规制的对象可能不再仅限于人的行为，人格化后的人工智能可能也需要通过法律来实现有效调整。

---

① 徐亚文，蔡葵. 技术创新引起的法律难题及解决路径——对快播、网约车营运等案的思考 [J]. 河北法学，2017，35（5）：14.

② 马克斯·韦伯将这种法律自动售货机，形象表述为民众投进去的是诉状和诉讼费，吐出来的是判决和从法典上抄下来的理由。参见 [德] 马克斯·韦伯. 论经济与社会中的法律 [M]. 张乃根，译. 北京：中国大百科全书出版社，1998：309.

结　　语

　　当前，国际形势正在发生着深刻而又复杂的变化，国内改革发展稳定任务艰巨繁重。中国特色社会主义进入新时代，我们离中华民族伟大复兴比任何时候都要接近，但世界百年未有之大变局加速演进，给我们带来了"变"的因素，西方某些国家对和平崛起的中国非常敌视，在疫情期间不断干涉中国内政问题，组织所谓的反华联盟阵线。但是，"变"中也存在着"不变"的因素。在国际上，和平、发展、合作、共赢的时代潮流没有变，而国内正在全面推进依法治国的进程没有变，实现国家两个一百年奋斗目标也从未改变。因此，我们既要善于抓住机遇，又要时刻迎接挑战，要在危机中育新机，于变局中开新局。

　　在党的坚强领导和人民的坚决拥护下，我们取得了抗击新冠肺炎疫情重大战略成果。这充分反映了中国制度的优越性，也彰显了中国法治道路的正确性。在疫情防控中西方国家的法治体系失灵，暴露了一些人权、秩序方面的问题，社会乱象鱼目混珠、泥沙俱下。我们不禁会问：西方法治素来以自由、平等自居，为何在对外时却言不由衷，公开推行霸权主义政治，自己践踏过往引以为荣的法治秩序？有鉴于此，我们不但会对西方法治模式是否具有普世性提出质疑，而且应当思考是不是要有一种更合理、更科学的未来法治模式来推动世界法治的发展。但是，目前我们需要做的是：立刻摒弃法治的一元论，各国的法治建设均应听取各方意见，在平等和相互尊重的基础上，开展各种形式的法治交流与合作。

　　奉法者强则国强，奉法者弱则国弱。我们党历来重视法治建设，全面依法治国的法治实践业已取得重大进展。在历史前进的法治逻辑中前进、在现实发展的时代需求中发展。这就要求我们不断继承传统、立足国情。2021 年 4 月，两办印发《关于加强社会主义法治文化建设的意见》，强调法治文化是中国特色社会主义文化的重要组成部分，是社会主义法治国家建设的重要支撑。因此，我们必须传承中华法系的优秀思想观念，不断推动中华优秀传统法律文化实现创造性转化和创新性发展。自古以来，我国形成了世界法治历史上独树一帜的中华法系，积淀了深厚的法律文化。要推进全面依法治国，就必须立足于中国法治的实际情况，扎根于中国本土去探求中国法治的实际运行状况。历史和现实告诉我们，只有传承中华优秀传统法律文化，才能为法治中国的建设夯实基础。在这些传统文化中，法家传统居于重要地位。总体而言，法家传统与道家传统、儒家传统，均为中国传统治理模式发挥了重要功能，但法家传统却因某个历史阶段推行重刑主义而备受质疑。实际上，无论是对先秦时期古典法家的阐述以及法家学派的分类，或是汉代以降的阳儒阴法现象，还是近代法家的转型，都证明了法家传统与中国法治是一种同呼吸、共命运的关系。无论是在理论上，还是在实践中，体现马克思主义指导并经过创造性转化的法家传统，在中国法治上的全面运用都应提上议程。

习近平法治思想，是马克思主义中国化的最新成果，是 21 世纪的马克思主义法治思想。它擘画了新时代法治建设新蓝图，系统回答了新时代为什么实行全面依法治国、怎样实行全面依法治国等一系列重大问题，成为新时代推进全面依法治国的根本遵循。习近平法治思想的提出至少释放了三个信号：一是马克思主义是科学的世界观和方法论，是立党立国的根本指导思想。我们要始终坚持马克思主义基本理论的科学指导，不断迈向法治中国建设的新境界。二是习近平法治思想赋予了中华法治文明新内涵，具有历史的穿透力。我们必须坚持文化自信，尤其要善于在中国传统法治文化中，探求宝贵的法治本土资源。三是在国内法治和涉外法治中，要逐渐建立法治话语体系，讲好中国法治故事、传播中国法治声音。因此，在法治轨道上推进中国式现代化，探究法家传统与中国法治的契合方式，并在此基础上推进法家传统在中国法治中国建设中的具体应用，最终构建中国的法治话语体系。对此，除了付出耐心与信心，还可以采取一些积极措施。

首先，需要回归常识，加强对一些元概念、元知识的研究，对这些常识概念进行广泛讨论、形成初步共识。比如说对于法家的概念，必须建立在对法家进行分类的理解上；对于新法家的分类，需要理解什么是新。如果没有界定好一些常识概念，有可能会结出毒树之果。法理学作为法学的基础学科，更加需要对这些常识概念予以关注，从而为整个法学学科提供更多的理论支持。这种回归常识的工作将是一个持续学习的过程，但一定是必要的、合理的、有效的。

其次，在法治中国建设中，一定要明晰马克思主义、法家传统、西方法治理论三者之间的关系。马克思主义是立党立国的根本指导思想，是我国全面推进依法治国的根本遵循。无论是法家传统的得出，还是对西方法治的借鉴，都必须运用马克思主义基本理论去鉴别。法家传统在中国法治的建设中起着关键作用，故对中国传统社会的法治理论的关注点，必须回归到法家传统上来。经过转化后的法家传统体现了马克思主义基本理论的指导，既有守本的静态基础，又有拓新的动态品格，能够为中国法治提供源源不断的本土法治资源。转化后的法家传统还意味着对西方法治模式态度的转变。西方对自由、民主、人权等基本价值的探索，标志着人类法治事业的某些启蒙，应当予以借鉴。但西方法治模式没有科学的世界观和方法论指导，必须在合理甄别的前提下实现为我所用。

最后，加强法理学和法史学的交叉。法史学与法理学的功能不同，但它们都是法学的基础学科。法理学提供法学方法论，法律史则提供了史料支撑，两者经纬交织构成法律科学大厦的基础和骨骼。要夯实法律学科发展的基础，离不开对法史与法理两个学科的交叉学习，必须立足于中国法治这条主线以及法家文化这个基点。中国具有深厚的法治本土资源，完全可以从中国本土资源出发，继而去探讨中国法治问题。我们还要注意如何从中国本土文化资源中汲取营养、以古鉴今。要立足于对法家这个重要学派的理论深入思考，从而在研习好法理和法史基础上，科学探讨中国法治问题，寻找中国法治的根和本。

参 考 文 献

一、著作类

［1］马克思恩格斯全集（第3卷）［M］. 北京：人民出版社，1960.

［2］马克思恩格斯选集（第1卷）［M］. 北京：人民出版社，1995.

［3］马克思恩格斯选集（第9卷）［M］. 北京：人民出版社，2009.

［4］毛泽东选集（第1卷）［M］. 北京：人民出版社，1969.

［5］毛泽东选集（第2卷）［M］. 北京：人民出版社，1991.

［6］邓小平文选（第3卷）［M］. 北京：人民出版社，1993.

［7］习近平. 论坚持全面依法治国［M］. 北京：中央文献出版社，2020.

［8］习近平. 论中国共产党历史［M］. 北京：中央文献出版社，2021.

［9］习近平. 习近平谈治国理政（第3卷）［M］. 北京：外文出版社，2020.

［10］习近平. 习近平谈治国理政（第2卷）［M］. 北京：外文出版社，2017.

［11］习近平. 习近平谈治国理政（第1卷）［M］. 北京：外文出版社，2014.

［12］习近平. 决胜全面建成小康社会 夺取新时代中国特色社会主义伟大胜利——在中国共产党第十九次全国代表大会上的报告［M］. 北京：人民出版社，2017.

［13］习近平. 在哲学社会科学工作座谈会上的讲话［M］. 北京：人民出版社，2016.

［14］中共中央文献研究室编. 毛泽东早期文稿［M］. 北京：人民出版社，1990.

［15］中共中央文献研究室编．习近平关于全面依法治国论述摘编［M］．北京：中央文献出版社，2015．

［16］管子［M］．李山，轩新丽，译注．北京：中华书局，2019．

［17］商君书［M］．石磊，译注．北京：中华书局，2011．

［18］韩非子［M］．高华平，王齐洲，张三夕，译注．北京：中华书局，2010．

［19］慎子集校集注［M］．许富宏，校．北京：中华书局，2013．

［20］论语・大学・中庸［M］．陈晓芬，徐儒宗，译注．北京：中华书局，2011．

［21］孟子［M］．方勇，译注．北京：中华书局，2010．

［22］荀子［M］．方勇，李波，译注．北京：中华书局，2011．

［23］司马迁．史记［M］．韩兆琦，译注．北京：中华书局，2010．

［24］班固．汉书［M］．北京：中华书局，2007．

［25］贾谊．新书［M］．方向东，译注．北京：中华书局，2012．

［26］桓宽．盐铁论［M］．上海：上海人民出版社，1974．

［27］萧子显．南齐书［M］．北京：中华书局，1999．

［28］太平经（上）［M］．杨寄林，注．北京：中华书局，2013．

［29］许慎．说文解字［M］．上海：上海古籍出版社，2017．

［30］李大钊．李大钊文集 下册［M］．北京：人民出版社，1984．

［31］张文显．法治中国的理论建构［M］．北京：法律出版社，2016．

［32］李龙．中国法理学发展史［M］．武汉：武汉大学出版社，2019．

［33］李龙．法理学［M］．武汉：武汉大学出版社，2011．

［34］李龙．人本法律观研究［M］．北京：社会科学文献出版社，2006．

［35］王维提，唐书文撰．春秋公羊传译注［M］．上海：上海古籍出版社，2020．

［36］王水照主编．王安石全集（第6册）［M］．上海：复旦大学出版社，2017．

［37］现代汉语词典［M］．北京：商务印书馆，2005．

［38］夏征农，陈至立主编．辞海（第6版）［M］．上海：上海辞书出版社，2011．

[39] 朱采真编. 中国法律大辞典 [M]. 台北：世界书局印行，1931.

[40] 乔伟主编. 法学词典（增订版）[M]. 上海：上海辞书出版社，1984.

[41] 黎翔凤. 管子校注 [M]. 北京：中华书局，2004.

[42] 梁启超. 饮冰室合集 [M]. 北京：中华书局，2015.

[43] 梁启超. 梁启超评历史人物合集·先秦卷 [M]. 武汉：华中科技大学出版社，2018.

[44] 梁启超. 先秦政治思想史 [M]. 北京：中华书局，1998.

[45] 梁启超. 梁启超全集·中国法理学发达史论 [M]. 北京：北京出版社，1999.

[46] 冯友兰. 中国哲学史新编 [M]. 北京：人民出版社，2007.

[47] 萧公权. 中国政治思想史 [M]. 北京：商务印书馆，2017.

[48] 郭沫若. 稷下黄老学派的批判 [M]. 北京：人民出版社，1973.

[49] 瞿同祖. 中国法律与中国社会 [M]. 北京：商务印书馆，2017.

[50] 瞿同祖. 瞿同祖论中国法律 [M]. 北京：商务印书馆，2014.

[51] 谢觉哉. 谢觉哉文集 [M]. 北京：人民出版社，1989.

[52] 谢觉哉. 谢觉哉日记 [M]. 北京：人民出版社，1984.

[53] 李达. 李达文集（第2卷）[M]. 北京：人民出版社，1981.

[54] 李达. 法理学大纲 [M]. 北京：法律出版社，1983.

[55] 段秋关. 中国现代法治及其历史根基 [M]. 北京：商务印书馆，2018.

[56] 王振先. 中国古代法理学 [M]. 太原：山西人民出版社，2015.

[57] 王传璧. 法理学史概论 [M]. 上海：上海法学书社印行，1920.

[58] 张晋藩. 鉴古明今——传统法文化的现实意义 [M]. 北京：中国政法大学出版社，2018.

[59] 俞荣根. 礼法传统与现代法治 [M]. 贵阳：孔学堂书局，2014.

[60] 高鸿钧. 现代法治的进路 [M]. 北京：清华大学出版社，2003.

[61] 张晋藩. 中国法律的传统与近代转型 [M]. 北京：法律出版社，2009.

[62] 陈重业主编. 折狱龟鉴补译注 [M]. 北京：北京大学出版社，2006.

[63] 梁治平. 礼教与法律：法律移植时代的文化冲突 [M]. 上海：上海书店

出版社，2013.

［64］李建华. 法治社会中的伦理秩序［M］. 北京：中国社会科学出版社，
2004.

［65］程波. 中国近代法理学（1895—1949）［M］. 北京：商务印书馆，2012.

［66］孙隆基. 中国文化的深层结构［M］. 桂林：广西师范大学出版社，
2011.

［67］韩君玲. 简明中国法治文化辞典［M］. 北京：商务印书馆，2018.

［68］李拥军. "家"视野下的中国法制现代化［M］. 上海：上海三联书店，
2020.

［69］陈锐. 中国传统法律方法论［M］. 北京：中国社会科学出版社，2020.

［70］徐祥民. 法治及社会主义法治［M］. 北京：人民出版社，2018.

［71］李贵连. 法治是什么——从贵族法治到民主法治［M］. 桂林：广西师范
大学出版社，2014.

［72］李贵连. 现代法治［M］. 北京：法律出版社，2017.

［73］陈金钊. 法治及其意义［M］. 北京：法律出版社，2017.

［74］陈金钊. 法治与全面深化改革［M］. 上海：上海人民出版社，2016.

［75］柳正权. 法治类型与中国法治［M］. 武汉：武汉大学出版社，2015.

［76］庞正. 法治的社会之维［M］. 北京：法律出版社，2015.

［77］刘哲昕. 文明与法治：寻找一条通往未来的路［M］. 北京：法律出版
社，2013.

［78］强世功. 惩罚与法治：当代法治的兴起（1976—1981）［M］. 北京：法
律出版社，2009.

［79］强世功. 法律人的城邦［M］. 上海：上海三联书店，2003.

［80］强世功. 立法者的法理学［M］. 北京：生活·读书·新知三联书店，
2007.

［81］强世功. 法律的现代性剧场［M］. 北京：法律出版社，2006.

［82］泮伟江. 当代中国法治的分析与建构［M］. 北京：中国法制出版社，
2017.

［83］徐亚文．西方法理学新论［M］．武汉：武汉大学出版社，2010.

［84］汪习根．发展、人权与法治研究［M］．武汉：武汉大学出版社，2017.

［85］廖奕．法治中国的均衡螺旋：话语、思想与制度［M］．北京：社会科学文献出版社，2014.

［86］张万洪．法治、政治文明与社会发展［M］．北京：北京大学出版社，2013.

［87］吕世论，周世中．以人为本与社会主义法治［M］．西安：西安交通大学出版社，2016.

［88］顾培东等．我的法治观［M］．北京：法律出版社，2013.

［89］苏力．法治及其本土资源［M］．北京：中国政法大学出版社，1996.

［90］於兴中．法治东西［M］．北京：法律出版社，2015.

［91］王人博，程燎原．法治论［M］．桂林：广西师范大学出版社，2014.

［92］黄文艺．中国法律发展的法哲学反思［M］．北京：法律出版社，2010.

［93］王人博．法的中国性［M］．桂林：广西师范大学出版社，2014.

［94］冯玉军．法治中国：中西比较与道路模式［M］．北京：北京师范大学出版社，2017.

［95］李林．中国法治变革［M］．北京：中国社会科学出版社，2019.

［96］刘练军．法治的谜面［M］．北京：知识产权出版社，2019.

［97］刘玲．分光镜下的法治［M］．北京：中国法制出版社，2019.

［98］王建芹．法治的理性［M］．北京：中国政法大学出版社，2018.

［99］程燎原．中国法治整体问题初探［M］．重庆：重庆大学出版社，2012.

［100］程燎原．重新发现法家［M］．北京：商务印书馆，2018.

［101］汤唯．当代中国法律文化本土资源的法理透视［M］．北京：人民出版社，2010.

［102］马小红．礼与法：法的历史连接［M］．北京：北京大学出版社，2017.

［103］马小红．古法新论［M］．上海：上海三联书店，2014.

［104］马小红. 中国古代社会的法律观［M］. 郑州：大象出版社，2009.

［105］马小红，庞朝骥. 守望和谐的法文明［M］. 北京：北京大学出版社，2009.

［106］杨玲. 先秦法家在秦汉时期的发展与流变［M］. 北京：中国社会科学出版社，2017.

［107］李林，陈甦. 马克思 恩格斯 列宁 斯大林论法［M］. 北京：中国社会科学出版社，2015.

［108］李光灿，吕世伦. 马克思恩格斯法律思想史［M］. 西安：西安交通大学出版社，2016.

［109］张中秋. 法与理：中国传统法理及其当代价值［M］. 北京：中国政法大学出版社，2018.

［110］张中秋. 中西法律文化比较［M］. 南京：南京大学出版社，1999.

［111］张晋藩. 中国法律的传统与近代转型［M］. 北京：法律出版社，2009.

［112］范忠信. 中西法文化的暗合与差异［M］. 北京：中国政法大学出版社，2001.

［113］马小红. 古法新论：法的古今连接［M］. 上海：上海三联书店，2014.

［114］徐忠明，任强. 中国法律精神［M］. 广州：广东人民出版社，2007.

［115］杨纪荣. 管子境外研究通论［M］. 济南：齐鲁书社，2019.

［116］胡家聪. 管子新探［M］. 北京：中国社会科学出版社，2003.

［117］张固也. 《管子》研究［M］. 济南：齐鲁书社，2016.

［118］宫源海. 德法之治与齐国政权研究［M］. 济南：齐鲁书社，2004.

［119］王京龙. 齐国人本思想研究［M］. 济南：山东人民出版社，2005.

［120］孙中原. 管子解读［M］. 北京：中国人民大学出版社，2015.

［121］宋洪兵. 法家学说及其历史影响［M］. 上海：上海古籍出版社，2018.

［122］魏治勋. 新法家法治论［M］. 北京：法律出版社，2018.

［123］韩东育. 日本近世新法家研究［M］. 北京：中华书局，2003.

［124］喻中. 法家三期论［M］. 北京：法律出版社，2017.

［125］喻中. 法与术［M］. 北京：中国法制出版社，2018.

［126］喻中. 法家的现代性［M］. 北京：法律出版社，2018.

［127］喻中. 梁启超与中国现代法学的兴起［M］. 北京：中国人民大学出版社，2019.

［128］杨玲. 中和与绝对的抗衡：先秦法家思想的比较研究［M］. 北京：中国社会科学出版社，2007.

［129］杨玲. 先秦法家在秦汉时期的发展与演变［M］. 北京：中国社会科学出版社，2017.

［130］武树臣. 中国传统法律文化［M］. 北京：北京大学出版社，1994.

［131］武树臣，李力. 法家思想与法家精神［M］. 北京：中国广播电视出版社，2007.

［132］程燎原. 从法制到法治［M］. 北京：法律出版社，1999.

［133］武树臣. 法家法律文化通论［M］. 北京：商务印书馆，2017.

［134］武树臣. 中国法律思想史［M］. 北京：法律出版社，2017.

［135］王尔敏. 中国近代思想史论［M］. 北京：社会科学文献出版社，2003.

［136］范忠信. 中国法律传统的基本精神［M］. 济南：山东人民出版社，2001.

［137］宋洪兵. 法家学说及其历史影响［M］. 上海：上海古籍出版社，2018.

［138］许建良. 先秦法家的道德世界［M］. 北京：人民出版社，2012.

［139］赵小雷. "早熟路径" 下的法家与先秦诸子［M］. 北京：中国社会科学出版社，2010.

［140］朱心怡. 秦法家思想之发展研究［M］. 台北：花木兰文化出版社，2009.

［141］时显群. 法家 "以法治国" 思想研究［M］. 北京：人民出版社，2010.

［142］杨伯峻. 论语译注［M］. 北京：中华书局，2009.

［143］陈启天. 中国法家概论［M］. 上海：中华书局，1936.

［144］陈启天. 新社会哲学论［M］. 上海：商务印书馆，1944.

［145］陈启天. 民主宪政论［M］. 上海：商务印书馆，1944.

［146］陈启天. 张居正评传（第 2 版）［M］. 上海：中华书局，1944.

［147］陈启天．民主宪政论［M］．上海：商务印书馆，1944.

［148］常燕生．生物史观研究［M］．上海：上海大光书局，1936.

［149］朱心怡．秦法家思想之发展研究［M］．台北：花木兰文化出版社，
2009.

［150］区永圻．战国秦汉法家诸问题研究［M］．台北：花木兰文化出版社，
2016.

［151］韩广忠．《管子》伦理思想研究［M］．台北：花木兰文化出版社，
2016.

［152］刘泽华．先秦政治思想史［M］．天津：南开大学出版社，2019.

［153］张晋藩．中国法制通史［M］．北京：法律出版社，1999.

［154］杨鸿烈．中国法律发达史［M］．北京：中国政法大学出版社，2009.

［155］杨鸿烈．中国法律对东亚诸国之影响［M］．北京：中国政法大学出版
社，1999.

［156］苏力．送法下乡——中国基层司法制度研究［M］．北京：中国政法大
学出版社，2000.

［157］费孝通．乡土中国 生育制度 乡土重建［M］．北京：商务印书馆，
2015.

［158］邓正来．中国法学向何处去——建构"中国法律理想图景"时代的论
纲［M］．北京：商务印书馆，2011.

［159］中国哲学编辑部．中国哲学（第2辑）［M］．北京：生活·读书·新知
三联书店，1980.

［160］罗根泽．诸子考察［M］．北京：人民出版社，1958.

［161］梁治平．法辨：中国法的过去、现在与未来［M］．北京：中国政法大
学出版社，2002.

［162］徐亚文．西方法理学新论——解释的视角［M］．武汉：武汉大学出版
社，2010.

［163］何勤华．法的移植与法的本土化［M］．北京：法律出版社，2001.

［164］刘瑞复．马克思主义法学原理读书笔记（第1卷）［M］．北京：中国政

法大学出版社，2018.

[165] 何永军. 中国古代法制的思想世界 [M]. 北京：中华书局，2020.

[166] 李零. 简帛古书与学术源流 [M]. 上海：生活·读书·新知三联书店，
2008.

[167] 张文显. 法理学（第五版）[M]. 北京：高等教育出版社，2018.

[168] 赵晓耕. 大衙门 [M]. 北京：法律出版社，2007.

[169] 关锋，林聿明. 春秋哲学史论集 [M]. 北京：人民出版社，1963.

[170] 张舜徽，吴量恺. 张居正集（第3册）[M]. 武汉：湖北人民出版社，
1994.

[171] 邱汉平. 历代刑法志 [M]. 北京：商务印书馆，2017.

[172] 贞观政要 [M]. 骈宇骞，译注. 北京：中华书局，2011.

[173] 夏晓虹编. 追忆梁启超 [M]. 北京：生活·读书·新知三联书店，
2009.

[174] 张品兴. 梁启超全集 [M]. 北京：北京出版社，1999.

[175] 华东政法学院古籍整理研究所. 折狱新语注释 [M]. 长春：吉林人民
出版社，1989.

[176] 张焕君. 制礼作乐：先秦儒家礼学的形成与特征 [M]. 北京：中国社
会科学出版社，2010.

[177] 查晓英. 中国近代思想家文库·常乃德卷 [M]. 北京：中国人民大学
出版社，2015.

[178] 刘述先. 儒家哲学研究：问题、方法及未来开展 [M]. 上海：上海古
籍出版社，2010.

[179] 董振瑞，茅文婷. 中国梦·复兴路（卷1）[M]. 北京：中国民主法制
出版社，2016.

[180] 吴情树. 法律的断章 [M]. 北京：中国民主法制出版社，2013.

[181] 公丕祥. 新时代的中国法治改革 [M]. 北京：法律出版社，2019.

[182] [古希腊] 柏拉图. 理想国 [M]. 郭斌和，张竹明译. 北京：商务印书
馆，1986.

［183］［古希腊］亚里士多德．政治学［M］．吴寿彭，译．北京：商务印书馆，1965.

［184］［古罗马］西塞罗．论共和国论法律［M］．王焕生，译．北京：中国政法大学出版社，1997.

［185］［古罗马］西塞罗．国家篇 法律篇［M］．沈叔平，苏力，译．北京：商务印书馆，2002.

［186］［英］梅因．古代法［M］．沈景一，译．北京：商务印书馆，1959.

［187］［英］霍布斯．利维坦［M］．黎思复，黎廷弼，译．北京：商务印书馆，1985.

［188］［英］密尔．论自由［M］．孟凡礼，译．桂林：广西师范大学出版社，2011.

［189］［英］弗里德利希·冯·哈耶克．法律、立法与自由（1—3 卷）［M］．邓正来，张守东，李静冰，译．北京：中国大百科全书出版社，2000.

［190］［英］哈特．法律的概念［M］．许家馨，李冠宜，译．北京：法律出版社，2018.

［191］［英］洛克．政府论［M］．叶启芳，瞿菊农，译．北京：商务印书馆，1996.

［192］［英］科斯塔，斯杜兹纳．人权的终结［M］．郭春发，译．南京：江苏人民出版社，2002.

［193］［英］韦恩·莫里斯．法理学［M］．李桂林，李清伟，侯健，译．武汉：武汉大学出版社，2003.

［194］［英］李约瑟．中国古代科学思想史［M］．陈立夫，等译．南昌：江西人民出版社，2006.

［195］［英］马太·亨利．四福音注释 下册［M］．陈凤，译．北京：华夏出版社，2012.

［196］［美］富勒．法律的道德性［M］．郑戈，译．北京：商务印书馆，2005.

［197］［美］罗斯科·庞德．法律与道德［M］．陈林林，译．北京：商务印书馆，2015.

[198] [美] 凯尔森. 法与国家的一般理论 [M]. 沈宗灵, 译. 北京: 中国大百科全书出版社, 1996.

[199] [美] 罗纳德·德沃金. 法律帝国 [M]. 许杨勇, 译. 上海: 上海三联书店, 2016.

[200] [美] 罗纳德·德沃金. 认真对待权利 [M]. 吴玉章, 等译. 上海: 上海三联书店, 2008.

[201] [美] 罗尔斯. 正义论 [M]. 何怀宏, 译. 北京: 中国社会科学出版社, 1988.

[202] [美] 埃尔曼. 比较法律文化 [M]. 贺卫方, 高鸿钧, 译. 北京: 清华大学出版社, 2002.

[203] [美] 杰弗里·布兰德. 法治的界限: 越法裁判的伦理 [M]. 娄曲亢, 译. 北京: 中国人民大学出版社, 2016.

[204] [美] 布雷恩·Z. 塔玛纳哈. 论法治——历史、政治和理论 [M]. 李桂林, 译. 武汉: 武汉大学出版社, 2010.

[205] [美] 络德睦. 法律东方主义 [M]. 魏磊杰, 译. 北京: 中国政法大学出版社, 2016.

[206] [美] 爱德华·希尔斯. 论传统 [M]. 傅铿, 吕乐, 译. 上海: 上海人民出版社, 2014.

[207] [美]摩尔根. 古代社会 [M]. 杨东莼, 等译. 北京: 商务印书馆, 1981.

[208] [美] 伯尔曼. 法律与革命: 西方法律传统的形成 [M]. 贺卫方, 等译. 北京: 法律出版社, 2008.

[209] [美] E. 博登海默. 法理学: 法律哲学与法律方法 [M]. 邓正来, 译. 北京: 中国政法大学出版社, 2004.

[210] [美] 顾立雅. 申不害: 公元前四世纪中国政治哲学家 [M]. 马腾, 译. 南京: 江苏人民出版社, 2020.

[211] [美] R. M. 昂格尔. 现代社会中的法律 [M]. 吴玉章, 周汉华, 译. 南京: 译林出版社, 2001.

［212］［美］戴维·M. 沃克. 牛津法律大辞典［M］. 李双元，等译. 北京：法律出版社，2003.

［213］［美］弗里德曼. 选择的共和国：法律、权威与文化［M］. 高鸿钧，等译. 北京：清华大学出版社，2005.

［214］［法］让·雅克·卢梭. 论人类不平等的起源［M］. 李常山，译. 北京：商务印书馆，1997.

［215］［法］让·雅克·卢梭. 社会契约论［M］. 何兆武，译. 北京：商务印书馆，2005.

［216］［法］孟德斯鸠. 论法的精神［M］. 许明龙，译. 北京：法律出版社，2010.

［217］［德］滕尼斯. 共同体和社会［M］. 林荣远，译. 北京：法律出版社，1999.

［218］［德］罗曼·赫尔佐克. 古代的国家：起源和统治形式［M］. 赵蓉恒，译. 北京：北京大学出版社，1998.

［219］［德］马克斯·韦伯. 论经济与社会中的法律［M］. 张乃根，译. 北京：中国大百科全书出版社，1998.

［220］［新加坡］约西·拉贾. 威权式法治：新加坡的立法、话语与正当性［M］. 陈林林，译. 杭州：浙江大学出版社，2019.

［221］Lon L. Fuller. The Morality of Law［M］. New Haven：Yale University Press，1969.

［222］Joseph Raz. The Authority of Law［M］. New York：Oxford University Press，1979.

［223］Paul Gowder. The Rule of Law in the Real World［M］. New York：Cambridge University Press，2016.

［224］Black . Blacks Law Dictionary 7th ed［M］. Edit by Bryan. A. Garner，London：West Group，1999.

［225］Daniel Oran. Oran's Dictionary of the Law［M］. West Legal Studies Thomson Learning，1991.

［226］ H. L. A. Hart. The Concept of Law ［M］. California：Stanford University Press，1999.

［227］ H . L. A. Hart. Law，Liberty and Morality ［M］. California：Stanford University Press，1963.

［228］ Niklas Luhmann. Law as a Social System ［M］. London：Oxford University Press，2004.

［229］ John Rawls. Justice as Fairness ［M］. New York：Harvard University Press，2001.

［230］ Frederick Schauer. Playing by the Rules：A Philosophical Examination of Rule-Based Decision-Making in Law and in Life ［M］. London：Oxford University Press，1991.

［231］ Roger T. Ames. The Art of Rulership：A Study of Ancient Chinese Political Thought ［M］. New York：State University of New York Press，1994.

［232］ Michael Taylor. Community Anarchy and Libery ［M］. Cambridge：Cambridge University Press，1982.

［233］ John Keown DCL，Robert P. GeorgeReason. Morality，and Law：the Philosophy of John Finnis ［M］. OUP Oxford Press，2013.

二、论文类

［1］ 习近平. 坚定不移走中国特色社会主义法治道路 为全面建设社会主义现代化国家提供有力法治保障 ［J］. 求是，2021（5）：3-9.

［2］ 习近平. 推进全面依法治国，发挥法治在国家治理体系和治理能力现代化中的积极作用 ［J］. 求是，2020（22）：3-8.

［3］ 习近平. 国家中长期经济社会发展战略若干重大问题 ［J］. 求是，2020（21）：3-9.

［4］ 习近平. 在全国抗击新冠肺炎疫情表彰大会上的讲话 ［J］. 求是，2020（20）：3-8.

［5］ 习近平．建设中国特色中国风格中国气派的考古学 更好认识源远流长博大精深的中华文明［J］．求是，2020（23）：3-8.

［6］ 习近平．坚定文化自信 建设社会主义文化强国［J］．求是，2019（12）：3-6.

［7］ 习近平．加强党对全面依法治国的领导［J］．求是，2019（4）：3-7.

［8］ 习近平．加快建设社会主义法治国家［J］．求是，2015（1）：3-6.

［9］ 王晨．坚持以习近平法治思想为指导 谱写新时代全面依法治国新篇章［J］．中国法学，2021（1）：5-10.

［10］ 李龙．中国特色社会主义法治体系的理论基础、指导思想和基本构成［J］．中国法学，2015（5）：14-28.

［11］ 李龙．法治模式论［J］．中国法学，1991（6）：29-35.

［12］ 李龙．人本法律观［J］．社会科学战线，2004（6）：198-206.

［13］ 张盾．马克思唯物史观视域中国的法治问题［J］．中国社会科学，2021（2）：183-203，208.

［14］ 张文显．在新的历史起点上推进中国特色法学体系构建［J］．中国社会科学，2019（10）：23-42.

［15］ 张文显．治国理政的法治理念与法治思维［J］．中国社会科学，2017（4）：40-66.

［16］ 张文显．习近平法治思想的基本精神与核心要义［J］．东方法学，2021（1）：5-23.

［17］ 张文显．习近平法治思想的理论体系［J］．法制与社会发展，2020，27（1）：5-54.

［18］ 张文显．中国法治40年：历程、轨迹和经验［J］．吉林大学社会科学学报，2018：5-25，204.

［19］ 李龙，张万洪．法治理论源头辩证［J］．华中科技大学学报（社会科学版），2003（2）：85-89.

［20］ 李龙，刘玄龙．马克思主义中国化百年历史回顾与时代展望［J］．社会科学战线，2021（3）：25-37.

[21] 李龙，刘玄龙．法理与政理：中华民族共同体意识理论探微［J］．吉首大学学报，2021，42（1）：1-9．

[22] 谢晖．论法治思维与国家治理［J］．东方法学，2021（2）：98-118．

[23] 李龙，刘玄龙．"大一统"理念的法学解读和时代底蕴［J］．中南民族大学学报（人文社会科学版），2020，40（3）：161-167．

[24] 李龙，刘玄龙．论坚持和完善国家制度的三大关系［J］．理论月刊，2020（2）：53-59．

[25] 黄文艺．习近平法治思想中的未来法治建设［J］．东方法学，2021（1）：25-36．

[26] 黄文艺．习近平法治思想解析［J］．法学论坛，2021（1）：13-21．

[27] 黄文艺．新时代中国马克思主义法理学的前景展望［J］．哈尔滨工业大学学报（社会科学版），2020，22（3）：28-34．

[28] 旷三平．历史唯物主义的未来性向度［J］．中国社会科学，2020（11）：4-21．

[29] 夏至强．国家治理现代化的逻辑转换［J］．中国社会科学，2020（5）：4-27，204．

[30] 王伟光．构建中华思想史当代中国马克思主义学派——关于研究编纂中华思想通史的若干问题［J］．中国社会科学，2019（11）：171-203．

[31] 陈柏峰．中国法治社会的结构及其运行机制［J］．中国社会科学，2019（1）：65-88．

[32] 王旭．作为国家机构原则的民主集中制［J］．中国社会科学，2019（8）：65-87．

[33] 谢伏瞻．马克思主义是不断发展的理论——纪念马克思诞辰200周年［J］．中国社会科学，2018（5）：4-22，204．

[34] 公丕祥．马克思的法律发展思想及其当代意义［J］．中国社会科学，2017（10）：112-135．

[35] 赵骏．全球治理视野下的国际法治与国内法治［J］．中国社会科学，2014（10）：79-99，206-207．

［36］曾宪义，马小红．中国传统法的结构与基本概念辩正——兼论古代礼与法的关系［J］．中国社会科学，2003（5）：61-73.

［37］张晋藩．体现马克思主义唯物史观的中华法文化［J］．法学杂志，2020，41（3）：1-6.

［38］江必新．以习近平法治思想为指导着力解决法治中国建设中的重大问题［J］．行政法学研究，2020（6）：4-7.

［39］雷磊．探寻法治的中国之道——中国法治理论研究的历史轨迹［J］．法制与社会发展，2020，26（6）：5-30.

［40］段秋关．现代法治与古典法治——兼论中国法治的历史根基［J］．西北大学学报（哲学社会科学版），2016，46（4）：124-130.

［41］孙皓辉，段秋关．中国法治的历史根基［J］．西北大学学报（哲学社会科学版），2015（4）：51-58.

［42］邱水平．重析"法制"与"法治"构建中国的"制度法学"［J］．北京大学学报（哲学社会科学版），2019，56（3）：5-12.

［43］何勤华，齐凯悦．法制成为法治：宪法修改推进社会主义法治建设［J］．山东社会科学，2018：5-15.

［44］何勤华．论中国特色社会主义法治道路［J］．法制与社会发展，2015，21（3）：32-45.

［45］曹文泽．中国特色社会主义法学理论的智识创制［J］．法学，2018（8）：48-65.

［46］宋玲．商鞅"法治"思想与中国传统社会治理［J］．比较法研究，2015（1）：147-155.

［47］武树臣，武建敏．中国传统治理模式及其现代转化［J］．山东大学学报（哲学社会科学版），2020（5）：1-11.

［48］陈金钊．提升国家治理的法治能力［J］．理论探索，2020（1）：23-29.

［49］吴玉章．法律权力的含义及属性［J］．中国法学，2020（6）：282-298.

［50］刘巍．中国式法治——中国治理原型试探［J］．史学理论研究，2020（5）：68-86.

[51] 卓泽渊. 习近平法治思想要义的法理解读 [J]. 中国法学, 2021 (1): 15-28.

[52] 卓泽渊. 推进法治中国建设的现实任务 [J]. 行政法学研究, 2020 (6): 17-20.

[53] 汪习根. 论习近平法治思想的时代精神 [J]. 中国法学, 2021 (1): 29-47.

[54] 周婧. 习近平法治思想开创依法治国新局面 [J]. 暨南学报 (哲学社会科学版), 2021 (1): 10-19.

[55] 江国华. 习近平全面依法治国新理念新思想新战略的学理阐释 [J]. 武汉大学学报 (哲学社会科学版), 2021, 74 (1): 29-42.

[56] 谢晖. 法律至上与国家治理 [J]. 比较法研究, 2020 (1): 46-62.

[57] 陆丹. 法治中国: 自由的正义与限度 [J]. 齐鲁学刊, 2017 (2): 79-87.

[58] 杨建军. 中国法治发展: 一般性与特殊性之兼容 [J]. 比较法研究, 2017 (4): 155-173.

[59] 刘作翔, 王勇. 民主、自治与法治: "周期律" 问题再思考——关于国家与社会治理的一场学术对话 [J]. 法学论坛, 2020, 35 (5): 5-18.

[60] 李春娟. 现代新儒家对现代化反思的意义与限度 [J]. 河南社会科学, 2015, 23 (11): 79-84.

[61] 莫纪宏. "制度之治" 是法治的内在逻辑述要 [J]. 现代法学, 2020, 42 (3): 3-13.

[62] 彭中礼. 国家治理能力是什么: 现代法治理论的框架性回应 [J]. 东岳论丛, 2020, 41 (3): 126-137.

[63] 封丽霞. 国家治理转型的纵向维度——基于央地关系改革的法治化视角 [J]. 东方法学, 2020 (2): 54-64.

[64] 卓泽渊. 国家治理现代化的法治解读 [J]. 现代法学, 2020, 42 (1): 3-14.

[65] 范进学. "法治中国": 世界意义与理论逻辑 [J]. 法学, 2018 (3): 3-13.

［66］潘伟杰．从现代性与中国性论国家治理的中国观［J］．复旦学报（社会科学版），2020，62（1）：13-24.

［67］孙业成，李伟宾．现代新儒家不是儒家［J］．重庆社会科学，2018（1）：40-47.

［68］王启梁．法治的社会基础——兼对"本土资源论"的新阐释［J］．学术月刊，2019，51（10）：110-120.

［69］杨国庆，郑莉．韦伯"中国命题"与儒家传统文化研究——杜维明与黄宗智思想理路辨析［J］．中国研究，2014（1）：180-197，232.

［70］邓晓芒．我与儒家［J］．探索与争鸣，2015（4）：29-33.

［71］周永坤．法治概念的历史性诠释和整体性建构——兼评"分离的法治概念"［J］．甘肃社会科学，2020（6）：94-102.

［72］李林．习近平全面依法治国的思想理论逻辑和创新发展［J］．法学研究，2016，38（2）：3-22.

［73］莫桑梓，黄大熹．法治概念再辨析［J］．学术探索，2016（7）：72-78.

［74］庞正．法治概念的多样性与一致性——兼及中国法治研究方法的反思［J］．浙江社会科学，2008（1）：67-73，127.

［75］赵树坤，毛奎．中国人权研究的主体性觉醒与省思［J］．华东政法大学学报，2019，22（1）：103-115.

［76］赵树坤，原欣．让人权说汉语：理论资源及其整合［J］．求是学刊，2019，46（3）：116-125.

［77］陈来．二十世纪思想史研究中的"创造性转化"［J］．中国哲学史，2016（4）：5-9.

［78］孙国华．法制与法治不应混同［J］．中国法学，1993（3）：44-47.

［79］霍存福．沈家本"情理法"观所代表的近代转捩——与薛允升、樊增祥的比较［J］．华东政法大学学报，2018，21（6）：99-115.

［80］凌斌．法律与情理：法治进程的情法矛盾与伦理选择［J］．中外法学，2012，24（1）：121-135.

［81］雷振扬．铸牢中华民族共同体意识研究需拓展的三个维度［J］．中南民

族大学学报（人文社会科学版），2019，39（6）：1-6.

[82] 任剑涛. 以法治国与中华文明的自我超越 [J]. 马克思主义与现实，2014（6）：149-156.

[83] 刘玄龙，李龙. "礼治"的法学解读：基本内涵、历史定位及当今价值 [J]. 社会科学家，2020（6）：103-108.

[84] 陈金钊. 法治共识形成的难题——对当代中国"法治思潮"的观察 [J]. 法学，2014，29（3）：57-72.

[85] 武树臣，武建敏. 中国古代治理模式与现代转化 [J]. 山东大学学报（哲学社会科学版），2020（5）：1-11.

[86] 武树臣. 齐鲁法文化与中华法系的精神原点 [J]. 法学评论，2011，26（6）：30-37.

[87] 俞荣根，Wang Keyou. 何为"礼法"？[J]. 孔学堂，2016，3（4）：15-22，123-129，23-29.

[88] 周尚君. 坚持以人民为中心的法治思想 [J]. 法学杂志，2021，42（1）：19-25.

[89] 程燎原. "洋货"观照下的"故物"——中国近代论评法家"法治"思想的路向与歧见 [J]. 现代法学，2011，33（3）：3-14.

[90] 时显群. 法家的富国强兵的价值观 [J]. 社会科学战线，2011（7）：255-257.

[91] 喻中. 法的现代性：一个虚构的理论神话 [J]. 法律科学（西北政法大学学报），2013，31（5）：21-28.

[92] 喻中. 从法家三期论看律学的兴起与衰落 [J]. 河南大学学报（社会科学版），2018，58（6）：24-32.

[93] 喻中. 论先秦法家与依法治国 [J]. 南通大学学报（社会科学版），2015（4）：37-44.

[94] 蒋立山. 社会治理现代化的法治路径——从党的十九大报告到十九届四中全会决定 [J]. 法律科学，2020（2）：30-35.

[95] 黄兰松. 法治、治理与国家能力 [J]. 法学论坛，2020，35（3）：112-119.

［96］魏士国．共生于互动：国家治理现代化中的德治与法治"双螺旋"协同机制［J］．贵州社会科学，2020（1）：38-44.

［97］强世功．中国法治道路与法治模式——全球视野与中国经验［J］．行政管理改革，2019（8）：21-28.

［98］李拥军．"家"视野下的法治模式的中国面相［J］．环球法律评论，2019，41（6）：86-105.

［99］付子堂．习近平总书记全面依法治国新理念新思想新战略：发展脉络、核心要义和时代意义［J］．中国法学，2019（6）：105-117.

［100］封丽霞．马克思主义法律理论中国化的当代意义［J］．法学研究，2017，40（1）：3-17.

［101］李德顺．论民主与法治不可分——"法治中国"的几个基本理念之辨［J］．中共中央党校学报，2017，21（1）：44-49.

［102］陈金钊．法律如何调整变化的社会［J］．清华法学，2018，12（6）：79-93.

［103］陈金钊．多元规范的思维统合——对法律至上原则的恪守［J］．清华法学，2016，10（5）：32-50.

［104］卢春龙．新中国70年社会治理之回顾与新时代展望［J］．学习与探索，2019（10）：60-70.

［105］韩克芳．法治在国家治理现代化中的地位、作用及其实现路径［J］．江西社会科学，2019（12）：186-192.

［106］魏治勋，刘一泽．从先秦法家到近代新法家：国家主义及其当代价值［J］．学术探索，2018（6）：42-51.

［107］钱锦宇．中国国家治理的现代化建构与法家思想的创造性转换［J］．法学论坛，2015（3）：13-21.

［108］商莹，蒋满娟．新时代统一战线思想的中华优秀传统文化基因［J］．社会科学家，2020（5）：135-138.

［109］支振锋．法治建设是中国持续发展的重要保障［J］．红旗文稿，2019（20）：14-16.

[110] 支振锋. 法治建设的成败之道 [J]. 马克思主义研究, 2016 (2): 120-131, 159.

[111] 支振锋. 西方话语与中国法理——法学研究中的鬼话、童话与神话 [J]. 法律科学（西北政法大学学报）, 2013, 31 (6): 13-20.

[112] 廖奕. 法治中国道路的价值逻辑问题 [J]. 法治研究, 2019 (4): 118-126.

[113] 程竹汝. 中国法治模式建构中的政治逻辑 [J]. 中共中央党校学报, 2016, 20 (4): 27-33.

[114] 艾永明. 关于中国古代"法文化共识"的思考 [J]. 法治研究, 2016 (3): 40-47.

[115] 李林. 全面建设社会主义现代化国家的法治意蕴 [J]. 人民论坛, 2021 (1): 42-48.

[116] 李林. 新时代中国法治理论创新发展的六个向度 [J]. 法学研究, 2019 (4): 3-20.

[117] 夏新华. 整合与超越: 域外法治资源与中国法治模式的建构 [J]. 法治研究, 2016 (2): 10-16.

[118] 约翰. W. 海德, 李松锋. 摸着石头过河: 中国的法治 [J]. 比较法研究, 2013 (2): 123-152.

[119] 莫桑梓, 黄大熹. 法治概念再辨析 [J]. 学术探索, 2016 (7): 72-78.

[120] 郁建兴, 任杰. 中国基层社会治理中的自治、法治与德治 [J]. 学术月刊, 2018 (2): 64-74.

[121] 梁玉新. 重新认识中国特色社会主义法治模式的三个向度 [J]. 广西社会科学, 2011 (12): 78-81.

[122] 冯玉军. 法治中国的发展阶段和模式特征 [J]. 社会治理法治前沿年刊, 2015 (00): 22-49.

[123] 喻中. 论"治—综治"取向的中国法治模式 [J]. 法商研究, 2011, 28 (3): 10-18.

[124] 陈寿灿, 何历宇. 与社会和解: 中国法治模式的伦理文化之维 [J]. 政

法论坛，2011，29（3）：92-101.

[125] 侯健. 法治的刚性、柔性与东西方法治模式的比较 ［J］. 华东政法学院学报，2004（4）：76-81.

[126] 廖奕. 人类命运共同体的法理阐释——构建人类命运共同体理论研讨会综述 ［J］. 法学评论，2017（5）：192-196.

[127] 唐勇，陈思融. 论人类命运共同体的人权观 ［J］. 浙江工商大学学报，2020（1）：52-60.

[128] 洪向华，张杨. 论国家治理体系和治理能力现代化的五重维度 ［J］. 大连理工大学学报（社会科学版），2020，41（3）：1-8.

[129] 张正光. 重大疫情防控中人类命运共同体的四维价值 ［J］. 社会科学辑刊，2020（3）：184-191.

[130] 洪涛. 20 世纪中国的法治概念与法家思想（一）［J］. 政治思想史，2020（1）：13-197.

[131] 洪涛. 20 世纪中国的法治概念与法家思想（二）［J］. 政治思想史，2020（2）：31-58.

[132] 唐皇凤，汪燕. 新时代自治、法治、德治相结合的乡村治理模式：生成逻辑与优化路径 ［J］. 河南社会科学，2020，28（6）：63-71.

[133] 徐亚文，徐钝. 论自治型软法的司法治理——基于司法审查制度试验的思考 ［J］. 学习与实践，2014（10）：22-27.

[134] 廖奕. 面向美好生活的纠纷解决：一种"法律与情感"研究框架 ［J］. 法学，2019（6）：122-139.

[135] 廖奕. 中国特色社会主义法学话语体系研究反思——以"党内法规话语为例"［J］. 法学家，2018（5）：1-14.

[136] 陆丹. 法治中国：自由的正义与限度 ［J］. 齐鲁学刊，2017（2）：79-87.

[137] 廖奕. 城市中国的法理乡愁——重读《法治及其本土资源》［J］. 法律和社会科学，2017，16（2）：256-272.

[138] 付子堂，池通. 新中国法治话语之变迁：1949—2019 ［J］. 上海政法学

院学报（法治论丛），2020（3）：30-38.

[139] 王人博. 一个最低限度的法治概念——对中国法家思想的现代阐释 [J]. 法学论坛，2003（1）：13-26.

[140] 齐延平. 论作为法治价值基础的"人的尊严" [J]. 江苏行政学院学报，2011（1）：126-130.

[141] 喻中. 无冕之君与富强之具——从美国宪法的政治角色看中国宪法的法家背景 [J]. 社会科学战线，2017（1）：195-202.

[142] 黄启祥. 论法家学说的反噬现象 [J]. 北京社会科学，2016（4）：113-121.

[143] 张晋藩. 论中国古代的德法共治 [J]. 中国法学，2018（2）：89-107.

[144] 孟庆涛. 法家变法与大一统帝制形成的理论逻辑 [J]. 中南大学学报（社会科学版），2012，18（4）：69-74.

[145] 马斗成，孟天运. 试论先秦法家社会整合思想 [J]. 管子学刊，2006（4）：84-88.

[146] 钱大军. 中国传统社会的法家传统及其价值 [J]. 河南大学学报（社会科学版），2018，58（6）：42-51.

[147] 孙伟. 法治中国建设与"德法合治"的思想渊源 [J]. 重庆社会科学，2017（12）：81-86.

[148] 李勤通. 法律儒家化及其解释力 [J]. 学术月刊，2020，52（8）：157-169.

[149] 沈国明. 改革开放40年法治中国建设：成就、经验与未来 [J]. 东方法学，2018（6）：60-70.

[150] 陈金钊. 论真诚对待法治——以新中国中国特色社会主义法治的实现为视角 [J]. 法学杂志，2017（11）：6-23.

[151] 江秋伟. 论中国法治的进程及其评估 [J]. 江汉学术，2018，37（4）：68-75.

[152] 郝铁川. 中国封建政体的演变与法制法家化 [J]. 法治社会，2020（1）：98-111.

[153] 武树臣．论法家的名称、缘起和师承［J］．法学杂志，2016（12）：99-106.

[154] 喻中．法家模式评析［J］．政法论丛，2016（4）：15-22.

[155] 喻中．法家的类型学考察［J］．东方法学，2016（4）：109-115.

[156] 雷乐街．《管子》现实主义政治思想初探——与儒家、秦法家思想之比较［J］．济宁学院学报，2017，38（4）：11-15.

[157] 马小红．中国古代社会的法理学［J］．人大法律评论，2009（3）：195-206.

[158] 马小红．"确定性"与中国古代法［J］．政法论坛，2009，27（1）：14-27.

[159] 俞荣根．超越儒法之争——礼法传统中的现代法治价值［J］．法治研究，2018（5）：3-13.

[160] 俞荣根，彭彦华．"法治中国"与儒家思想——俞荣根先生访谈录［J］．孔子研究，2015（5）：5-12.

[161] 李瑜春．"法治思维"的核心内涵——兼论中国古代何以存在"法治思维"雏形［J］．社会科学辑刊，2016（1）：172-177.

[162] 王耀海．法家传统的现代适域［J］．社会科学战线，2016（6）：233-242.

[163] 姜登峰．秦亡——法家思想不可承受之责的探析［J］．中国政法大学学报，2009（4）：88-101.

[164] 於兴中．非终局性："青天大人"与超级法官赫尔克里斯——简论传统中国的公正观［J］．杭州师范大学学报（社会科学版），2012，34（5）：102-107.

[165] 徐艳燕．从《折狱新语》看明代法官对实体正义的追求——明代继承案件审理之分析［J］．社会科学家，2005（S1）：110-111.

[166] 范忠信．传统法治资源的传承体系建设与法治中国化［J］．学习与探索，2016（1）：57-60，2.

[167] 占茂华．亚里士多德的法治思想及其现代价值［J］．社会科学家，2012

（S1）：138-140.

[168] 郝虹．从"阳儒阴法"到"礼法之治"的中间环节：汉末社会批判思潮 [J]．山东大学学报（哲学社会科学版），2011（1）：127-132.

[169] 蒋传光．马克思主义法学的基本原理及其科学意义 [J]．法律科学（西北政法大学学报），2018，36（6）：20-35.

[170] 秦前红，石泽华．监察法规的性质、地位及其法治化 [J]．法学论坛，2020，35（6）：88-100.

[171] 潘传表．法家约束君权的设计及其影响 [J]．北方法学，2019（5）：140-149.

[172] 张万洪．法制现代化与传统法律资源研究 [J]．武汉大学学报（哲学社会科学版），2002（5）：694-698.

[173] 邵建．新文化的偏差——20 世纪前 20 年的"新传统主义"与"反传统主义" [J]．探索与争鸣，2015（1）：74.

[174] 张万洪．论人权主流化 [J]．法学评论，2016（6）：43-49.

[175] 毛俊响．国际人权话语权的生成路径、实质与中国的应对 [J]．法商研究，2017，34（1）：153-163.

[176] 龚留柱．论晁错及汉初"新法家" [J]．中国史研究，2016（1）：63-90.

[177] 刘玄龙．检视与超越：一个新的法家思路之尝试 [J]．中南民族大学学报（人文社会科学版），2021，41（3）：163-170.

[178] 晁福林．先秦国家制度构建的理念与实践 [J]．历史研究，2020（3）：4-10.

[179] 徐昱春．商鞅变法与中国传统法制的初次转型 [J]．求索，2009（2）：217-219.

[180] 江国华．法治的场境、处境和意境 [J]．法学研究，2012，34（6）：33-35.

[181] 陈文旭，易佳乐．习近平"共同价值"思想的哲学解读与现实路径 [J]．湖南大学学报（社会科学版），2018，32（5）：7-13.

［182］蔡卫忠，刘晓然．中国法治的资源与发展趋向［J］．山东社会科学，2019（8）：183-187.

［183］周叶中，林骏．论新时代中国特色社会主义法治话语体系创新［J］．江汉论坛，2019（1）：130-136.

［184］刘克勤，孟焕良，徐琦．AI法官助理开启智能审判新模式［J］．浙江人大，2019（11）：42-44.

［185］刘志强．论中国特色人权话语体系逻辑构成［J］．现代法学，2019，41（3）：23-34.

［186］张之沧．人工智能对家庭伦理的冲击与解构［J］．国外社会科学前沿，2021（1）：3-14.

［187］丁鹏．疫情之下，没有孤岛——"疫情防控中的特定群体权利保障"研讨会综述［J］．残疾人研究，2020（2）：82-84.

［188］侯欣一．传统中国国家治理的逻辑及其元制度［J］．现代法学，2020，42（5）：3-16.

［189］苏力．变法，法治建设及其本土资源［J］．中外法学，1995，41（5）：1-9.

［190］黄钊．齐法家的政治观、道德观及其现代价值——《管子》探微［J］．学习与实践，2010（7）：126-133.

［191］袁刚，任玥．从《管子》看齐法家的治国思想［J］．人民论坛，2012（2）：142-144.

［192］单纯．论古代儒家辨析齐法家与三晋法家的意义［J］．中国哲学史，2007（4）：28-35.

［193］王仲修．齐与秦晋法家思想之差异［J］．齐鲁学刊，2001（6）：68-71.

［194］马涛，韦伟．论秦晋法家与齐法家经济思想及其异同［J］．上海财经大学学报，2013，15（1）：27-33.

［195］程燎原．千古一"治"：中国古代法思想的一个"深层结构"［J］．政法论坛，2017，35（3）：3-15.

［196］程燎原．晚清"新法家"的"新法治主义"［J］．中国法学，2008

（5）：30-45.

[197] 程燎原．论"新法家"：陈启天的"新法治观"[J]．政法论坛，2009，27（3）：3-18.

[198] 程燎原．常燕生的"新法家思想"[J]．南通大学学报（社会科学版），2017，33（3）：36-49.

[199] 时显群．中西古代"法治"思想之比较——评析亚里士多德的与法家法治理论的异同点 [J]．江西社会科学，2002（2）：201-203.

[200] 时显群．常燕生论法家思想在近代中国的复兴 [J]．政法论坛，2007（4）：188-191.

[201] 时显群．略论近代"新法家思想"的特点 [J]．法学评论，2008（5）：150-155.

[202] 时显群．先秦法家法治思想在近代复兴的原因 [J]．社会科学战线，2009（10）：239-242.

[203] 时显群．论先秦法家法治与亚里士多德法治之共性 [J]．学术交流，2009（12）：67-69.

[204] 喻中．显隐之间：百年中国的"新法家"思潮 [J]．华东政法大学学报，2011（1）：73-82.

[205] 喻中．梁启超的法治概念：一个思想史的考察 [J]．新疆社会科学，2011（2）：95-104.

[206] 喻中．法家三期论 [J]．法学评论，2016（3）：173-184.

[207] 喻中．法家第三期：全面推进依法治国的思想史解释 [J]．法学论坛，2015（1）：13-19.

[208] 喻中．论东亚新法家 [J]．政法论坛，2018，36（3）：28-40.

[209] 喻中．法家分光镜下的中国现代思潮 [J]．文史哲，2016（5）：139-168.

[210] 喻中．论秦晋之法理学 [J] 理论探索，2019（4）：98-107.

[211] 喻中．论齐鲁之法理学 [J]．山东社会科学，2018（4）：85-90.

[212] 魏治勋．陈启天"新国家主义"法治思想及其当代价值 [J]．河南大

学学报（社会科学版），2018（3）：33-41.

[213] 魏治勋. 论常燕生以"生物史观"为基础的新法治主义 [J]. 南通大学学报（社会科学版），2015，31（4）：61-68.

[214] 魏治勋. 新法家的"国家主义"形式法治观批判 [J]. 法学论坛，2015，30（3）：22-29.

[215] 魏治勋. 先秦法家进化论及其近现代影响 [J]. 理论探索，2016（1）：15-30.

[216] 魏治勋. 先秦法家社会控制论及其现代批判 [J]. 山东大学学报（哲学社会科学版），2018（1）：66-76.

[217] 魏治勋. 近代"救亡叙事"中的新法家法治意识形态及其问题 [J]. 社会科学战线，2016（1）：223-232.

[218] 钱锦宇. 新"法家三期说"的理论阐述——法家思想史断代的几个问题 [J]. 东方法学，2016（4）：123-131.

[219] 钱锦宇. 中国国家治理的现代化建构与法家思想的创造性转换 [J]. 法学论坛，2015（3）：13-21.

[220] 钱锦宇. 法家思想的批判性继承与中国现代民族精神的塑造 [J]. 南通大学学报（社会科学版），2015（4）：54-60.

[221] 钱锦宇. 法家思想的近世续造——以陈启天的"新法家理论"为中心 [J]. 社会科学战线，2017（1）：217-228.

[222] 钱锦宇. 意识形态的重构与中国道路的探索：五四语境中的新法家主义 [J]. 河南大学学报（社会科学版），2020，60（1）：9-18.

[223] 青维富. 中国古代法律之内在精神与外在形式研究——一种法政治学分析 [J]. 政法论坛，2019，37（2）：153-163.

[224] 贡太雷. 从法治模式对话到法治中国理论的再思考 [J]. 山东大学法律评论，2016（3）：116.

[225] 李凤奇. 法治在传统及当代中国社会的治理能力 [J]. 河南社会科学，2015，23（11）：1-8.

[226] 喻中. 格义的再现：法家学说与法家对等关系之建构 [J]. 现代法学，

2017，39（4）：3-18.

[227] 周炽成.先秦有法家吗？——兼论"法家"的概念及儒法关系［J］.哲学研究，2017（4）：48-155.

[228] 周炽成.韩非子之学的复兴与新法家的产生：20世纪初、中期的历史回顾［J］.华南师范大学学报（社会科学版），2010（2）：129-135.

[229] 赵玉增.当代新法家研究及其主要价值［J］.社会科学战线，2019（4）：200-208.

[230] 韩伟.法家三期论理论创新与时代价值［J］.南通大学学报（社会科学版），2017，33（3）：62-69.

[231] 吴炫，乔媛媛.章太炎新法家思想的当代审视［J］.江苏行政学院学报，2012（5）：37-42.

[232] 吴炫，乔媛媛.章太炎新法家思想的得与失［J］.河北学刊，2012（5）：65-69.

[233] 郝虹.从"阳儒阴法"到"礼法之治"的中间环节：汉末社会批判思潮［J］.山东大学学报（哲学社会科学版），2011（1）：127-132.

[234] 徐爱国.探寻中国法律传统语境下"法治"的意义［J］.求是学刊，2008，35（3）：73-80.

[235] 樊浩，刘桂楠."新传统"的建构与当代中国意识形态的辩证［J］.江苏行政学院学报，2011（4）：15.

[236] 张晋藩.中国古代立法经验镜鉴［J］.中共中央党校学报，2018，19（1）：12-15.

[237] 周展安.儒法斗争与"传统"重构——以20世纪70年代评法批儒运动所提供的历史构图为中心［J］.开放时代，2016（3）：83-97.

[238] 范忠信.中西伦理合璧与法治模式的中国特色［J］.法商研究，1999（7）：9-22.

[239] 王敏，杨兴香.构建法治框架下的多元乡村治理模式［J］.人民论坛，2018（11）：98-99.

[240] 汪太贤.中国法治模式的选择——兼评一种法治观［J］.政治与法律，

1998（1）：21-24.

[241] 王宏治．中国古代抗疫病的法律措施［J］．比较法研究，2003（5）：69-72.

[242] 高萍．从"根文化"看铸牢中华民族共同体意识［J］．西北民族大学学报（哲学社会科学版），2020（3）：22-27.

[243] 区永圻．论汉儒批法［J］．江西社会科学，2003（7）：14-18.

[244] 王人博．中国法治：问题与难点［J］．师大法学，2017（1）：3-11.

[245] 付子堂．先秦法家"法治"施行观念及其现代价值［J］．社会科学家，2016（1）：8-14.

[246] 魏传光．新时代公平正义的价值设置与实践推进［J］．江汉论坛，2020（4）：18-25.

[247] 贺海仁．先秦法家共同体的敌人：以法治国的规范理论［J］．政法论坛，2007，25（6）：36-50.

[248] 马作武．中国古代"法治"质论——兼驳法治的本土资源说［J］．法学评论，1999（1）：47-55.

[249] 张正平．法家法治论谬误溯源［J］．广东社会科学，2015（4）：232-241.

[250] 卢春龙．新中国70年社会治理之回顾与新时代展望［J］．学习与探索，2019（10）：60-70.

[251] 张劲．法治的"世界结构"和"中国语境"［J］．政法论坛，2016，34（6）：47-60.

[252] 徐彬．我国传统的社会冲突解决机制及其价值［J］．广西社会科学，2016（2）：155-159.

[253] 卓泽渊．法治结构模式的再认识［J］．法学论坛，2007（2）：5-7.

[254] 陈光．论法治社会建设中的多元规范及其结构［J］．时代法学，2019，17（3）：12-27.

[255] 王若磊．依规治党与依法治国的关系［J］．法学研究，2016，32（6）：17-28.

[256] 陈林林，张晓笑．人之图像与法治模式［J］．浙江社会科学，2017（3）：44-51.

[257] 侯猛．当代中国政法体制的形成及意义［J］．法学研究，2016，38（6）：3-16.

[258] 汪习根．论法治中国的科学含义［J］．中国法学，2014（2）：108-122.

[259] 吴保平，林存光．商鞅之"法"的政治哲学反思——兼论法治的功能、价值和精神［J］．浙江社会科学，2015，68（3）：86-91.

[260] 马小红．"软法"定义：从传统的"礼法合治"中寻求法的共识［J］．政法论坛，2017，35（1）：21-30.

[261] 马小红．"以刑为主"还是"以礼为主"——中国传统法的反思［J］．中国司法，2008（1）：87-89.

[262] 马小红．法不远人：中国古代如何寻找法的共识——中国古代"法言法语"的借鉴［J］．中共中央党校（国家行政学院）学报，2019（5）：101-110.

[263] 马小红．法学研究应导引社会对"法治"的全面理解［J］．法学杂志，2011（1）：40-42.

[264] 马小红．试论中国传统法中的"和谐"观——兼论古今法理念的连接［J］．中国人民大学学报，2010（5）：83-91.

[265] 马小红．珍惜中国传统法——中国法律史教学和研究的反思［J］．北方法学，2007，1（1）：143-154.

[266] 马小红．中国传统法律文化研究中的"关键字"［J］．河北法学，2011，29（2）：10-18.

[267] 马小红．中国古代的"权力"理念——兼论中国古代社会的政体与法律［J］．法学杂志，2012（2）：1-8.

[268] 马小红．中国古代法思想与先秦儒家的法律理想主义［J］．人大法律评论，2016（1）：1-14.

[269] 马小红．中国近代法理学的形成与发展［J］．政法论丛，2010（2）：3-12.

[270] 马小红. 中华法系中"礼""律"关系之辩证——质疑中国法律史研究中的某些"定论"[J]. 法学研究, 2014 (1): 171-189.

[271] 曾宪义, 马小红. 试论古代法与传统法的关系——兼析中西传统在近现代演变中的差异 [J]. 中国法学, 2005 (4): 174-185.

[272] 曾宪义, 马小红. 中国传统法的"一统性"与"多层次"之分析——兼论中国传统法研究中应慎重使用"民间法"一词 [J]. 法学家, 2004 (1): 134-144.

[273] 曾宪义, 马小红. 中国传统法研究中的几个问题 [J]. 法学研究, 2003 (3): 30-42.

[274] 于敏, 马小红. 中国传统法在法的现代化进程中的几个问题的研究 [J]. 法制与社会发展, 2003 (4): 107-116.

[275] 顾培东. 也论中国法学向何处去 [J]. 中国法学, 2009 (1): 5-17.

[276] 顾培东. 中国法治的自主型进路 [J]. 法学研究, 2010, 41 (1): 3-17.

[277] 顾培东. "苏力问题"中的问题 [J]. 武汉大学学报 (哲学社会科学版), 2017, 10 (1): 229-233.

[278] 顾培东. 当代中国法治共识的形成与法治再启蒙 [J]. 法学研究, 2017 (1): 3-23.

[279] 顾培东. 法学研究中问题意识的问题化思考 [J]. 探索与争鸣, 2017 (4): 46-51.

[280] 石伟. 法治文化的深层结构与基本判定 [J]. 求实, 2016 (8): 69-77.

[281] 秦前红, 陈地苏. 法律汉语概念规范化——以"留置"为例 [J]. 湖南社会科学, 2017 (6): 78-86.

[282] 彭诚信. 《民法典》与中国法治的未来 [J]. 探索与争鸣, 2020 (5): 35-37.

[283] 贺来. 马克思哲学的"类"概念与"人类命运共同体" [J]. 哲学研究, 2016 (8): 33-39.

[284] 韩星. "霸王道杂之": 秦汉政治文化模式考论 [J]. 哲学研究, 2009

（9）：54-60.

［285］孙喆．汉武帝集权之路：从"独尊儒术"到"霸王道杂之"［J］．中州学刊，2015（4）：108-111.

［286］李长勇．管仲的社会救助思想及其现代意义［J］．齐鲁学刊，2017（4）：19-25.

［287］李晓安．"国家紧急权力"规范约束的法治逻辑［J］．法学，2020（9）：39-47.

［288］龙大轩．新时代"德法合治"方略的哲理思考［J］．中国法学，2019（1）：64-81.

［289］刘小平．儒家为何必然需要法治？——黄宗羲的"法"理论及其内在转向［J］．法制与社会发展，2020，26（5）：86-101.

［290］刘小平．法治中国的"理想图景"——走向一个实质法治的概念［J］．社会科学战线，2020（5）：201-213.

［291］鲁广锦．当代中国人权话语的构建维度与价值取向［J］．人权，2020（4）：1-14.

［292］谢晖．论紧急状态中的国家治理［J］．法律科学，2020（5）：31-48.

［293］谢伏瞻．抗疫彰显中华优秀传统文化的强大力量［J］．求是，2020（18）：44-50.

［294］刘作翔．回归常识：对法理学若干重要概念和命题的反思［J］．比较法研究，2020（2）：108.

［295］贺海仁．中华民族共同体的法理解释［J］．甘肃社会科学，2018（3）：130-136.

［296］袁曙宏．中国特色社会主义制度是当代中国发展进步的根本保证［J］．党建研究，2020（9）：15-18.

［297］马宇飞．习近平中华民族共同体思想的建构向度［J］．广西民族研究，2020（4）：24-33.

［298］阿明·冯·伯格丹迪，佩德罗·A.维拉瑞尔．世界卫生组织在2019新冠肺炎疫情危机、人权和变动世界秩序中的作用［J］．郭晓明译．人

权, 2020 (5): 164-188.

[299] Armin von Bogdandy, Mateja Steinbrück-Platiso. ARIO and Human Rights Protection: Leaving the Individual in the Cold [J]. International Organizations Law Review, 2012 (9): 55-83.

[300] Sean Coyle. Positivism, Idealism and the Rule of Law [J]. Oxford Journal of Legal Studies, 2006, 26 (2): 257-288.

[301] Caroline Eele. Perceptions of Magna Carta: Why Has It Been as Significant? [J]. University of Durham, 2013 (1): 1-59.

[302] Michael E. Burke. Benefits and Challenges of the Rule of Law [J]. Corporate Counsel's Guide to Doing Business in China, 2020: 23-45.

[303] Haiting Zhang. Traditional Culture v. Westernization: On the Road Toward the Rule of Law in China [J]. Temple International and Comparative Law Journal, 2011: 355-391.

[304] Julian Sempill. The Rule of Law and the Rule of Men: History, Legacy, Obscurity [J]. Hague Journal on the Rule of Law, 2020 (12): 511-540.

[305] Pat K. Chew. The Rule of Law: China's Skepticism and the Rule of People [J]. Ohio State Journal on Dispute Resolution, 2005 (6): 56-98.

[306] Matthew C. Stephenson. A Trojan Horse Behind Chinese Walls? Problems and Prospects of U. S-sponsored "Rule of Law" Reform Projects in the People's Republic of China [J]. UCLA Pacific Basin Law Journal, 2000, 18 (1): 64-97.

[307] Gianluigi, Palombella. The Abuse of the Rule of Law [J]. Hague Journal on the Rule of Law, 2020 (12): 387-397.

[308] Catherine Barnard, Sarah Fraser Butlin. The Rule of Law and Access to the Courts for EU Migrants [J]. Journal of Common Market Studies, 2020, 58 (6): 1622-1634.

[309] Henrique Schneider. Han Fei and Justice [J]. Cambridge Journal of China

Studies，2015，9（4）：20-37.

［310］ Keith Roberts. Contemporary Legal System Challenges to the Rule of Law ［J］. Judges' Journal，2015，54（1）：14-19.

［311］ Eric C. Ip. The Idea of Law in Classical Chinese Legalist Jurisprudence ［J］. Global Jurist，2009，9（4）：1-19.

［312］ Elshad Assadullayev. Bureaucratic Tradition of China：Confucianism and Legalism ［J］. Journal of Civilization Studies，2018，3（6）：133-148.

［313］ Eric W. Orts. The Rule of Law in China ［J］. Vanderbilt Journal of Transnational Law，2001，34（1）：1-42.

［314］ China's New Legalism ［J］. The National Interest，2016（143）：19.

［315］ John Hardin. Progress in Democracy and the Rule of law Evolving Election Standard and the Recent Elections in Afghanistan ［J］. Experience，2014，24（2）：33-47.

［316］ MarcI A. Hamilton，Lana Seligsohn. Religion Governed by the Rule of Law ［J］. Humanrights，2020，39（2）：7-8.

［317］ W. B Gallie. Essentially Contested Concepts ［J］. Proceedings of the Aristotelian Society New Series，1956（56）：167-198.

［318］ 邹鹏. 当代中国法治话语研究 ［D］. 博士. 上海：华东政法大学，2020.

［319］ 陈闯. "评法批儒" 运动时期的古典学术研究 ［D］. 博士. 济南：山东大学，2019.

［320］ 张静焕. 法治思维研究 ［D］. 博士. 长春：吉林大学，2018.

［321］ 李博. 孔孟儒家的保守主义——西方保守主义与康德视域下的儒家 ［D］. 博士. 北京：中央民族大学，2018.

［322］ 汪火良. 党领导法治中国建设的逻辑进路研究 ［D］. 博士. 武汉：武汉大学，2016.

[323] 邓达奇.“政法”研究［D］.博士.武汉：武汉大学，2012.

[324] 李家祥.《管子》法思想研究［D］.博士.重庆：西南政法大学，2011.

[325] 张伯晋.法家伦理思想体系的最终建构——以韩非与《韩非子》为研究对象［D］.博士.长春：吉林大学，2010.

[326] 时显群.论先秦法家的“以法治国”思想——以“治”为视角［D］.博士.重庆：西南政法大学，2009.

[327] 区永圻.战国秦汉法家诸问题研究［D］.博士.武汉：华中师范大学，2008.

[328] 徐祥民.法家的法律思想研究［D］.博士.北京：中国政法大学，2001.

三、报纸类

[1] 习近平.在全国抗击新冠肺炎疫情表彰大会上的讲话［N］.人民日报，2020-09-09：2.

[2] 习近平.关于《中共中央关于坚持和完善中国特色社会主义制度　推进国家治理体系和治理能力现代化若干重大问题的决定》的说明［N］.人民日报，2019-11-06：4.

[3] 习近平.在庆祝中华人民共和国成立70周年大会上的讲话［N］.人民日报，2019-10-02：2.

[4] 习近平.在统筹推进新冠肺炎疫情防控和经济社会发展工作部署会议上的讲话［N］.人民日报，2020-02-24：2.

[5] 习近平.团结合作战胜疫情　共同构建人类卫生健康共同体［N］.人民日报，2020-05-19：2.

[6] 习近平.完善法治建设规划提高立法工作质量效率为推进改革发展稳定工作营造良好法治环境［N］.人民日报，2019-2-26：1.

［7］习近平．在纪念马克思诞辰 200 周年大会上的讲话［N］．人民日报，2018-05-04：2.

［8］习近平．坚持依法治国与制度治党、依规治党统筹推进一体建设［N］．人民日报，2016-12-26：1.

［9］习近平．在哲学社会科学工作座谈会上的讲话［N］．人民日报，2016-05-19：2.

［10］习近平．牢记历史经验教训历史警示为国家治理能力现代化提供有益借鉴［N］．人民日报，2014-10-14：1.

［11］中华人民共和国国务院新闻办公室．抗击新冠肺炎疫情的中国行动［N］．人民日报，2020-06-08：10.

［12］袁曙宏．坚持党对全面依法治国的领导［N］．人民日报，2021-01-18：11.

［13］孔明安，陈文旭．马克思主义开放性特征的理论真谛［N］．光明日报，2018-07-02：1.

［14］王轶．坚持统筹推进国内法治和涉外法治［N］．人民日报，2021-07-03：19.

［15］张文显．"未来法治"当为长远发展谋［N］．新华日报，2018-12-04：15.

［16］中共中央关于坚持和完善中国特色社会主义制度 推进国家治理体系和治理能力现代化若干重大问题的决定［N］．人民日报，2019-11-06：1.

［17］郭声琨．深入学习宣传贯彻习近平法治思想 奋力开创全面依法治国新局面［N］．人民日报，2020-12-21：6.

［18］顾培东．世界法治模式不会定于一尊［N］．人民日报，2018-12-26：5.

［19］习近平出席第七十届联合国大会一般性辩论并发表重要讲话［N］．人民日报，2015-09-29：1.

［20］王晓波．"阳儒阴法"是中国文化的主流［N］．光明日报，2015-11-30：16.

［21］张晋藩．"法与时转"与"因俗而治"——谈古代中国的立法传统

［N］．北京日报，2019-06-24：11.

［22］郭齐勇．当代新儒学思想概览［N］．人民日报，2016-09-01：5.

［23］陈一新．习近平法治思想是马克思主义中国化最新成果［N］．人民日报，2020-12-30：10.

［24］张文显．法治中国建设的历史性跨越和突破［N］．光明日报，2017-11-03：5.

［25］支振锋．西法东渐的思想史逻辑［N］．中国科学报，2019-05-29：3.

［26］支振锋．以事实澄清美国人权本相［N］．环球时报，2021-04-10：7.

［27］支振锋．西方法治皮袍下露出虱子［N］．环球时报，2019-07-24：14.

［28］赵树坤．中国人权答卷广受赞誉［N］．人民日报，2019-03-20：11.

［29］徐亚文，刘洪彬．共治理念与国家治理体系现代化［N］．湖北日报，2014-03-01：4.

［30］喻中．重新评估法家学说的价值［N］．检察日报，2019-11-20：3.

［31］顾培东．增强法治在国家治理中的实效［N］．人民日报，2016-11-24：5.

［32］马小红．我们对中国古代法处在误解之中［N］．北京日报，2015-03-20：23.

［33］马小红．连接古今 会通中西［N］．检察日报，2017-12-28：3.

［34］马小红．"乡贤"的过去与未来［N］．法制日报，2015-11-14：7.

［35］马小红．藏身于浩瀚史籍中的"罪刑法定"［N］．检察日报，2019-07-31：3.

［36］马小红．传统与法治［N］．民主与法治时报，2015-07-09：8.

［37］吴小龙．法家精神的现代续造［N］．人民法院报，2021-01-08：5.

［38］朱苏力．建立共同体以平衡利益分歧［N］．社会科学报，2016-01-07：3.

［39］朱苏力．在社会转型中平衡改革与法治［N］．社会科学报，2015-04-30：3.

［40］郝铁川．从中国古代政权转移方式看法制的法家化［N］．人民法院报，

2019-09-27：7.

[41] 宋洪兵．先秦法家研究方法论辨析［N］．中国社会科学报，2018-12-10：
5.

[42] 周豪杰．关注先秦法家思想研究新进展［N］．中国社会科学报，2018-
11-26：5.

[43] 周炽成．先秦有"法家"吗？［N］．北京日报，2017-09-25：19.

[44] 张文波．法律史视野下的儒家伦理与法家文化［N］．人民法院报，2017-
06-23：7.

[45] 刘泽华．法家眼中的以人为本［N］．人民日报，2016-06-28：7.

[46] 刘泽华．简说法家一断于法［N］．中华读书报，2016-06-22：13.

[47] 刘晓丽．赵简子铸刑鼎与三晋法家的形成［N］．山西日报，2015-04-21：
2.

[48] 许抗生．法家最直接地反映时代要求［N］．光明日报，2013-12-04：10.

[49] 丁国强．作为"法治"国家的古代中国［N］．中华读书报，2013-12-04：
10.

[50] 丁国强．中国法治的基本历史形态［N］．北京日报，2014-01-20：20.

[51] 陈青霞．学界热议"秦是否亡于法家"［N］．中华读书报，2013-06-26：
1.

[52] 于海生．法治国家的中国模式［N］．天津日报，2016-09-12：9.

[53] 张德淼．中国特色社会主义法治理论的新发展［N］．光明日报，2016-
08-17：13.

[54] 王一鸣．中国特色社会主义制度是当代中国发展进步的根本保障［N］．
光明日报，2019-11-18：6.

[55] 张文显．数字技术立法尤其要超前［N］．北京日报，2019-01-21：11.

[56] 王轶．在未来法治领域发展中国特色法学理论［N］．北京日报，2021-1-
25：19.

[57] 法治日报编辑部．追随法治前行 书写法治未来——写在法治日报更名之
际［N］．法治日报，2020-08-01：1.

四、网络类

［1］中共中央办公厅、国务院办公厅印发《关于加强社会主义法治文化建设的意见》［EB/OL］.［2021-04-05］. http：//www. xinhuanet. com/politics/zywj/2021-04/05/c_1127295498. htm.

［2］中共中央印发《法治中国建设规划（2020—2025 年）》［EB/OL］.［2021-01-10］. http：//www. xinhuanet. com/2021-01/10/c_1126966552. htm.

［3］习近平：全面提高依法防控依法治理能力 为疫情防控提供有力法治保障［EB/OL］.［2020-02-06］. http：//jhsjk. people. cn/article/31573224.

［4］谱写新时代改革新篇章——以习近平同志为核心的党中央全面深化改革启示录［EB/OL］.［2018-02-21］. http：//www. xinhuanet. com/politics/leaders/2018-02/21/c_1122433873. htm.

［5］习近平在英国议会发表讲话［EB/OL］.［2015-10-21］. http：//www. xinhuanet. com/world/2015-10/21/c_128339832. htm.

［6］习近平：让全世界都能听到并听清中国声音［EB/OL］.［2019-01-10］. http：//jhsjk. people. cn/article/30514168.

［7］中国人权研究院文章：美国对外侵略战争造成严重人道主义灾难［EB/OL］.［2021-04-09］. http：//www. xinhuanet. com/world/2021-04/09/c_1127310521. htm.

［8］栗战书. 全国人民代表大会常务委员会工作报告——2020 年 5 月 25 日在第十三届全国人民代表大会第三次会议上［EB/OL］.［2020-05-25］. http：//www. xinhuanet. com/politics/2020lh/2020-05/31/c_1126055968. htm.

［9］中共中央关于全面推进依法治国若干重大问题的决定［EB/OL］.［2014-10-29］. http：//theory. people. com. cn/n/2015/1112/c40531-27806556. html.

［10］乔治·弗洛伊德：一名美国黑人的呼吸简史［EB/OL］.［2020-06-09］. http：//www. xinhuanet. com/2020-06/09/c_1126092377. htm.

［11］中共中央办公厅、国务院办公厅印发《关于全面深入持久开展民族团结
进步创建工作、铸牢中华民族共同体意识的意见》［EB/OL］.［2019-10-
23］. http：//www. xinhuanet. com/politics/2019-10/23/c_1125142776. htm.

［12］"延安窑洞对"的现代启示［EB/OL］.［2017-08-25］. http：//www. qstheory.
cn/wp/2017-08/25/c_1121544535. htm.

［13］开启法治中国新时代——以习近平同志为核心的党中央推进全面依法治
国纪实［EB/OL］.［2019-10-21］. http：//www. xinhuanet. com/photo/
2019-10/21/c_1125133584. htm.

［14］李林. 习近平新时代中国特色社会主义法治思想的形成和发展［EB/
OL］.［2018-04-11］. http：//www. cssn. cn/mkszy/mkszy _ xzly/201804/
t20180411_3988634. shtml.

［15］"疫情贫困"凸显美国结构性人权困境［EB/OL］.［2020-10-20］.
http：//usa. people. com. cn/n1/2020/1020/c241376-31898747. html.

［16］新时代全面依法治国的根本遵循［EB/OL］.［2019-02-18］. http：//
theory. people. com. cn/n1/2019/0218/c40531-30759918. html.

［17］要坚定这样的道路自信、理论自信、制度自信［EB/OL］.［2013-01-08］.
http：//dangjian. people. com. cn/n/2013/0108/c117092-20129824. html.

后　记

　　行文至此落笔处，惊觉已过数春秋。

　　这本著作，是我在博士论文基础上修改而成。因此，该著作体现了我求学路上最独立的一次思考，我也在自己能力范围内最大限度地完成了写作任务。博士论文写作持续一年时间，从定题目拟大纲，到开题与内容调适，再到预答辩和答辩，每一个过程都格外艰辛、考验心智，但最终还是完成了。

　　博士论文已告段落，但后记却迟迟未敢动笔。因 2020 年，确实发生了太多让人难以忘记的事情，每过一段时间，就会以不同形式进入我的脑海。我在博士论文的写作过程中，想过很多版本的后记，或是提笔又落下，或是还原又删除，或是灵感顿现，或是一片糨糊，大脑终究是不堪重负，没能扛住各种回忆所引发的叩问。于是，这篇后记承载着更多的任务，如对于逝去生命的敬畏、对于师友帮助的感谢、对于理想现实的思考。实际上，我从来就不擅于记叙文撰写，但唯有较详尽的记叙才能发出内心实感，才能真实地回顾过去、坦然地面对当下，才能更好地面向未来。

回顾过去：看到了与没看到

　　看到了天赋的重要性。如果说天赋不重要，那便是极其虚伪的。我认为所谓天赋，其实就是上天赐予的禀赋，并不只是指代天才的意思，天才只是天赋的一种。《红楼梦》里谈到贾宝玉生下来口里便含着玉，其实反映的就是一种典型的天赋。小时候，我的自尊心非常强，而面对一群极具天赋的同学，真不知道自己的方向在哪里。有的同学有书法天赋，几岁就会写得一手颜筋柳骨的毛笔字；有的同学有学习天赋，不怎么看书天天玩耍照样能够成绩遥遥领先；有的同学有交流天赋，随便讲两句话就能让大人们捧腹大笑。然而，从小学，到初中，再到高中，我一直平平庸庸，天赋离我何其遥远，简直隔了一整条银河！由此，我产生了自暴自弃的念头，随之而来的是成绩跌入谷底，成为老师们口中的问题生。但无论处在何种阶段，作为至爱的家人，始终相信我、支持我。就像那夜空中最亮的星星，每当我迷失在黑夜里，照亮我前行。

没有看到每个人都有自己的天赋。但是，上天是公平的，赋予了每个人不一样的天赋。因此，所谓天赋，并不是具有或不具有的问题，而是发现或没有发现的问题，还有就是发现的时机问题。从小到大，我对历史小说或历史题材的武侠小说充满兴趣。于是乎，我获得了各位历史老师的特殊照顾。初中时期，历史老师 Q 女士发现了我对历史的浓厚兴趣。每次授课之前，Q 女士常常让我当着全班同学的面背诵上堂历史课讲过的内容；高中时期，同样作为历史老师的班主任 Y 先生，对我照顾有加，他目送我离开他指导的中班去快班的不舍眼神至今让人难以忘怀；历史老师的这种偏爱，还来自兼任班主任的 L 先生向我送来的限量版黄冈密卷。我因历史兴趣之因，种下了历史成绩特好的果。但是，任何一场考试都有一个考纲。就文科而言，我们当时高考的考纲是以语、数、外这三门主学科为中心，然后才是实现其他学科的全面发展。我一直猛学历史，学得越好就越想去学，老师越表扬我就越乐意去学，以至于学科发展不平衡，分数上则是"本末倒置"，走了很多"弯路"。因此，从前期来看，我对历史的兴趣发现的时机并不好，且带点朦胧和茫然。

进入大学后，当时流行一本叫《读大学究竟读什么》的书籍。让我印象深刻的是，这本书提出了不翘课的学生不是好学生的观点，对书中的这种观点不合适的理解，直接导致了我大学学业的荒芜，更谈不上所谓的天赋。在没有发现天赋之前，所有的努力都是摸着石头过河！本科毕业后，一阵莫名的恐慌突然架在了我面前——读大学究竟读什么？当然，这个时候的心境与刚入学时是完全不同的，面临了人生的第一次自主抉择。经过多次挣扎，一个确定的答案迸发出来，那就是——考研，考就考最好的。带着这份确定，我不知深浅、未留后路地奔向考研，报考素有"珞珈山上的王牌军"之称的武汉大学法学院。为了省下洗发和理发时间，我剪光所有的头发。光头的我，像一张白纸，准备用不同的颜色重新涂鸦。我在非常短的时间内，迅速抓住了所考学科的交叉特点，以历史撬动法学的方法，最终以专业第一名的成绩通过全国研究生统一招生考试，顺利考进了武汉大学。正是这次考研，让我发现并证实了自己的历史天赋。进入武汉大学学习后，始终记得两位 X 教授带我入门法学。我与本科论文导师 X 先生一直保持联系，他用实际行动教会我如何在胜利中不骄不躁、谦虚谨慎，在低谷中克服困难、永不言败；我的硕导 X 女士引导我研究外国法律，她始终秉持实事求是的理念，作为教授敢于承认自己的知识盲区；她始终坚持解放思想的教学，课堂一直使用她从哈佛留学带来的"苏格拉底式"教学法。

立足当下：想到了与没想到

　　硕士毕业后，我进入 H 省任职公务员。从 H 省辞职后，我返回武汉大学攻读博士学位，师从学科泰斗 L 先生。我的博士学习可以大体分为两个阶段：前半阶段是 2018 年 9 月至 2020 年年初，后半阶段则是 2020 年年初至 2021 年6 月。

　　前半阶段，我发现读博绝不是一件轻松的事。我是跨了二级学科进行的考博，故需要恶补学科基础。我刚入学，L 先生并没有给我描绘蓝图，而是直接交给我他的有关书稿的任务。在博士前半阶段，我几乎没有时间撰写论文。但大家不愧是大家，通过跟随先生完成整个书稿的校对和修改，可以说真正进入了法学的学术殿堂。不积跬步，无以至千里，我在随后的学习中，开始跟随先生参加各种形式的学术活动、经手各种主题的国家社科基金项目申报、出席了各种学科的法学年会，对于学界动态开始有了初步了解。师母 L 女士，是一位慈母良妻，生活上洗衣做饭打扫卫生，任劳任怨并乐在其中。先生有如此大的学术成就，离不开师母的贡献。师母对我更是有所偏爱，经常在先生准备批评我的时候，岔开话题为我解围。

　　后半阶段，发生了太多意料之外的事。突如其来的疫情打破了武汉往日的平静。我在"封城"前已经返乡，故在闲暇时间，开始把之前撰写的文章进行整理并投稿。先生与师母无法外出，在院士楼居家隔离，我仅能通过电话与先生和师母沟通。解封后，我第一时间赶回了武汉大学，先生似乎没受到疫情的任何影响，继续进入国家社科基金项目的申报工作之中。先生耄耋之年，仍然焚膏继晷、笔耕不辍，每天乐此不疲地进行各类文稿撰写，这无疑损害了他的身体。住院期间，先生仍在病床上悉心指导我的博士论文开题。先生逝世后，我结合他的手写底稿，在寒假留校撰写博士论文的同时，每天高强度加班加点，完成并发表了他的最后一篇 CSSCI，虽然所做甚微，也算是对先生最后的致敬吧！先生之恩，有如再造；忝列龙门，三生有幸。

　　2020 年年尾，我选择留守在珞珈山，每天都是往返于宿舍与自习室之间，那段时间很是煎熬，既有对先生逝去的哀思，又有对家人情感的亏欠，还有对未来之路的担忧。某日晚自习在回寝室的路上，在武大六年期间我第一次看到了狐狸珞珞。在草木扶疏的枫园山脚，珞珞懒洋洋地躺在某处的水泥地上，直愣愣地看着我，时间就定格到这一刻。万物皆有灵，人与动物的默契，有时候确实只需一个眼神。在此期间，L 同学主动放弃与家人过年团聚的机会，辅助我查找文献、校对文稿，为博士论文写作增力甚多；S 同学为博士论文提供了马克思主义的视角，他极具学术天赋，而且非常勤奋，虽未入先生门下，但并不妨碍他成为先生后期最欣赏的学生。

展望未来：梦到了与没梦到

　　教研室大家庭的温暖让我初心不改，依然有梦并奋力逐梦。各位老师对我关心与关爱，继续照亮我前进的方向。承蒙 X 教授不弃，收我为徒，继续指导我完成这篇博士论文。X 教授儒雅非常、侃侃而谈，我的硕士论文就受过他的指点。X 教授让我关注《自由大宪章》，这也成为我之后研究英国法"王在法下”原则的开始。Z 教授思路开阔，研究问题前卫，特别是对人权问题的研究则走在国内前列，走向了联合国；L 教授既是法学院出了名的大帅哥，也是当之无愧的大才子，我的博士论文撰写，得到了他的悉心指点；还有即将去往华中科技大学担任教职的 H 教授，我虽然没有听过她的课程，但对她的细致与谦虚很是钦佩。心怀希望、以梦为马，我将带着老师们的关心行走在科研路上，为法治进寸心、为法理尽全力。

人生如梦，我们可以去逐梦，但并不能梦见所有、不能预见未来。今后学习和生活的一切，具有各种不确定性，是一个进一步探究充满想象的未来。未来的工作可能繁重、未来的道路可能迷茫。但是，功名从来虚，攀登自在真，感恩尤为重。常怀感恩之心，既是努力逐梦的强引擎，也是回归自我的避风港。成长路上获得了很多帮助，这些帮助我不能也不会忘记。为防止挂一漏万，不再一一展开，在此一并谢过。

如同曲终时宣告结束的帷幕从舞台徐徐落下，有太多感动与不舍。最后，我想感谢自己。我从小资质平平，在武汉大学攻读博士奋起直追，才完成了对自己的检视与超越，完成了平平无奇的后进生到名校优秀毕业生的蜕变。我不服输、不信邪，屡战屡败、屡败屡战，但始终相信：行动十分缓慢的人只要始终循着正道前进，就可以比离开正道飞奔的人走在前面很多。

是为后记。

刘玄龙